当代社会科学学术文库
教育部人文社会科学重点研究基地北京外国语大学
中国外语与教育研究中心资助

功能视角下的现代汉语时间系统研究

张存玉 何 伟 著

对外经济贸易大学出版社
中国·北京

图书在版编目（CIP）数据

功能视角下的现代汉语时间系统研究 / 张存玉，何伟著. —北京：对外经济贸易大学出版社，2018.11

（当代社会科学学术文库）

ISBN 978-7-5663-1979-1

Ⅰ. ①功… Ⅱ. ①张… ②何… Ⅲ. ①现代汉语–句法–研究 Ⅳ. ①H146.3

中国版本图书馆 CIP 数据核字（2018）第 230053 号

功能视角下的现代汉语时间系统研究

张存玉　何　伟　著

责任编辑：董　黛

助理编辑：郭玉红

对外经济贸易大学出版社

北京市朝阳区惠新东街 10 号　　邮政编码：100029

邮购电话：010－64492338　　发行部电话：010－64492342

网址：http://www.uibep.com　　E-mail：uibep@126.com

北京建宏印刷有限公司印装　　新华书店经销

成品尺寸：170mm×240mm　　14.5 印张　　268 千字

2018 年 11 月北京第 1 版　　2018 年 11 月第 1 次印刷

ISBN 978-7-5663-1979-1

印数：001－800 册　　定价：39.00 元

前　言

《功能视角下的现代汉语时间系统研究》一书系2011年度国家社科基金项目“汉英时间系统体现方式之系统功能语言学视角对比研究”（编号：11BYY007）的最终成果之一，另一成果为《功能视角下的英汉时间系统对比研究》。

本书对现代汉语时间系统进行了比较全面、深入的拓展性研究，呈现了我们对汉语时间系统在三个范畴——时间定位范畴即“时态”、时间描述范畴即“体”、时间性质范畴即“时相”的研究情况与结论，具体包括时态、体、时相的意义、体现形式以及各系统之间的关系。

全书共七章。第一章“绪论”主要阐述该研究的研究背景、研究问题、研究方法、研究性质与研究意义，指出：学界在对现代汉语时间系统的研究上仍然存在一些问题，究其原因，主要在于以往研究的理论框架往往不能从多个语言维度去阐释时间系统，也不注重基于多个观察角度去描述时间系统的意义、形式与各个次级系统之间的关系。在这种背景下，系统功能语言学的语言建筑理论与三维研究视角为全面系统地描述时间系统提供了理论基础，因此，我们主张通过运用文献研究、归纳演绎、例证等方法，对现代汉语时间系统的意义、体现形式及系统关系进行定性研究。这不但能为现代汉语时间系统研究提供一套完善的理论与新的视角，还能对系统功能语言学的本土化研究起到一定的推动作用。

第二章“文献综述”是对时间系统研究的文献回顾与评述。通过对传统语法、形式语言学、功能语言学、语言类型学、认知语言学等视角下的时间系统研究以及对“有体有时”与“有体无时”两大阵营观点的文献回顾，我们总结出以往研究存在的问题，具体包括：学界在对时态、体与时相的界定与使用上颇有异议，每一组术语都各有侧重，容易导致概念不清、术语混淆、理解困难等问题；学界对汉语中是否存在时态一直存有争议，这种研究现状不利于时态研究的进一步发展；研究缺乏对时体系统的全面构建，主要存在两种情况：一是学界没有将时态或时相纳入时间系统，二是没有考虑非动词“谓语”句的时体系统；在时间系统的体现形式方面，以往研究在语法形式与词汇形式、单一形式与复合形式、由动词充当的谓体与由其他语法单位充当的谓体三个方面都存在失衡问题；学界对时间系统的关系探讨不够深入，更没有揭示其实质。

第三章“理论基础”基于系统功能语言学的元功能维度、层次维度与系统维度构建了现代汉语时间系统的基本框架，指出现代汉语的时间系统也具有这三个维度，主张“自上而下”从意义看时间系统的体现形式、“自下而上”从体现形式看时间系统的功能意义、“同一层面”环视时间系统内部子系统之间的关系。

第四章“现代汉语时间系统的意义”探讨时态、体与时相的意义。研究指出：时态、体与时相都以不同的方式表达经验意义、逻辑意义、人际意义与语篇意义。时态表达经验意义，主要指时态对过程的时间定位意义以及对参与者与环境的时间定位，最终都定位在过去、现在和将来三个时域。时态的逻辑意义涉及主从与并列两种相互依赖关系以及增强、延展和投射三种逻辑语义关系。时态的人际意义主要指通过时态建构的人际关系与衍生的情态意义。时态的语篇意义则是指在语篇中的时态形成线性时态序列与同步时态序列，表达序列性时间意义，从而组织语篇、连贯语篇并推动语篇发展。体表达经验意义，即反映说话人识解时间经验的不同方式，依据说话人观察焦点的不同，体可在经验意义上进一步次系统化。体与时相均表达逻辑意义，均分为显性与隐性，显性的逻辑意义均主要涉及主从关系，然而不同的是，体主要涉及增强逻辑意义，分为开始性、终结性与持续性三个次类，而时相的逻辑意义则涉及阐释、延展与增强三个类别。体在表达时间意义的同时也衍生出了人际意义，包括通过体构建的人际关系与衍生的情态意义。对于时相来说，由于谓体的词汇意义衍生出了人际意义，时相的人际意义就被压制而呈现出隐性特征。体与时相的语篇意义均涉及其在组织语篇中的前景与背景作用。

第五章“现代汉语时间系统的体现形式”详细探讨了时态、体与时相的体现形式。首先阐述的是体现形式的连续性，即在词汇—语法层上时间系统的体现形式形成一个连续统，然后建立了将这个连续统内的体现形式进行归类的标准。在此基础上，我们分别对时态、体与时相的体现形式进行探讨。研究指出：时态的主要体现形式是时间副词与其他时间词语，属于词汇手段，具有开放性；体的主要体现形式主要是“了”“着”“在”“着”“正”“在”“起来”“下去”等语法形式与准语法形式，具有一定的封闭性；时相的意义受到环境成分与谓体后参与者的数量特征的合成作用影响，但其主要的体现形式是谓体，谓体由动词说明，或由名词词组、性质词组、数量词组与小句填充。

第六章“现代汉语时间系统内部的关系”详细阐释了时间系统内部的并协与互补关系，这主要表现在时态与体之间以及体与时相之间。时态与体之间存在的并协关系主要表现在三个方面：一是时态与体分别是两个不同的范畴，承担不同的时间功能；二是时态与体之间在意义上存在突显与压制；三是两者之间在与谓体距离象似性上存在差异。时态与体之间还存在互补关系，主要体现在两个方面，即两者在 E、R、S 关系上存在共同之处，共同识解时间经验，在意义上进行对应性互动。体与时相之间的并协关系主要是指体与时相是两个不同概念，不能互相替代，有时甚至会出现冲突乃至对立，具体体现在三个方面：一是体具有主观性，时相则具有客观性；二是进行体/持续体与状态或实现情状相互排斥；三是体对时相具有压制作用。体与时相的互补关系是指两者之间并非完全对立，而是处于联系之中，即在体貌系统中，两者各司其职，互相补充，成为体貌系统中的必要组成部分。

第七章“结论”部分则是对观点进行总结，指出研究的局限性，并对未来研究进行了展望。

本书主题由两位作者共同商定，衍生于第二作者负责的国家社科基金项目，系第一作者攻读博士期间的主要研究内容。著作总体框架由两位作者共同确立，初稿由第一作者写成，书稿修改和观点完善由两位作者共同完成。由于水平所限，书中难免存在疏漏之处，敬请广大学者与专家批评指正。

该书的出版得到了教育部人文社会科学重点研究基地北京外国语大学中国外语与教育研究中心的支持和资助。谨此表示衷心的感谢！

张存玉　何伟

2018 年 6 月 16 日

目 录

第 1 章 绪论 …… 1
1.1 研究背景 …… 1
1.1.1 研究缘起 …… 1
1.1.2 研究视角 …… 3
1.2 研究目的与研究问题 …… 4
1.2.1 研究方法 …… 5
1.2.2 研究意义 …… 5
1.2.3 结构安排 …… 6
第 2 章 文献综述 …… 9
2.1 引言 …… 9
2.2 时间系统研究的主要视角 …… 9
2.2.1 传统语法视角 …… 9
2.2.2 形式语言学视角 …… 11
2.2.3 功能语言学视角 …… 16
2.2.4 语言类型学视角 …… 24
2.2.5 认知语言学视角 …… 28
2.3 时间系统研究的主要观点 …… 33
2.3.1 “有时有体论” …… 33
2.3.2 “有体无时论” …… 36
2.4 结语 …… 39
第 3 章 理论框架 …… 41
3.1 引言 …… 41
3.2 时间系统的主要范畴 …… 41
3.2.1 时态 …… 41
3.2.2 体 …… 43

3.2.3 时相 ……………………………………………………………… 44
3.3 基于语言维度描述现代汉语的时间系统 ……………………………… 46
3.3.1 元功能维度下时间系统的意义 ……………………………… 46
3.3.2 层次维度下时间系统的体现形式 …………………………… 52
3.3.3 系统维度下时间系统的内部关系 …………………………… 55
3.4 结语 ………………………………………………………………… 58
第 4 章 现代汉语时间系统的意义 …………………………………… 61
4.1 引言 ………………………………………………………………… 61
4.2 时态的意义 ………………………………………………………… 61
4.2.1 时态的经验意义 ……………………………………………… 61
4.2.2 时态的逻辑意义 ……………………………………………… 69
4.2.3 时态的人际意义 ……………………………………………… 76
4.2.4 时态的语篇意义 ……………………………………………… 80
4.3 体的意义 …………………………………………………………… 83
4.3.1 体的经验意义 ………………………………………………… 83
4.3.2 体的逻辑意义 ………………………………………………… 90
4.3.3 体的人际意义 ………………………………………………… 92
4.3.4 体的语篇意义 ………………………………………………… 95
4.4 时相的意义 ………………………………………………………… 98
4.4.1 时相的经验意义 ……………………………………………… 98
4.4.2 时相的逻辑意义 ……………………………………………… 108
4.4.3 时相的人际意义 ……………………………………………… 111
4.4.4 时相的语篇意义 ……………………………………………… 112
4.5 结语 ………………………………………………………………… 114
第 5 章 现代汉语时间系统的体现形式 ……………………………… 117
5.1 引言 ………………………………………………………………… 117
5.2 体现形式的连续统 ………………………………………………… 117
5.3 体现形式的划分标准 ……………………………………………… 120
5.4 时态的体现形式 …………………………………………………… 124
5.4.1 时间副词 ……………………………………………………… 125

5.4.2 其他时间词语 …… 127
5.5 体的体现形式 …… 130
5.5.1 体标记 …… 130
5.5.2 准体标记 …… 139
5.6 时相的体现形式 …… 146
5.6.1 名词词组 …… 146
5.6.2 动词 …… 148
5.6.3 性质词组 …… 151
5.6.4 数量词组 …… 154
5.7 结语 …… 155
第6章 现代汉语时间系统内部的关系 …… 157
6.1 引言 …… 157
6.2 时态与体之间的关系 …… 157
6.2.1 时态与体之间的并协关系 …… 157
6.2.2 时态与体之间的互补关系 …… 168
6.3 体与时相之间的关系 …… 174
6.3.1 体与时相之间的并协关系 …… 174
6.3.2 体与时相之间的互补关系 …… 184
6.4 结语 …… 186
第7章 结论 …… 189
7.1 研究成果 …… 189
7.2 研究贡献 …… 192
7.3 研究的局限性 …… 192
7.4 研究展望 …… 193
参考文献 …… 194
附录 …… 210
术语表 …… 212

图 表 目 录

图 2－1　体的词汇与结构信息组成……13
图 2－2　透视事态的视角……20
图 2－3　Comrie 构建的体系统……25
图 2－4　时体的语法语素类型……26
图 2－5　“过程”分类……29
图 2－6　see 的二维几何表征……30
图 2－7　四类状态的二维几何表征……31
图 2－8　三类实现的二维几何表征……31
图 2－9　两类活动的二维几何表征……31
图 2－10　两类终结的二维几何表征……32
图 2－11　“时制”“时态”与时相之间的对应关系……36
图 2－12　动词的分类……38
图 3－1　小句复合体的相互依存与逻辑语义关系……48
图 3－2　层次维度……52
图 3－3　符号系统的模式……52
图 3－4　语言层次的体现与选择……53
图 3－5　词汇－语法的连续统……54
图 4－1　（13）的时间结构……66
图 4－2　（14）的时间结构……66
图 4－3　时态的经验意义……68
图 4－4　时态序列的性质……70
图 4－5　时态的逻辑意义……75
图 4－6　时态的人际意义……79
图 4－7　叙事语篇中的时态序列……82
图 4－8　时态的语篇意义：时态序列……83
图 4－9　动词的时间过程……85
图 4－10　体链……85
图 4－11　开始体……85
图 4－12　完成体……86

图 4 – 13　进行体 …… 86
图 4 – 14　持续体 …… 87
图 4 – 15　继续体 …… 87
图 4 – 16　将行体 …… 87
图 4 – 17　经历体 …… 88
图 4 – 18　惯常体 …… 88
图 4 – 19　体的经验意义 …… 90
图 4 – 20　体的逻辑意义 …… 92
图 4 – 21　体的人际意义 …… 94
图 4 – 22　体标记的前后景功能 …… 96
图 4 – 23　恒定性状态与暂时性状态 …… 102
图 4 – 24　反复性活动与一次性活动 …… 103
图 4 – 25　终结 …… 104
图 4 – 26　实现 …… 104
图 4 – 27　时相的经验意义 …… 108
图 4 – 28　时相的逻辑意义 …… 111
图 4 – 29　时相的语篇意义连续统 …… 113
图 5 – 1　体现形式的连续统 …… 119
图 5 – 2　评测体标记语法化程度的标准 …… 122
图 6 – 1　时态、体与情态的距离象似性排列 …… 166
图 6 – 2　汉语时体的距离象似性排列 …… 168
图 6 – 3　完整体的时间结构 …… 170
图 6 – 4　非完整体的时间结构 …… 170
图 6 – 5　“即行体”的时间结构 …… 170
图 6 – 6　“时制”与“时态”的对应性 …… 173

表 2 – 1　Smith 构建的时相系统 …… 14
表 2 – 2　事态的语义特征与分类 …… 18
表 3 – 1　语言的五个维度 …… 46
表 4 – 1　名词的经验与逻辑结构 …… 69
表 4 – 2　动词词组的经验结构 …… 70
表 4 – 3　动词词组的逻辑结构 …… 70
表 4 – 4　动词充当谓体时的时相 …… 102
表 4 – 5　性质词组充当谓体时的时相 …… 105
表 4 – 6　时相的突显度 …… 113

缩　写

CCL	Center for Chinese Linguistics PKU
BNC	The British National Corpus
R	Time of reference
E	Time of event
S	Time of speech
I	Initial point of process
F	Final point of process
D	Duration of process
t	Time axis
q	Qualitative states

第1章

绪　　论

1.1　研究背景

1.1.1　研究缘起

“时间系统”是“语言所表示的时间信息以及表示这些时间信息的手段”（陈振宇 2007：1），一般认为，时间系统涉及三大范畴，即时态（tense）、体（aspect）与时相（phase）（陈平 1988；龚千炎 1995），相关研究涉及逻辑学、哲学以及语言学等领域。在国内外语言学领域，有关时态、体与时相的研究一般从传统语法、形式语言学、功能语言学、语言类型学、认知语言学等视角进行，内容主要涉及概念的界定、时态的地位、系统的建构、时间系统的体现形式等。

在概念方面，学界对时态、体与时相都存在不同的界定方式。首先，对于时态，学界存在两种界定方式：第一种为“时间定位说”，该类界定方式主要关注时态的定位功能（如 Hornby 1997；Bhat 1999；Bache 2008）；第二种为“时间关系说”，该类界定方式主要关注时态构建的时间关系（如易仲良 1999；于秀金 2013；于秀金、金立鑫 2015）。其次，对于体与时相，学界存在诸多概念，容易引起混淆。在不考虑概念界定是基于动词层面还是句子层面的前提下，体与时相还被称为语法体（grammatical aspect）与词汇体（lexical aspect）（Olsen 1997）、视点体（viewpoint aspect）与情状体（situation aspect）（Smith 1997），一些研究还将时相称为动作方式（aktionsart）（Bache 1982）、情状（situation）（Comrie 1976）、时间结构（time schemata）（Vendler 1967）等。但在严格意义上讲，以上概念仍然存在一定程度的差异。如龚千炎（1995）所指的“时相”与 Smith（1994，1997）提出的“情状体”是基于句子层面的概念，Vendler（1967）

的“时间结构”则仅反映了动词层面的时间特征。还有一些研究不区分体与时相，将时相排除在体系统外，如此一来，此类研究建构的体系统是狭义的（如Comrie 1976；戴耀晶 1997；Yang 2007）。为了与狭义的体相区分，Verkuyl（1993）、Zhang（1995）、Dik（1997）、陈前瑞（2008）、鞠志勤（2015）等都主张使用“体貌（aspectuality）”这个概念，认为该概念范围更广，是一个概括性上位概念，可以将体与时相两个部分都包含在“体貌”系统内，从而建构起一个广义的体系统。

在汉语时态的地位方面，学界一直在汉语是否存在时态的问题上争议不断，主要表现为“有时有体”（如吕叔湘 1942/1956；陈平 1988；龚千炎 1995；张济卿 1996，1998a，1998b）与“有体无时”（如王力 1943/2011；高名凯 1948/1986；Smith 1994；戴耀晶 1997；Halliday & McDonald 2004；Li 2007；Lin 2012）两大阵营的分化，前者一般认为汉语中存在诸如“明天”“今天”类似的词汇形式表达时态意义，因此汉语中存在时态；后者一般认为汉语中不存在像英语的动词后缀“－es”“－ed”等类似的语言形式表达时态，因此汉语中不存在时态。可见，“有时有体”与“有体无时”这两种观点均依据汉语中是否存在体现时态意义的形式而判断时态的有无。对此，赵永峰（2013）反驳说，无论通过何种方式体现，时态都应是客观存在于语言中的范畴。也就是说，时态的存在并不是由语言形式决定的，基于语言形式判断汉语中是否存在时态范畴不符合自然语言的事实。

在汉语时间系统的建构方面，学界所建构的系统还不够全面。首先，在“有体无时”观点的影响下，诸多研究所建构的时间系统中只有体，不包含时相（如戴耀晶 1997；陈前瑞 2008；李明晶 2013 等），该类系统不能准确反映汉语时间系统的全貌。其次，因受到英语语法的影响，大部分研究主要关注动词“谓语”句的时间问题，对于体词“谓语”句、形容词“谓语”句或主谓“谓语”句的时间现象关注不够，这就导致了学界偏重于对动词“谓语”句[①]时间系统的建构，而对非动词“谓语”句的时间问题关注甚少。虽然国内也有少数研究者简单讨论过形容词的体（如张国宪 1998，2006a，2006b；张济卿 1998a，1998b），但研究比较零散和笼统，现有的研究成果还不能系统地解决这些复杂句型在时态、体与时相方面的问题。

在体现形式上，一方面，学界对高度语法化的形式与动词的时态、体、时相现象研究已经较为深入，但另一方面，研究处于失衡状态。首先，在体与时态的体现形式上，以往研究多注重探讨“着”“了”“过”“起来”“下去”等形

① 关于动词“谓语”句与非动词“谓语”句，详见丁声树等（1961/1999）。另外，需要指出的是，以往研究中的“谓语”不完全等同于系统功能语言学中的“谓体”，故本书使用引号对“谓语”进行标注。

式（如金立鑫 1998；陆俭明 1999；吴福祥 2005a，2005b；石毓智 2006；齐沪扬、曾传禄 2009），较少探讨时间副词、时间名词等词汇手段如何体现时间意义；其次，在时相的体现形式方面，大部分研究多关注动词时相特征的研究，忽略了汉语中其他词汇形式充当小句谓体时所体现的时相特征。

在时间系统的关系方面，大部分研究重在对某一种关系进行描写而缺少系统性阐释，既不能揭示其实质，也不能将系统关系全面地呈现出来。具体来讲，由于长期受到“有体无时”观点的影响，汉语界普遍偏重于描述体与时相之间在形式上的对应性（如陈平 1988；龚千炎 1995），即使少数研究涉及了时态与体之间的关系，也主要限于对这种对应关系的描述上（如何伟 2010）。如此一来，学界对时态、体与时相之间的关系的研究仅止于形式层次与对应上，尚未把握时间系统内部关系的实质与全貌。

1.1.2 研究视角

以往研究存在上述问题的深层次原因应该有两点：一、相关研究没有植根于一个相对完整的理论框架下；二、研究视角比较单一，即将重心放在了既定意义的语言表达形式上。鉴于此，本研究认为首先需要找到一个具有普遍性与适用性的语言学理论，然后在此框架下为现代汉语建构起一个将时态、体与时相包含在内的、能够兼顾意义与形式的、较为全面的时间系统。该理论框架就是系统功能语言学。

系统功能语言学自20世纪60年代至今经历了从思想雏形到发展成熟的历史阶段，在此期间为世界语言研究做出了积极贡献，具体体现在该学派对英语、汉语、法语、日语等多种语言进行的理论与应用研究上（如 Caffarel *et al*. 2004；Li 2007；He & Ma 2013 等），这些研究涉及语言学、翻译、文体学等多个学科。经过半个多世纪的发展，系统功能语言学已然成为一门普通语言学与适用语言学（Halliday & Matthiessen 1999；黄国文 2006，2007；Halliday 2008）。这种普适性源于其系统的语言学思想以及立体性的研究范式，前者即元功能、结构、系统、层次与例示化这五个语言维度，后者系描述语言建筑所采取的“自上至下”（from above）、“自下至上”（from below）与“自同一层面”（from round about）的三维视角（Halliday & Matthiessen 2004，2014；Halliday 2008）。

首先，系统功能语言学有关语言维度的理论兼顾了语言的意义与形式，强调语言的系统性，可为现代汉语时间系统的构建提供一个较为完整的理论框架，具体体现在三个方面：在元功能维度上，可以基于功能界定时态、体与时相并对其进行分类，从而构建出时态、体与时相的意义系统；在层次维度上，可以考察体现时间意义的语言形式，从而构建出时态、体与时相的形式系统；在系统维度上，语言时间系统在精密度阶上可以进一步分为时态系统、体系统与时相系统，三者都处于并协与互补关系中。

其次，系统功能语言学的三维视角可为汉语时间系统研究提供一个比较全面的研究范式。所谓“自上至下”，就是指俯视语言系统，主要关注语言的意义，依据系统功能语言学“意义为中心”的原则，这是最为主要的观察视角；所谓“自下至上”，就是指仰视语言系统，主要关注语言的体现形式，依据系统功能语言学“意义由形式体现”的思想，这是系统功能语言学视角下的研究必须兼顾的一个方面；所谓“自同一层面”，就是指环视语言系统的周围，主要关注系统以外的其他成分。总之，该研究范式将意味着我们对汉语时间系统的观察与分析更为立体与全面。

综上所述，系统功能语言学中有关元功能维度、层次维度与系统维度的思想与三维研究范式紧密地契合在一起，这将为我们考察汉语时间系统的意义、形式与内部关系提供一套完整的、系统的理论体系与研究方法。

1.2 研究目的与研究问题

鉴于以往研究中存在的问题以及系统功能语言学对汉语时间系统研究的普适性，本研究的目的在于：在系统功能语言学框架下探讨时间系统的意义、体现形式以及系统内部的并协与互补关系，从而为现代汉语呈现一个兼顾意义与形式的时间系统。

基于该研究目的，我们提出如下三个问题：

（1）基于元功能维度探讨汉语时间系统表达哪些意义？

该问题关注的是汉语时间系统的潜势意义，提出该问题旨在构建汉语时间意义系统，即对时间系统采取俯视视角，探讨时间系统所涉及的三个范畴即时态、体与时相在语义层上所具有的潜势意义，主要涉及经验意义、逻辑意义、人际意义与语篇意义。

（2）基于层次维度探讨汉语时间系统内存在哪些形式体现以上意义？

该问题关注的是汉语时间系统内潜势意义的体现形式，提出该问题旨在构建汉语时间系统的体现形式系统，即对时间系统采取仰视视角，探讨时间系统所涉及的三个范畴即时态、体与时相在词汇语法层上体现潜势意义的主要形式，内容包括这些形式的特点、在词汇语法层上的归属、对其进行划分的标准等问题。

（3）基于系统维度探讨时间系统内次级系统之间存在何种关系？

该问题关注的是汉语时间系统的时态、体与时相如何各自作为独立的系统而存在，同时三者又如何互相联系在一起，提出该问题旨在描述时态、体、时相之间的关系，即对时间系统采取环视视角，探讨时态与体之间的并协与互补关系、体与时相之间的并协与互补关系以及该类关系在三个系统中的具体体现。

1.2.1 研究方法

本研究拟基于系统功能语言学的理论框架与研究范式，并在吸取以往研究成果的基础上对时态、体与时相的描述与阐释，是一种定性研究，具体研究思路是：先以时态、体与时相的语义层为描述重心来阐释时间系统的意义，然后以时态、体与时相的词汇语法层为描述重心来说明时间系统的体现形式，最后基于时态、体与时相各自的系统阐释时间系统内部的并协与互补关系。

本研究采取了一套系统的研究方法，主要体现在以下三个方面：

首先，从研究的整体架构看，本研究的理论视角是系统功能视角，其观察方式遵循的是系统功能语言学的研究范式，从而将语言维度理论与三维观察视角结合起来，切入时间系统的意义层、形式层以及各个系统之间。

其次，从微观层面看，本研究运用了逻辑推理、例证、对比、图表、历时与共时相结合的研究方法。鉴于本研究的定性研究性质，逻辑推理是贯穿整个研究的最主要方法；例证法体现在具体的研究过程之中，主要是我们从语料库或文学作品的实际语篇中抽取例句并对例句进行分析，进而阐明相关观点；对比法体现在论述过程中本研究将汉语与英语的时间现象进行对比分析，通过对比，达到说明汉语相关时间现象的目的；图表法具体体现在我们在研究中使用的大量图表，从而以更清晰、更直观的方式说明观点，并呈现出时间系统的概貌；历时与共时相结合的方法主要体现在本研究论述时间系统的体现形式时，主要依据连续统内体现形式的语法化程度对语法形式与准语法形式进行历时与共时分析，对连续统内的词汇形式采取共时描述与阐释的研究方法。

最后，在语料方面，为保证研究符合语言事实以增强研究的客观性，本研究中的汉英例句均以真实语料为来源，其中汉语例句主要选自北京大学中国语言学研究中心创建的中文语料库（Center for Chinese Linguistics，CCL）、莫言的《生死疲劳》及其他文学作品，英语例句则主要选自英国国家语料库（British National Corpus，BNC）。

1.2.2 研究意义

本研究具有以下三个方面的意义：

首先，本研究从功能视角对时态、体与时相进行重新界定，对这三个范畴的意义、形式与系统关系进行系统阐释与全面描写，从理论上看，这起到进一步完善时态、体与时相相关理论体系的作用。

其次，本研究吸收了认知语言学、语法化研究等领域的研究成果，在系统功能语言学框架内将其应用于现代汉语的时间研究中，这会进一步补充和拓展系统功能语言学的语义以及词汇语法层次理论，对其发展也起到一定的推动作用。

再次，本研究旨在通过结合系统功能语言学的理论框架与三维研究范式对汉语时间系统进行描述性研究，因此这不但为现代汉语构建一个比较完整的时间系统，还为汉语时间系统的研究提供了一个新的视角和研究范式，起到抛砖引玉的作用。

最后，从实践角度看，本研究对时态、体与时相三个范畴进行界定、分类、系统构建，并描述三个范畴的具体体现形式，揭示三个范畴之间的本质关系，这有助于指导学生依据不同的时间意义选择不同的表达方式，从而对汉语教学实践具有一定的启示意义。

基于本研究的上述理论价值与实践意义，本研究的创新之处可总结如下：

首先，本研究在系统功能语言学视角下研究时间系统这一古老话题，同时吸收认知语言学等领域的最新研究成果，并将其用于探讨时态、体与时相所涉及的主观因素，因此这种研究视角具有一定的创新性。

其次，在研究方法方面，研究采取系统功能语言学的三维研究范式，并将其与元功能、层次与系统维度紧密结合起来，然后切入时间系统的语义层与词汇语法层以及各级系统之中。这无论在国内外功能语言学界，还是在汉语学界，都具有一定的创新性。

再次，在研究内容方面，研究运用系统功能语言学的语言维度理论与三维研究范式为现代汉语确立了一套有关时间系统的理论体系，这正是以往研究尚未进行系统探讨的内容。

1.2.3 结构安排

本书共七章。第一章为绪论，该部分主要呈现既定话题的研究背景、研究目的、研究问题、研究性质、研究方法与研究意义。本章首先简单介绍了国内外有关现代汉语时间系统的研究背景，总结出学界存在的一些问题，并指出造成这些问题存在的主要原因。基于该研究背景，本章提出将现代汉语时间系统研究置于系统功能语言学的框架下，进而论述本研究的目的，提出研究问题，界定研究的性质，阐述研究的方法与意义。

第二章是对时间系统相关研究的回顾与评述。本章首先对传统语法、形式语言学、功能语言学、语言类型学、认知语言学等视角下的时间系统研究进行回顾，然后对“有时有体”与“有体无时”两大观点阵营的相关研究进行评述，最后对这些研究在概念、系统构建、系统关系等方面存在的问题进行总结。

第三章是理论框架。本章首先界定汉语时间系统所涉及的时态、体与时相，然后介绍系统功能语言学的语言维度理论与“自上至下”“自下至上”“自同一层面”的研究范式，在此基础上，再架构现代汉语时间系统的基本框架，即基于元功能维度架构时间意义系统，基于层次维度架构时间系统的体现形式系统，基于系统维度描述系统之间的关系。

第四章是对时态、体与时相的意义系统的建构。该部分首先探讨的是时态的经验意义、逻辑意义、人际意义与语篇意义。时态表达经验意义，主要指时态对过程的时间定位意义以及对参与者与环境的时间定位，最终都定位在过去、现在和将来三个时域；逻辑意义涉及主从与并列两种相互依赖关系以及增强、延展和投射三种逻辑语义关系；人际意义主要指通过时态建构的人际关系与衍生的情态意义；语篇意义则是指在语篇中的时态形成线性时态序列与同步时态序列，表达序列性时间意义，从而组织语篇、连贯语篇并推动语篇发展。然后，该部分探讨的是体的经验意义、逻辑意义、人际意义与语篇意义：体表达经验意义，即反映说话人识解时间经验的不同方式，从而产生完整体与非完整体，并依据说话人观察焦点的不同，体可在经验意义上进一步次系统化；体表达逻辑意义，分为显性与隐性，显性的逻辑意义主要涉及主从关系与阐释逻辑语义，分为开始性、终结性与持续性三个次类；体在表达时间意义的同时也衍生出了人际意义，包括通过体构建的人际关系与衍生的情态意义；体的语篇功能包括前景与背景两种。最后，本章探讨时相的经验意义、逻辑意义、人际意义与语篇意义。时相表达经验意义，即时间经验在及物系统内被识解为过程、参与者与环境成分，依据［±静态］、［±时长］、［±完成］三组语义特征，由动词填充谓体时的时相可分为状态、活动、终结、实现四个基本类别，由其他成分填充谓体时的时相分为恒定性状态、暂时性状态与实现；时相的逻辑意义则涉及阐释、延展与增强三个类别，与体类似，也分为显性与隐性，显性的逻辑意义主要涉及主从关系；由于谓体的词汇意义衍生出了人际意义，时相的人际意义就被压制而呈现出隐性特征；时相的语篇意义与体相同，也涉及其在组织语篇中的前景与背景作用。

第五章是对时态、体与时相的体现形式系统的建构。该部分首先阐述的是体现形式的连续性，即在词汇语法层上，时间系统的全部体现形式形成一个连续统。然后，该部分确定出将这个连续统内的体现形式进行归类的标准。在此基础上，研究再分别对时态、体与时相的体现形式进行探讨。研究指出，时态的主要体现形式是时间副词与其他时间词语，属于词汇手段，具有开放性；体的主要体现形式一般是“了”“着”“过”“在”“正”“正在”“起来”“下去”等体标记与准体标记，分别归属为语法形式与准语法形式，两者都具有一定的封闭性，前者的语法化程度较后者略高；时相主要的体现形式是谓体，谓体一般由动词说明，或由名词词组、性质词组、数量词组与小句填充。

第六章是对现代汉语时间系统内部关系的描述。首先，研究阐述时态与体之间的并协关系，分别从三个方面进行：一是提出时态与体分别是两个不同的范畴，承担不同的时间功能；二是认为时态与体之间在意义上存在突显与压制；三是指出两者之间在与谓体距离象似性上存在差异。然后探讨时态与体之间的互补关系，主要从两个方面进行论述，即认为两者在事件时间、参照时间与说话时间关系上存在共同之处，共同识解时间经验，在意义上进行对应性互动。在探讨了时态与体的关系后，该部分对体与时相之间的并协与互补关系进行分别阐释，认为体与时相的并协关系主要是指体与时相是两个不同概念，不能互相替代，有时甚至会出现冲突乃至对立，具体体现在三个方面：一是体具有主观性，时相则具有客观性；二是进行体/持续体与状态或实现情状相互排斥；三是体对时相具有压制作用。体与时相的互补关系是指两者之间并非完全对立，而是处于联系之中，即两者在时间系统中互相补充，二者缺一不可，均为时间系统的必要组成部分。

第七章是本研究的结论，该部分主要对本研究的主要发现与主要贡献进行总结，指出本研究的局限性，并对未来研究进行展望。

第2章

文献综述

2.1 引言

本章主要基于不同的语言学视角与研究观点对时间系统相关研究进行综述。从研究视角看，时间系统研究主要涉及传统语法、形式语言学、功能语言学、语言类型学、认知语言学等视角。从研究观点看，学界对现代汉语时间系统的研究可分为“有时有体”与“有体无时”两大阵营。

2.2 时间系统研究的主要视角

2.2.1 传统语法视角

Jespersen 是传统语法的代表人物之一（Binnick 1991：54）。他（1927/2008）指出，语言中存在七种时态，对应七个时间段或时间点，即前过去、过去、后过去、现在、前将来、将来、后将来。但实际上，这七种时态并非反映在所有语言中，例如在英语中没有纯粹的将来时，因为助动词 will 总保留某种意愿的成分（Quirk *et al*. 1985：176；Palmer 1988：38；Leech 2004/2013：5）。Quirk *et al*.（1985：176－189）对此解释说，在语义层次上可以将时间三分为现在、过去与将来，但是在语法层次上划分时态时，只存在现在与过去两种时态，因为英语的时态由动词的屈折形式表达，而英语动词除了具有表达现在与过去的形态形式外，不具有表达将来时态的形态形式。他们还指出，现在时态用于静态动词表达状态现在时意义，现在时态用于动态性动词时可能表达惯常现在时意义，也可能表达瞬间现在时意义。英语中还存在另一个语法范畴，也就是体，时态具有指示性，体则不具有指示性，依据是否将动作看作已经完成或正在进行中，可将体分为完成体[①]与进行体，体与时态总是在复杂的动词短语中自由组合，从而形成三大类六小类的体，即现在完成体、过去完成体、现在进行体、过去进行体、现在完成进行体、过去完成进行体。可见，西方传统语法对时间系统的研究仍然限于时态与体，且主要基于语言的形式讨论时间意义。世界语言在形式上具有多样性，特别是汉语与印欧语系语言在形态上存在很大差别，因此这种时体理论虽然对汉语研究产生了很大的影响，但并不完全适用于汉语研究。

汉语界的时间研究不可避免地受到西方语言学研究的影响，如吕叔湘（1942/1956）、王力（1943/2011）、张秀（1957）、赵元任（1968/2012）都将"着""了"等语言形式称为"词尾""尾部""后缀"等，显然这些术语更多模仿的是英语的形态形式，汉语界的这种模仿导致了"有时有体"与"有体无时"的争论。事实上，早在上世纪20年代，黎锦熙（1924/1998）就注意到了汉语时态与英语时态的不同，对时间副词以及对后附助动词的时间意义进行了讨论。他依据时间副词表达的时间意义，指出汉语中存在现在时、过去时、未来时与不定时四种时态，认为"了""着""起来""下去"等后附助动词表达完成与持续等意义。可见，该研究认为汉语中存在时态，也存在体，但对两者的描述较为简单与笼统。相比之下，吕叔湘（1942/1956）在此问题上更为明确，他指出汉语有时有体。在时态的问题上，他认为说话时间和其他时间都有可能成为时间基点，因此将时间基点分为绝对基点与相对基点，据此将汉语时态分为现在、过去与将来以及基点前时、基点时与基点后时；他称体为"动相"，依据12种形式将其分为12种类型，如方事相对应"着"，既事相对应"了"等。绝对基点与相对基点的提出明确区分了绝对和相对时态，该研究还将词汇手段引入时态系统中，从而突破了以往研究只注重语法手段的研究现状，肯定了语法手段与词汇手段两者在汉语时态系统中均占据重要地位（李铁根2002）。

李临定（1990）受到吕氏理论的影响，也认为汉语中有时有体，将汉语时态分为"绝对三时系统"与"相对三时系统"，并进一步细分为11种时态类型，同时将汉语的体分为开始继续体、持续体、过去延续体、将来继续体、完成体与惯常体。在体现形式方面，该研究除讨论"了""着"等表体助词与动词结合表达的体意义外，还讨论了动词零形式的体意义以及动词后加"起来""下去""住""完""掉""到""穿""破"等准表体助词表达的体意义。该研究为

---

① 虽然 Quirk *et al.*（1985）也使用了 perfective，但他认为其表示动作的完成，故此处译为"完成体"，与"完整体"意义不同。

汉语确立了较为详细的时态与体系统，对表体助词与准表体助词的区分对后来研究中学界对语法手段与词汇手段的认识具有一定的启示意义。但是，该研究对“过去延续体”与“将来继续体”的分类无法让人们把时态和体明确区分开来。与这些研究不同的是，高名凯（1948/1986）与王力（1943/2011）认为汉语中有体无时。前者认为汉语中没有表达时态的语法形式，因此也就不存在时态范畴，“着”“了”等只表达体，基于这些形式，汉语中存在六种体类型。后者认为汉语着重表达事件是否开始或完成，并不像印欧语言一样追究事件何时发生，因此不具有时态范畴，只有“情貌”（即体），并依据体现形式将情貌分成了七个类别，如进行貌用“着”表示，完成貌用“了”表示，普通貌则不需要任何“情貌成分”。

总之，西方传统语法学派注重对时态与体的研究，一般不涉及时相及相关词汇手段，因此他们往往基于语法形式的有无来判断一种语言中是否存在时态。西方对印欧语系语言的这种研究传统对汉语界的时间研究造成了相当大的影响，汉语界的相关研究多模仿英语语法，从而导致了“有时有体”“有体无时”的两大观点阵营的出现，这对汉语界的后续研究造成了深远的影响。另外，这些研究以对时态或体的分类为主要研究内容，但仅仅停留于类型划分，未能呈现现代汉语时间系统的全貌，可以说，这些研究还处于系统构建的初级阶段，在时间系统的全面建构上尚需进一步深入。

2.2.2　形式语言学视角

与传统语法不同的是，形式语言学特别是形式语义学在时间系统的建构方面做出了突出贡献，其中比较有影响力的研究如 Dowty（1979）、Verkuyl（1993）、Smith（1994，1997）、Olsen（1997）、Johanson（2000）等。

Dowty（1979）结合生成语义学与蒙太古语法探讨了 Vendler（1967）对动词的分类，他认为不同动词的体特征都可以通过假定一个匀质的谓体加上三个或四个句子算子进行解释，如英语的状态动词在逻辑结构上都与这些状态谓体相对应，但是其他类型动词的逻辑结构包含一个或更多的状态谓体，这些状态谓体嵌入复合句中，这些复合句通过体算子而形成。他利用体算子进行体演算（aspectual calculus），通过这种方式建立时相与动词语义成分之间的联系，这些算子主要是“行为”（DO）、“变化”（BECOME）与“致使”（CAUSE），其中行为算子表示施事性，变化算子表示确定性变化，致使算子表示致使意义。该研究利用体算子与逻辑公式表示状态、活动、终结与实现四种时相，最终将这些时相进行更为细致的分类，如将状态分为简单状态与状态致使，将活动分为简单活动与施事性活动致使，将实现分为简单实现、活动起始与终结起始，将终结分为非施事性终结、（非意志的）施事性终结、有第二施事者的施事性终结以及意志性的施事性终结。Verkuyl（1993）指出该研究中存在三个主要问题：首先，walk 与 cool、open、die 等不同，因为变化算子在 cool、open、die 这些动词中是“与生俱来”的，而 walk 并不具有这种变化的性质，在句子“Mary walked to Rome”中，与其说变化算子蕴涵于动词 walk 中，还不如说是 to 带来了变化意义，而这一点正是 Dowty（1979）没有注意到的；其次，该研究对类似于（1）～（5）这些句子的分析是缺失的，而这些句子中的动词 ate、knitted、played、swam、drank 都与 walk 一样是指一种无界的过程，这与 Dowty（1979：221）对 dink、wipe、sleep 等结果类句子的分析并不相同；最后的问题是 Dowty 没有区分“John opened the door”与“John opened doors”，这说明他没有处理好表示量的名词短语的问题，如“三个三明治”“一些三明治”“很多三明治”“所有三明治”等，该研究并没有注意到这些短语在体意义中的重要作用。鞠志勤（2015）也批评说，虽然这种演算方式对时相进行了语义分解，但由于着眼点在于时相，这种研究方式虽然能够刻画出时相的语义模式，展示不同类型时相之间的差异，但却没有涉及体。

（1）Judith ate her sandwich.（Verkuyl 1993：203）
（2）She knitted a sweater.（同上）
（3）Nick played that concerto.（同上）
（4）John swam a mile.（同上）
（5）Joop drank a glass of whickv.（同上）

与 Dowty（1979）不同，Verkuyl（1993）认识到了复数名词对情状界性的影响作用，认为体意义不是动词层面的，而是整个句子层面的，因此 Vendler（1967）基于动词层面的研究不适应用于体研究。他还提出了内部体（inner aspect）这一概念，关注动词与它的论元之间的关系，主要涉及只包含主语、“谓语”“宾语”的句子的体，如“Judith ate sandwiches”与“Judith ate bread”，但不包括带其他成分的句子的体，如“Judith ate sandwiches for an hour”“Judith ate a sandwich in an hour”“The whole day Judith ate sandwiches for hours”。在该研究看来，内部体是组成性的，这种组成性主要体现在两种语义因素对内部体的作用上，语义因素即［±ADD TO］与［±SQA］。前者是“谓语”（predicate）的词汇特征，［+ADD TO］表示运动性，［–ADD TO］表示非运动性，如 play、lift、walk 等具有［+ADD TO］的特征。［±SQA］表示是否具有一定的数量，用以描述名词短语 NP。事件类型（eventualities）分为事件（event）、状态（state）

与“过程”[1]，无界的“过程”在［+ADD TO］与［-SQA］的作用下产生，［-ADD TO］有助于产生状态。如果将这些语义成分视为原子的话，那么它们在句中组合，构成体分子［±T］，如果所有的原子都为正，则分子 T 为正，如（6），具体分析如图 2-1 所示（Verkuyl 1993：203），而只要存在一项负向的原子，则都形成负向的体分子［-T］，如（7）～（9）。图 2-1 表明，（6）中的 ate 具有运动性特征，three sandwiches 具有数量特征，该句表达了终结意义，因此是一个有界的事件。该研究使用了“内部体”这一概念，从其论述看，这个内部体就是小句层面的时相。该研究的贡献在于，研究不再停留于动词层面的时相，而是将时相置于小句层面上，考虑到了句中其他成分的作用。但是该研究将“谓语”“主语”“宾语”这些成分的时相意义都置于同等地位，从而削弱了“谓语”部分的基础性作用。

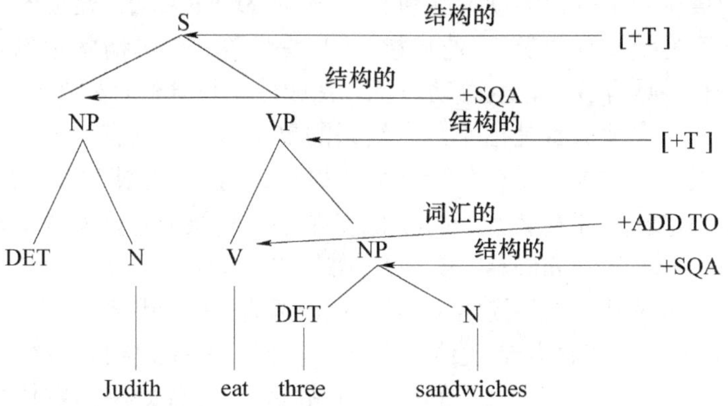

图 2-1　体的词汇与结构信息组成[2]

（6）Judith ate three sandwiches.［+SQA］+［+ADD TO］+［+SQA］=［+T］
（7）Judith ate sandwiches.［+SQA］+［+ADD TO］+［-SQA］=［-T］
（8）Judith ate no sandwich.［+SQA］+［+ADD TO］+［-SQA］=［-T］
（9）Judith wanted nothing.［+SQA］+［-ADD TO］+［-SQA］=［-T］

Smith（1994，1997）重在建构一个广义的体系统，将其分为视点体与情状体，即本研究中的体和时相。她将视点体分为完整体（perfective）、非完整体（imperfective）与中性体（neutral viewpoint），其中的完整体着眼于情状的起始点与终结点，信息具有封闭性，非完整体则关注情状的内部，因此信息具有开放性，而那些不具有任何体现体意义形式的句子存在中性体。她指出，在

① 由于此处的“过程”与系统功能语言学的“过程”完全不同，因此加上引号以示区别，下同。

② 该图基于 Verkuyl（1993：22）的 Figure 2 翻译而成。

视点体的形成过程中，由说话人选择体意义，是说话人将一个现实情境与语言意义联系了起来，该类体由主要动词的形态形式体现，情状体由动词与论元等词汇手段表达，依据［±静态］、［±持续］、［±完成］这三组语义特征可分为五个类别，见表2-1。表2-1中的［±静态］是指动态与静态的对立，将情状类型分成了状态与事件，状态是静态的，而事件则是动态的。［±持续］是指情状或者是持续的，或者是瞬时的。［±完成］是指事件是完成的或者是非完成的，完成性的事件具有状态的变化，这种变化构成了事件的结果，一旦这种结果达成，就会发生状态的变化，意味着事件的完成，完成的事件具有一个自然的终结点，具有固有的有界性，而非完成事件则只是过程，这种事件可以在任何时间停止，不产生结果，不具有终结点。状态时相是指情状在一段时间内较为稳定，主要的特征是静态性与持续性，典型的例子如"拥有这个农场""很高""相信鬼魂"等。活动情状包括身体和心理的活动，是动态、非完成与持续的，典型的活动如"笑""吃樱桃""享受"等。终结情状则包含了过程与结果或者变化，是有界的，就有动态性、完成性与持续性，如"建一座桥""走到学校"等。一次性情状是指不具有结果的单个事件，具有动态性、非完成性与瞬时性，最典型的如"敲门""打嗝""振动翅膀""眨眼""咳嗽"等，当这些事件在状语的作用下成为反复发生的多个事件序列时，则变成活动情状，如Mary knocked for five minutes。实现是指瞬间的事件发生某种变化，具有动态性、完成性与瞬时性，如"到达山顶""认出某人""离开家"等。总之，Smith（1994，1997）对视点体与情状体的定义、类型、系统建构等进行了深入系统的描述，构建了一个"二分制"的广义体系统，一方面她将情状体与视点体置于同等地位，将情状体一并纳入时间系统；另一方面，她还强调说话人在视点体形成过程中的重要作用。这不仅对国内外有关时相系统研究做出了重要贡献，还在一定程度上认识到了体的主观性。

表2-1　　Smith构建的时相系统[①]

时相	静态	持续	完成
状态	[+]	[+]	[-]
活动	[-]	[+]	[-]
终结	[-]	[+]	[+]
一次性情状	[-]	[-]	[-]
实现	[-]	[-]	[+]

① 该表基于Smith（1997：20）的论述翻译而成。

Smith（1994，1997）的研究很大程度上受到了 Vendler（1967）的影响。Vendler（1967）用"A 在跑步"说明活动动词的时间结构："A 在跑步"意味着 A 在整个时间里都在跑，而 t 则是某段时间里的某个时刻，在这个时刻 A 在跑步；该研究用"A 在画圈"说明终结动词的时间结构："A 在画一个圈"意味着 t 在 A 画圈的那个时段内；用"A 赢得一场比赛"来说明实现动词的时间结构："A 赢得一场比赛"意味着赢得比赛就发生在 t1 与 t2 之间；用"A 爱着某个人"来说明状态动词的时间结构："在 t1 与 t2 期间 A 爱着某人"意味着 A 在 t1 与 t2 期间的任何一刻都在爱着某人。可见 Vendler 的主要贡献在于将动词分为活动、终结、实现与状态四个类别，对世界范围内的情状研究都具有深远的影响，目前学界的许多研究包括汉语研究也都参考了 Vendler 的研究成果。不过，Vendler 的观点即使对现代汉语的时相研究仍然具有很强的参考性，但是他对四个类别动词的描述相对简单与笼统。

Olsen（1997）的研究既吸收了 Vendler（1967）的研究成果，也受到了 Smith（1997）"双部"理论的影响。该研究主张将广义的体系统分为语法体与词汇体（即体与时相），主张采用语义特征区分两种体，如语法体的语义特征包含［+完成体］与［+非完整体］，从而区分出完整体与非完整体。词汇体的语义特征是动态性、持续性与终结性，共分为状态、活动、终结、实现、一次性情状与阶段——层次状态，与 Smith 的时相相比，增加了"阶段——层次状态"这一类型，如 be pregnant 就属于该类型。在他看来，Vendler 给动词分类时依据的语义特征是等值对立的，即语义特征正值［+］与负值［–］都表示一致的语义，不涉及语用含义，因此他主张采用缺值对立的语义特征，即有［+］的意义是固定不变的语义，没有［+］的意义是不确定的，是语用含义，也就是暗含于语境之中的语义，这种不确定的语境中的意义也就没有必要使用［–］来标示，因此在语义特征标示时保留［+］足以。除构建体系统外，Olsen 还探讨了时态。他认为时态也可以用一组缺值语义特征即［+过去］与［+将来］来进行区分，时态是参照时间与由语境决定的指示中心 C（deictic center）构建的时间关系，C 有可能是说话时间，也有可能是语境提供的其他时间，时态与事件时间没有关系，事件时间与说话时间之间构建的时间关系产生的是语法体。该研究的主要贡献在于，建构了一个包含语法体与词汇体的广义体系统，在建构时体系统的过程中主张使用缺值语义特征对时体进行分类，将语境语用因素考虑到了时体系统构建中。

Johanson（2000）为欧洲语言构建了一个整体性的时体系统（aspectotemporality），这个系统包括了体–行为方式–时态（aspect-actionality-temporality）三个下位范畴，体表达界限性作为算子运作于动作内容之上，行为方式就是动作内容本身，是运作对象。从 Johanson 的界定看，行为方式相当于本研究中的时相，体与时相是算子与运作对象的关系。该研究将体、时态、时相三个范畴紧密地联系在一起，阐述了体与时相之间的关系，这对时间系统内部关系的探讨具有启示意义。

与国外的形式语义学视角下的时间系统研究相比，国内该视角下的研究较为零散，系统性较弱，他们主要关注的是时体的体现形式，如张立平（2002）、李梅（2003）、李莹、徐杰（2010）等。张立平（2002）运用最简方案将时和体统归 T 范畴，指出时体的表现形式是动词词缀如“着”“了”“过”；“着”“了”“过”之所以被认为是动词词缀，因为这些词都必须附在动词之后，不能与动词分开；对体的研究只需单纯在句法层面上进行，无需考虑任何的语义和语境因素，这样可简化对时态的语义分析。李梅（2003）在管辖与约束理论下对“了”进行分析，否定其作为过去时态标记的地位，认为“将”是将来时标记。李莹、徐杰（2010）指出，体标记的划分应依据标记本身是否具有独立地位和句法位置进行，这样就可以为体标记的共现和叠用提供合理的解释。

综上所述，形式语义学重在建构时体系统，他们将传统意义上的体系统进一步扩大为广义的体系统，这与传统语法学派的研究相比，其系统建构研究迈出了关键的一步，从而推动了时体系统构建研究的进一步发展。这些研究主要基于 Vendler（1967）的研究成果，并在其基础之上进一步细化、拓展与完善，同时重视语义特征在时体分类中的重要作用，还注意到了语境因素对时体意义的影响作用。Vendler 的研究对汉语这种意合语言来说具有较强的启示性。

2.2.3 功能语言学视角

相比之下，功能语言学视角的研究就更加注重语言的功能，体现形式的地位退居意义之后。功能语言学视角的研究中较具代表性的有 Hopper & Thompson（1980）、Hopper（1982）、Dik（1997）、Li（2012）以及系统功能语言学派的一系列研究。

Comrie（1976：16）指出，完整体（perfective）和非完整体（imperfective）的差异在于，前者将事件概念化为一个整体，而后者表示不完整的事件。这就意味着，完整体与非完整体在语篇组织中具有一定作用，这引起了功能主义学派的讨论。Hopper & Thompson（1980）在讨论及物性时，注意到了体在语篇中的作用。他们首先识别出及物性的参与者、动作性、有定性、意愿性、施动性、体、瞬时性等 10 个决定性特征，其中的动作性、体、瞬时性都与体发生联系。体与动词的及物性程度存在系统的对应关系，完整体句子具有较高的及物性，非完整体句子具有较低的及物性，而高及物性意味着体在语篇中具有前景功能，低及物性意味着体在语篇中具有背景功能。Chvany（1990：222）也指出，在有些话语中，完整体可能与前景有关，非完整体则可能与背景相关，因为体意义只是决定“语篇突显”（discourse saliency）程度的因素之一，除了体意义，还有许多因素会在语篇中起作用，因此完整体和非完整体与前景和背景呈现多种搭配现象，这一方面说明话语因素影响体的编码，另一方面也说明纯粹语法层面上体的研究是不充分的。对此，Li & Thompson（1981）在研究汉语的“了”时表示赞成。他们指出，“了”的出现将事件视为一个整体，是有界的，有界是通过量化事件、具体化事件、动词本身的完成意义以及作为多个事件序列中的第一个事件这四种方法实现的，其中作为第一个事件的做法就与“了”的语篇功能相关，如“我吃完了你吃”中存在“我吃”与“你吃”两个事件，第二个事件“你吃”的出现为第一个事件提供了终点，突出了事件的有界性。Hopper（1982）更加深刻地指出，体其实不仅仅是一个狭义概念，而应该是一个话语–语用概念，本质上属于话语层面，从形态或句法的角度解释体往往不能获得全面的认知，更可靠的研究方向是探讨体的功能类型。Li（2012）也同意以上观点，明确了语用与语境因素在时体中占据的重要地位，指出叙事语篇中的时间特征比较明显，在叙事小句中，首先是动词来规定动态的事件，然后是“了”或者一些有界的表达方式使事件具有终结点，正是这些表达方式推进了语篇的发展。体的功能具有普遍性，在不同语言中都以不同的运作机制发挥其功能，从 Thelin（1990）所收集的论文看，学界对体的功能研究涉及英语、俄语、芬兰语、保加利亚语、法语、立陶宛语等语言中的相关现象。

受到国外功能主义研究的影响，国内一些研究者也开始注重探究时态与体的功能，其中已经取得诸多研究者共识的是时态所具有的人际功能与体所具有的语篇功能。如任绍曾（1995）认为，英语现在时具有表实、概括和突显三种功能，其中表实功能是基本的功能，概括功能和突显功能均基于表实功能。现在时可表明句子或语段所陈述的命题内容是真实的，即便是叙事人在过去经验中发生的事件也可作为“现在”的实际经验加以表述，使读者了解事件的真实性，“内容”体现现实的经验，也就是说，现在时的表实功能体现了语言的表意功能，即经验功能；现在时的概括功能使叙事人将语段或语篇的内容作为具有普遍性的经验向读者陈述，除体现叙事人和读者之间的人际关系外，还表明了叙事人对“内容”的态度，因此现在时的概括功能体现了语言的人际功能；现在时的突显功能使语篇的一部分突出，为信息分布服务，从而起到组篇的作用，因此突显功能即语篇功能。赵国栋（2007）指出，在俄语的语篇中，完成体与未完成体共同参与语篇的建构。在叙事文本中，完成体通常执行语篇推进功能，充当故事前景，构成情节主线，由于它表示“阐释变化”与“出现新的情景”，因此它一般充当交际的述题，完成体构成的述题链是语篇内容的重要部分，完成体也因此具有了连贯语篇的功能，完成体的连贯性比未完成体要强许多。未完成体通常不表示“出现新的情景”，其突显能力相对较弱，在与完成体的组配中通常执行背景功能，主要起描写作用。当然，要全面把握体的语篇功能，还需考虑诸多因素，如动词的具体意义，动态/静态、有界/无界、可控/不可控等语义特征，说话者与观察者的视角等。

表 2-2　　事态的语义特征与分类[①]

事态	［动态性］	［可控性］	［终结性］
状态	–	–	
定位	–	+	
动态	+	–	–
变化	+	–	+
活动	+	+	–
终结	+	+	+

以上研究注意到了时态与体的功能，并强调了语境的重要性，却没有涉及时态与体的系统构建问题。与以上研究不同的是，Dik（1997）建立了目前为止最为复杂的体貌系统（陈前瑞 2008：19，22），也就是广义的体系统。他指出，体仅仅是语法手段表达的意义，而“体貌”的范围更广一些，因此主张使用“体貌”这个概念。该研究将体貌分为五大部分，第一部分为事态类型（the type of state of affairs），相当于行为类型，依据动态性、可控性、终结性这三组语义特征事态分为具有不同层级的六类：状态、定位、动态、变化、活动与终结，其中的［–动态］是指事态不涉及任何变化，即在任何时间点上的事态都是相同的，如（10），而［+动态］与［–动态］恰好相反，是指必须发生变化的事态，这种变化可以是发生在事态的整个持续过程中，或是发生在从开始点到不同终结点上，如（11）。［+可控性］的事态是指句子的第一个论元具有控制事态的能力，这个论元是事态的控制者，否则就是［–可控性］，分别如（12）与（13）。［+终结性］是指事态具有自然终结点，如（14），而［–终结性］则指事态不具有自然终结点，如（15）。但遗憾的是，Dik 并没有对这六个类型的事态做出详细阐述，只是一一给出例句对这六种事态予以简单例示，如（16）是定位，（17）是状态，（18）是活动，（19）是终结，（20）是变化。

① 该表基于 Dik（1997：115）的 Table 7 翻译及调整而成。

（10）The substance was red.（Dik 1997：107）
（11）The clock was ticking.（同上）
（12）John opened the door.（同上：112）
（13）The tree fell down.（同上）
（14）John was painting a portrait.（同上：108）
（15）John was painting.（同上）
（16）John kept his money in an old sock.（同上：114）
（17）John's money is in an old sock.（同上）
（18）John was reading a book.（同上）
（19）John ran the marathon in three hours.（同上）
（20）The apple fell down the tree.（同上）

第二部分是完成体与未完成体的对立组，表示采用外部视点和内部视点观察事态。完成体的特征是完成的、有界的、封闭的、不可分割的，而非完成体则相反，是非完成的、无界的、开放的以及可分割的，非完成体包括进行体（指事态在进行中）、惯常体（指习惯性发生的事态）、反复体（指重复性的事态）、继续体（指事态不被打断或不具有终点，而是继续不断地发生）。

第三部分是阶段体（phasal aspectuality）。事态具有开始、持续与终结三个阶段，依据事态的内部发展阶段，从而可以形成起始体，如（21）；进行体，如（22）；继续体，如（23）；终止体，如（24）。

（21）John started crying.（Dik 1997：225）
（22）John was crying.（同上）
（23）John continued crying.（同上）
（24）John stopped crying.（同上）

第四部分是透视体（perspectival aspectuality），主要观察事态是将来发生、即将发生、刚刚发生还是之前发生。人们往往采取不同的视角透视事态，视角可以位于图 2－2 中 1～4 任何一个位置上：观察视角在 1 上，形成前瞻体（prospective aspect），如（25）；观察视角在 2 上，则形成即行体（immediate prospective aspect），如（26）；视角在 3 上时则形成最近完成体，如（27）；视角在 4 上时则形成回顾体/完成体（retrospective/perfect aspect），如（28）。

1 ………………> …………… 2 | 事态 | 3 …………… < …………… 4

图 2－2　透视事态的视角[①]

（25）John is going to cry.（Dik 1997：239）

（26）John is about to cry.（同上）

（27）John has just cried.（同上）

（28）John has cried.（同上）

第五部分是量化体（quantificational aspectuality），是指事态发生的频率，分为表示发生一次的一次性体（semelfactive aspect），表示发生几次的反复体（iterative aspect），表示发生很多次的频率体（frequentative aspect），表示在不同参与者的作用下发生了几次的分布体（distributive aspect）。对于该类体，Dik 也只是简单略过，并没有详细地阐释。

系统功能语言学学者也进行了一系列的时体研究（如 Halliday 1994；Halliday 2007a，2007b；Yang 2007；Bache 2008；何伟 2005，2008a，2008b，2009a，2009b，2010；Ling 2013；鞠志勤、何伟 2016 等）。其中，其初期研究主要以英语与汉语为研究对象，近年来也开始涉及法语、日语等的语言研究。Halliday（1994）、Halliday & Matthiessen（2004，2014）为英语构建了一个具有递归性的时态系统，递归性就是指形式可以不断循环叠加，构建出序列性的时间关系。依据递归性，英语时态可分为首要时态与次要时态，两者均可三分为现在、过去与将来时态，进而在限定性小句的时态系统中形成 36 种时态，这 36 种时态只是在理论上可以存在，但在实际语篇中有些类型并不存在。因此，时态的递归性实际上是有限的递归。基于该原则，时态可分为首要时态与次要时态，两者通过递归构成时态序列（serial tense）。从意义上看，无论首要时态还是次要时态，都可以分为现在、过去和将来三种类型，当选择时态时，无论选择过去、现在还是将来，都会定位一个时间，而这个刚开始定位的时间则成为下一次在过去、现在、将来中进行时态选择的出发点。总之，Halliday 对时态的研究描述了时态的有限递归原则，为产生复合时态提供了理论依据，但是这些研究将时态视为动词层面的现象，并没有考虑小句内其他成分的作用。

后来，一些研究者开始基于 Halliday 的时态理论进行修订或扩展。如 Bache（2008）认识到了 Halliday 有关时态理论的一些问题，在吸取其他研究的成果

① 该图基于 Dik（1997：239）的 Figure 6 翻译而成。

基础上为英语了建构一个较为全面的时间系统。他指出，Halliday 等对英语时态系统的描述受到生成语法的影响，没有真正反映时态选择的功能本质，在 Halliday 所建构的时态系统中，许多时态在实际语篇中并不存在。因此他认为，时体理论应体现功能思想。他首先从功能层面对英语时间系统中的范畴进行重新界定，把英语时间系统分为时（temporality）、动作方式（actionality）、体貌这三个元范畴单位，这三个元范畴分别对应下级成员单位即时态、动作与体（同上：108 – 109）。他指出时态是描述执行人（即说话人与作者）对过程的时间定位的多功能范畴，该时间定位基于基点时间（base time）与功能时间（function time）实现，换言之，也就是执行人提示受话人基于基点时间看以前（即过去时）、看当时（现在时），或者看将来（将来时）。他认为时态具有多种元功能：对过程的时间定位即经验元功能；时态参与构建复杂的表达方式，反映了基点时间与功能时间之间的序列性互动关系，这使其成为重要的逻辑资源；时态与限定性以及指示性存在密切联系是重要的人际功能；组织过程顺序反映了其语篇功能。动作方式是描述不同过程类型的经验范畴，包括终结、方向、短时性、一次性、反复性等。体是语篇意义的基本范畴，是过程选择为完成或未完成的呈现方式。动作方式与体是两个相互独立的范畴，同时两者之间存在兼容与不兼容的关系。可见，该研究从系统功能语言学视角对英语的时态、体与时相都进行了界定、分类与系统描述，其贡献主要在时态研究上，具体体现在：从功能出发界定时态；简单描述了时态的潜势意义；初步明确了时态、体与时相之间的关系。这对我们从系统功能视角构建汉语的时间系统具有重要的借鉴意义。

何伟（2005，2008a，2008b，2009a，2010）对英语时态与体进行的一系列研究也是对 Halliday 等的时态理论的进一步完善。何伟（2005）指出，Halliday 的时态研究局限于动词层面，不能解释小句层面与小句复合体的时态现象，原因是他忽略了语境因素。因此，她将小句复合体中的时态现象纳入时态系统中，于是产生了简单时态与复合时态。在这个时态系统中，简单时态存在一个参照时间，而复合时态则具有多个参照时间，两者都构建说话时间、参照时间与事件时间之间的时间关系，复合时态也能解释更多的时态现象，包括小句以及小句复合体中的时态。该研究提出了复合时态的概念，这是以往研究中较少关注的问题，这无论在国内外语言学界，还是在汉语界，都具有开创性意义。另外，她（2009a：34）还为英语构建了一个包含了语法体与词汇体两大部分的广义体系统。在这个体系统中，充当谓体的动词或动词短语本身表示的时间意义是狭义的词汇体，小句表述的事件的内在时间特征则是广义的词汇体，话语发出者对事件在时间上的观察方式为语法体。狭义的词汇体即本研究中所指的由谓体体现的时相意义，广义的词汇体则是小句中状语或补语等其他成分影响下小句层面表达的时相意义，而语法体基本相当于本研究中的体。因此这个系统包含了动词词组层次与小句层次上的体意义，小句内所有表达体与时相意义的成分都纳入了广义的体，其表达形式也相应地从语法形式扩大到所有可能表达时间意义的词汇手段。汉语作为意合语言，词汇手段对于其时间意义的表达具有重要意义，因此该系统模式虽为英语构建，但也对汉语的体与时相系统的构建具有重要的启示作用。除构建系统外，何伟（2009b，2010）还对时态与语法体之间的关系做出了阐释。研究指出，英语的动词形式既表达时态意义也表达语法体意义，前者为首要意义，后者为次要意义，时态与语法体之间表现出一定的对应关系，即动词的过去时、现在时和将来时形式分别表示完成体（perfective）、未完成体（imperfective）与完成体意义[①]，时态序列同时也是体序列，体现语法体的序列意义。该研究体现了时态与语法体在形式上的对应，表明一种形式可以同时体现时态与语法体意义。需要指出的是，何伟（2005，2009a，2009b，2010）在时态与广义的体系统构建方面做出了较大贡献，同时还提出了复合时态与体序列的概念，认识到了体与时相之间的关系。

除了对英语的时体现象进行研究，系统功能语言学学者还探讨了汉语的时间问题，可追溯至系统功能语言学创立之初，如 Halliday（1951/2007a）就对汉语的时间系统进行过研究，当时他认为汉语的时间系统应由时态和体构成，后来他（1956/2007b）又在系统中增加了中性体。随着研究的深入，Halliday & McDonald（2004）接受了汉语界“有体无时”的观点，否认了汉语中时态的存在，认为汉语的时间系统中只应存在体和时相两大系统，前者为语法范畴，后者为词汇范畴，由动词词组和后动词（post-verb）体现。另外，他分别基于语言的形式和意义进行两种不同标准的分类：一方面他从语义上将体分为完成体（perfective）、经验体（experiential）、持续体（durative）和进行体（progressive），另一方面他依据体助词在小句中的句法位置将体分为动词体（verbal aspect）和小句体（clausal aspect）。后来 Ling（2013）继承了 Halliday 的主要观点，也将汉语时间系统分成体和时相两个系统，并在一些微观问题上进行了扩展，如他指出体由助词或合作动词表达，而时相系统中也存在中立时相和完成时相两种，动词零形式体现前者，后动词体现后者。可见，上述研究都把体系统和时相看成是汉语时间系统中两个处于平行地位的范畴，而且基于以上研究，我们还可以发现：体主要由动词和语法标记形式表达，而时相则主要由词汇手段表达。

与以上研究不同的是，Yang（2007）不主张将时相视为汉语时间系统中的

① 何伟（2009b，2010）使用“完成体”与“未完成体”，内涵同“完整体”与“非完整体”，皆为 perfective 与 imperfective 的英译术语。

一个独立范畴，因此该研究仅为汉语构建了一个狭义的体系统。首先，研究基于意义将体系统分为完整体（perfective aspect）、非完整体（imperfective aspect）和即行体（imminent aspect）。研究指出，体与参照时间相关，这个参照时间就是视点在时间轴上的位置，完整体、非完整体与将行体的形成就是参照时间与在时间轴上与情状的起始时间、终结时间以及持续阶段的任意时间形成的时间关系。将起始时间表示为 ti，终结时间表示为 tt，参照时间表示为 tr（相当于观察者的视点），那么，完整体表示为 tt≤tr，其观察视点位于情状的终结点后或与终结点重合，是一种从情状外部观察情状内部时间结构的方式，可以进一步细分为实现体、经历体与近过去体，由 V+了、V+过、V+来着等表达。非完整体表示为 ti≤tr<tt，其视点包含了从情状的起始时间到终结时间，参照时间与终结时间不能重合，可进一步分为持续体、进行体、开始体与继续体，由 V+着、在+V、一直+V、正在+V、V+起来、V+下去等表达。即行体可表示为 ti≤tt 与 tr<ti，相当于 Comrie（1976）所说的前瞻体，是指从情状结构外部进行观察的方式，参照时间恰好刚刚在情状的开始点之前，分为书面语即行体（written-imminent aspect）与口语即行体（spoken-imminent aspect），由即将+V、将要+V、就要+V、快要+V 等表达。其次，她基于 Halliday 等学者依据递归性原则构建单一时态与序列时态的做法，构建出一个包含了简单体（simple aspect）与复合体（complex aspect）在内的体系统。依据体标记的从简单到复杂的组合方式，她主张将体系统分为一级体（primary aspect）、二级体（secondary aspect）和三级体（tertiary aspect），一级体就是简单体，其他的都是复合体，其中简单体共计 14 种，如下：

无标记－实现体（the unmarked-realized aspect）：V+了
完成体：已经/已经+V+了
无标记－经验体（the unmarked-experiential aspect）：V+过
有标记－经验体（the marked-experiential aspect）：曾经/曾经+V+过
近过去体：V+来着
长持续体（the long-durative aspect）：一直+V
无标记－持续体（the unmarked-durative aspect）：V+着
持续－进行体（the durative-progressive aspect）：在+V
无标记－聚焦－进行体（the unmarked-focalized-progressive aspect）：正在+V
有标记－聚焦－进行体（the marked-focalized-progressive aspect）：正+V
开始体：V+起来
继续体：V+下去
书面－即行体：将要/即将+V
口语－即行体：就要/快要/快/要+V

复合体就是这些简单体的复合，二级复合体就是两种简单体的复合，汉语中存在6种由两个简单非完整体构成的二级复合体，体现形式为：一直+V+着、一直+在+V、在+V+着、一直+V+下去、正在+V+着、正+V+着表达；还存在11种由完整体与非完整体构成的二级复合体，体现形式为：一直+V+了、一直+V+来着、V+着+了、已经+ V+着+了、V+着+来着、V+着+过、曾经+V+着+（过）、V+了+起来、V+起+来+了、已经+V+了+起来、已经+V+起+来+了、V+了+下去、V+下去+了、已经+V+了+下去、已经+V+下去+了；三级复合体就是三种简单体的复合，汉语中存在5种三级复合体，表达形式包括一直+V+着+了、一直+V+着+来着、一直+V+了+下去、一直+V+下去+了、就要/快要/快/要+ V+起来+了、已经+就要/快要/快/要+ V+起来+了。总之，该研究主要关注的是汉语的体，将体、参照时间与情状的内部时间结构联系在了一起，其主要贡献在于为汉语构建了一个具有多个层级的体系统，不但论及了简单体，还将以往研究中较少涉及的复合体纳入了体系统中。

鞠志勤、何伟（2016）则将研究重点放在了汉语的情状体（situation aspect）上，即本研究中的时相。研究指出，结果补语与“谓词”同为小句焦点，为“谓词”的情状架构终点情状，描写补语作为小句的焦点，消磨了“谓词”体现情状的能力，使其成为具有了一定指称性的类似次话题成分，两者在叙述语篇中发挥了不同的设景功能，即前者充当前景，推动叙事时间的发展，后者则充当背景，描述叙事的原因或对其解释。

综上所述，功能视角的研究表明，时态、体、时相这三个范畴或是独立的，或是融合在一起的；系统功能语言学为英语与汉语的时间系统研究提供了新的视角，该视角为探讨时间系统的意义与形式提供了依据；研究中提出的“时态序列”“复合时态”“体序列”“复合体”“复合时相”等概念说明，时态、体与时相在实际语篇中存在复合现象，在构建时间系统时应对这些现象给予足够重视。

2.2.4 语言类型学视角

语言类型学在跨语言的时间研究上做出了重要贡献，该视角下的时体研究代表成果如 Comrie（1976，1985）、Dahl（1985，2000）、Bybee（1985）、Bybee，Perkins & Pagliuca（1994）、Bhat（1999）等。

Comrie（1976，1985）认为时间系统存在两个范畴，即时态与体。他将时态定义为对情状进行定位的语法范畴，将体定义为对情状时间结构的观察方式。现在时间是时间轴上的一个时间点，当现在时间作为指示中心时，形成绝对时态，而绝对时态又可以分为现在、过去与将来三种类型，现在时态是指情状时间与现在时间重合，过去时态将情状定为在现在时间之前，而将来时态将情状定位于现在时间之后。有时，定位情状的时间参照点并不一定是现在时间，有时可能是语境中的某一时间，此时形成相对时态。当时态不但参照现在时间还参照其他时间时，形成相对–绝对时态，如（29）句中主句描述的事件 Mary emerging from the cupboard 发生在过去的某一时间，其参照时间是现在时间，而从句所描述的事件 John leaving 发生在主句描述的事件之前，其参照时间则是主句中事件的发生时间。

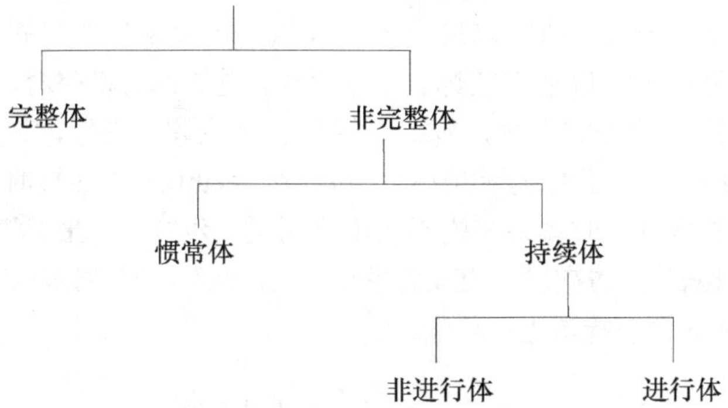

图 2–3　Comrie 构建的体系统[①]

（29）When John had left，Mary emerged from the cupboard.（Comrie 1985：65）

除了构建时态系统外，Comrie（1976）还构建了体系统，他将体系统分为完整体与非完整体，非完整体又分为惯常体、持续体，持续体进一步细分为非进行体与进行体，如图 2–3 所示。依据 Comrie（1976：41–48）对情状内部固有的意义的论述可以看出，Comrie 意识到了还有一种意义存在，且这种意义与体系统关系密切，这就是时相，但他并没有视其为时间系统的一部分。总之，该研究确立了时态与体两个平行范畴，并给予区分、建构各自的系统，这无疑大大推进了时间系统的建构研究，但是 Comrie 建构的时间系统是不全面的，因为他将时相排除在了系统之外。

Dahl（1985）与 Comrie 不同，他不主张严格区分时态与体。该研究在调查了 64 种语言基础上，对人类语言的时态与体进行了描述：人类语言的时态、情态及体（tense-mood-aspect，TMA）之间在语言编码上并不具有明显的界限。在典型的体范畴中，存在三类体，一类是完整体/非完整体的对立组，一般用形态标记形式表达，并且与过去时态联系在一起，即完整体通常只用于过去时态中，而过去时态通常只用于非完整体语境中，但是斯拉夫语是一个例外，因为斯拉夫语中的完整体/非完整体不是由屈折范畴体现，而是由派生形式体现。

① 该图基于 Comrie（1976：25）的 Table I 翻译而成。

过去时态的强制性相对较弱，将来时态更具普遍性，具有预测和预期两个边缘子类。第二类是时体系统中的次核心系统，主要包括惯常体、一般惯常体（habitual-generic）及过去惯常体（habitual-past）。第三类是完成体、结果体、经历体以及半完成体(pluperfect)。最后是TMA系统中的语气范畴。Dahl(2000：14－15）依据语法化程度将表达时体范畴的语法语素（gram，grammatical morpheme）分成核心语法语素类型（core gram type）和迂回语法语素类型（peripheral gram type)，前者以形态形式表达，主要是屈折形式，一般来讲具有一定程度的强制性，包括完整体、非完整体、过去时，将来时的强制性稍差。后者则主要以迂回的方式表达，包括结果体、完成体、进行体、反复体与惯常体，如图2－4所示。于秀金（2013）评价说，Dahl过于注重时体编码方式及特定时体语义的探讨，时体系统尚不明晰且需进一步细化，虽然将时体语法语素建立在了语法化程度、方向以及相互关系基础上，但是对时体语法语素的语法化程度及方向尚需扩大语言样本进行验证。

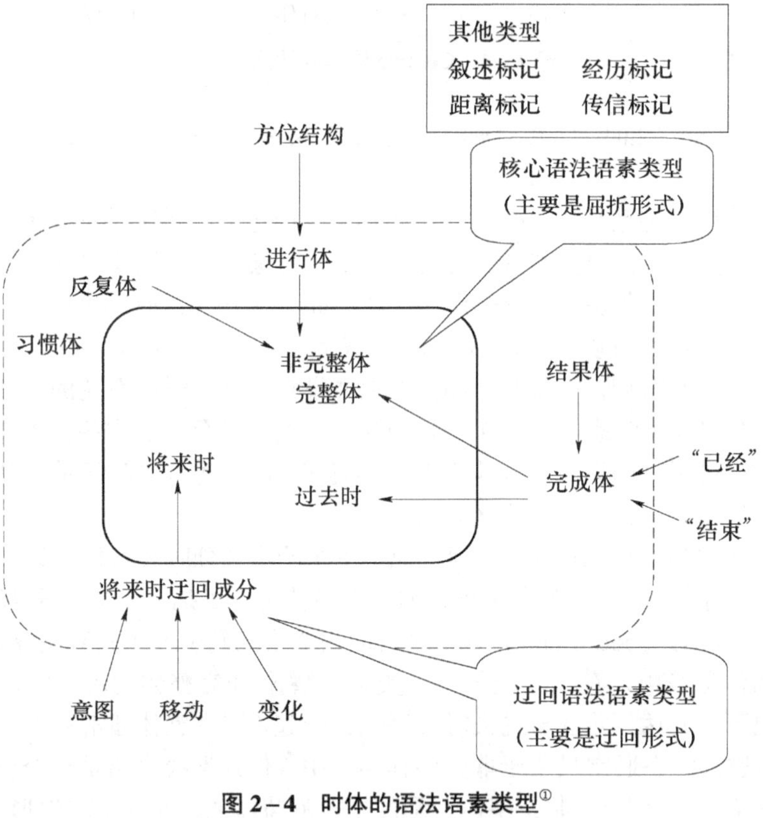

图2－4　时体的语法语素类型[①]

① 该图基于Dahl（2000：14）的Figure 3翻译而成。

对于 Dahl（2000）讨论的这些语法语素，Bybee，Perkins & Pagliuca（1994）也早有论述。他们指出，这些语法语素之间存在差异，这表现在：它们在意义上存在区别，因为它们来源不同，并保留了发展源头的意义；语法语素可能处于不同的发展阶段，但处于相同的发展路径中，因此包含了不同的意义；在同一个语义域内，语法语素间会互相作用，这也许是因为它们是形成对比的一组，如完整体与非完整体，或者是因为它们在同一种用法中产生了竞争，如 will、shall、be going to 在英语中都表达将来时，因此产生了竞争。关于将来时，该研究（同上：279）认为存在四个语义发展阶段，一是将来时与施事性的意愿、愿望与能力用法相关，二是将来时与施事性的意愿、可能性与最近将来时间的特定用法相关，三是成为唯一用于一般将来时用法的语法语素，四是将来时与认知的、说话人的、次要的用法有关。因此，将来时的语法语素的中心功能是意图与预测，也就是说，与其说将来时是一种时间范畴，还不如说它是一个施事性的、认知语气的范畴，只是这个范畴蕴涵了时间意义。关于非完整体，该研究（同上：174）指出，完整体中应用最为广泛和频繁的是进行体，进行体通常由迂回语法语素表达，而且还拥有显而易见的词汇资源，屈折语法语素表达最多的意义是现在时与非完整体，而进行体为这两种体的语法语素提供了资源，有时进行体会直接发展为现在时。同时，该研究还探讨了时态与体之间的相互作用，如屈折语法语素表达的完整体往往限于过去时，通常具有过去时态的意义与功能，而现在时态也可以看作是现在非完整体，因为大部分的与说话时间同时的情状都是非完整性的，进行体可能限于现在时或与参照时间点同时发生，惯常体可能仅仅限于过去时。该研究结合共时和历时的研究方法为人类探讨时态与体的关系提供了新视野，尤其在汉语的时间系统内部成分之间的关系方面提供了启示。

Bhat（1999）也认为时态、体、情态三个范畴是不可分离的，还指出不同语言在这三个范畴上的侧重程度不同，根据语法化程度（degree of grammaticalization）、强制性、系统性以及泛在性（pervasiveness），将语言分为时突显、体突显与情态突显三个理想化类型，体突显语言往往基于先前的完成体结构而发展完整体形式，基于进行体结构发展非完整体形式，而时突显语言则直接基于完成体与进行体构式分别发展过去时态与现在时态。他还对时态与体进行了界定与分类，构建了时态与体系统。在该研究看来，“时态是用于表示事件的时间定位的动词的屈折标记”（Bhat 1999：13），分为指示性时态与非指示性时态，以区分以说话时间为参照的时态与以其他事件为参照的时态，这对应于 Comrie（1985）的绝对时和相对时，但与绝对时和相对时的分类不同的是，指示性时态与非指示性时态与参照点都是相对关系，而且都用指示性事件（即与言语行为相联系的事件）作为参照，还在体与情态中起到重要作用。

该研究将体界定为事件在时间中发生的方式，这些方式如进行、完成、开始、持续、继续、停止或暂时性，因此将体分为完整体、非完整体、阶段体与定量体。

综上所述，在语言类型学视角下，研究多采用历时与共时的研究方法，通过对多种语言进行调查分析，多强调语言共性而总结出时态与体的一般类别及规律，因此建构的时体系统具有普遍性，故其研究成果对汉语的时体研究来说也同样具有适用性，这就为我们探讨汉语时间系统的体现形式——特别是语法形式与准语法形式提供了借鉴。

2.2.5 认知语言学视角

至此，我们完成了对传统语法、形式语言学、功能语言学以及语言类型学视角下的时间系统研究的文献述评。这些研究各有优势，也存在一些尚未解决的问题。总体上看，无论哪一种视角的研究，都是对时间现象本身的描述或阐释，即基于语言本体因素对语言本身的讨论。但事实上，语言本身是人类进行交际交流的工具，人类在使用语言的过程中必然将自己的主观认知体现在语言之中，这在时态与体之中体现得尤为明显，仅仅从语言本体出发对时态、体与时相进行描述或阐释还不能完全解释一些现象，如时态如何体现人际意义、体与说话人的关系等。也许正因如此，学界一些研究从认知视角探讨时间现象。

认知视角的研究注重对时间现象认知机制的阐释，散见于一部分认知语法论著当中，目前影响较大的研究如 Langacker（1987，2001）与 Taylor（2002）。Langacker（1987）从动词层面展开讨论，依据界性将动词的内部“过程”划分出完整和非完整两种类型。他指出涉及在时间中变化的“过程”为完整的，其他的都是非完整的。Langacker（2001）还指出，时态与体之间存在相互作用，对于二者来说，直接时间视域（immediate temporal scope）起到关键作用，直接时间视域与说话时间进行比较，从而体现出时态意义，该视域或先于说话时间或与说话时间同时；直接时间视域与“过程”进行比较，可体现体意义，完整“过程”全部限制在直接时间视域内，而非完整“过程”可以延伸至视域外。总之，在 Langacker 看来，非完整“过程”是无界的（unbounded），可以延伸至视域外，完整性“过程”是有界的（bounded），起点与终点都在视域以内。

Taylor（2002）受其影响，认为时态与体的相关问题与“过程”的类型联系密切，于是他将“过程”分为完成与未完成两个类别，前者是有界的，后者是无界的，完整性“过程”分为短时事件（punctual event）与延续事件（extended event），非完整“过程”分为静态与动态，如图 2－5 所示。该研究指出，短时事件就是被看作在某一时间点上发生但缺少延续性，而延续事件恰好相反，具有时间的延展性；静态“过程”是指几乎没有发生任何变化的事件，而动态的未完成“过程”也就是活动，是指事件的发生、完成、变化，但不具有内在的结束点。该研究对各个类别举例如下：

短时事件：sneeze，cough，die，arrive，finish the novel，begin the novel，reach the summit 等

延续事件：travel from A to B，write a novel，build a house，walk to the store 等

静态：be tall，know the answer，like cheese 等

活动：write novels，learn French，grow taller，work on dissertation 等

从这些举例可以看出，Taylor 所说的“过程”类似于本研究中的时相。在讨论“过程”时，该研究并不像 Langacker 一样仅仅限于动词层面，还将论元因素考虑在内。以“write a novel”与“write novels”为例，在该研究看来，虽然两者的动词“write”相同，但两者表达的“过程”并不相同，前者为完成性“过程”，这是因为当小说完成之时，也就意味着“过程”终止，而后者应为未完成性“过程”，也就是说，“写作”这个动作可以持续下去，时间可长可短。

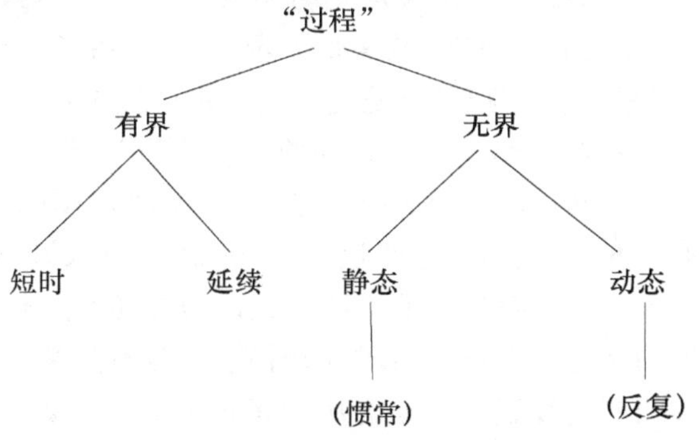

图 2–5　“过程”分类[①]

国内学者也深受两者影响，如陈振宇（2007）尝试从认知视角对时体重新定义，构建起一个汉语时间系统的认知模型。李国南（2004）从隐喻认知的角度探讨英语动词过去时的非过去时间用法。过去时通常表示过去时间，但也经常用来指称现在或将来时间，即表虚拟或礼貌，从时间距离映射到现实距离，继而映射到心理距离，这是人类隐喻认知模式在语法结构中的运作和体现。方霁（2000）认为存在两种不同的认知方式：第一种观察者的位置是固定的，观察者在时间之外，将时间视为独立的流动实体；第二种观察者的位置不固定，观察者融入时间之中做一次假想的旅行。汉语的认知方式是以第二种方式为主，以第一种方式为辅，这就决定了汉语的时态以相对时态为主，以绝对时态为辅。

① 该图基于 Taylor（2002：401）的 Figure 20.3 翻译而成。

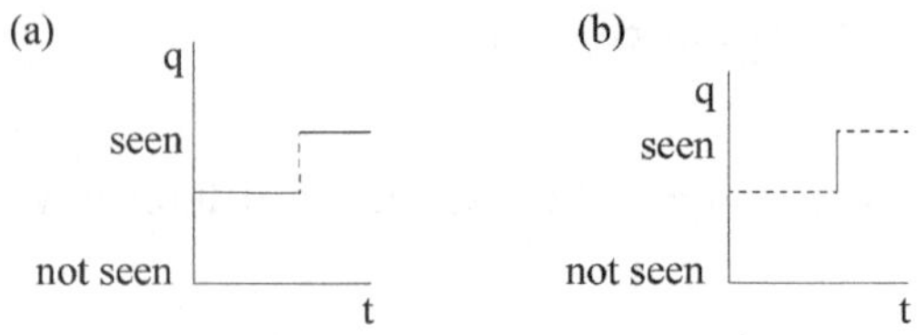

图 2-6　see 的二维几何表征[①]

以上认知视角的研究重点在于体与时态，即使涉及了时相，也没有将时相与体明确区分为两个独立范畴。与此不同的是，Croft（2012）则主要关注时相，并采用二维几何表征的方式来描述时相，突破了原有研究主要依赖时间这一维度的现状，为时间系统研究带来了新的启示。该研究指出，以往研究对语法体比较难定义，原因之一就在于语法体的语义阐释伴随着“谓语”类别的变化，而这种变化会引起词汇体的不同。因此，他在研究中重在基于 Vendler（1967）有关词汇体的研究成果，使用二维几何分析方法将状态、活动、终结、实现四类词汇体重新进行了阐释。从认知角度看，词汇体描述的是事件如何在时间中被识解，因此词汇体需要的一个维度就是时间维度，另一个维度是事件的一系列的性状（qualitative states），前者是 x 轴，表示为 t，后者是 y 轴，表示为 q。时间维度 t 是连续性的，但 q 则可能是连续的，也可能不是连续的，如英语中的 see 这个事件只有两个性状，“看”某事物与“不看”某一事物，“看”这个事件在 q 方面就包括了两点，如图 2-6a 与 2-6b 分别表示的是（30）与（31）的 see 与 saw。图 2-6a 呈现的是过渡状态（transitory state），实线表示参与者看见的结果状态阶段。图 2-6b 表征终结意义，与时间 t 轴平行的第一条虚线是指参与者看不见的状态，而第二条虚线是指参与者看见某物的状态，而与 q 轴平行连接两条虚线的直线表示参与者从没有看见到看见某物的瞬时变化。

（30）I see Mount Tamalpais.（Croft 2012：55）

（31）I reached the crest of the hill and saw Mount Tamalpais.（同上）

Croft 将 Vendler（1967）的时相类型进行了进一步细分，其中状态分为过渡状态、获得状态、固有状态、点状态四个类别，如图 2-7 所示。图 2-7 中的过渡状态属于阶段层面（stage-level）的类型，拥有一个开始点，也可能存在一个结束点，剩余三种都是“宾语层面（object-level）”的状态，其中获得状态与固有状态都属于永久性状态，持续的时间是一个事物的整个生命周期，获得状态是指状态一旦被获取则这种状态在事物的整个生命周期内都是真实存

① 该图及图 2-7、图 2-8、图 2-9、图 2-10 分别基于 Croft（2012：55-62）的 Figure 2.2～2.6 翻译而成。

在的；固有状态不需要任何条件而这种状态在事物的整个生命周期内都是真实存在的；点状态指状态只在时轴上持续一个点。

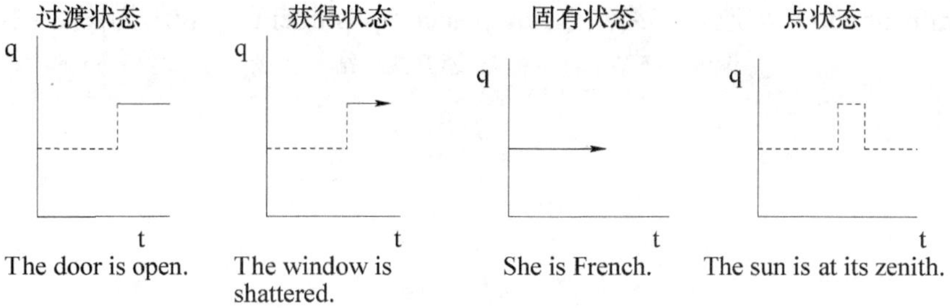

图 2-7　四类状态的二维几何表征

实现是指在 t 轴上的某一个点上 q 轴上的一种状态向另外一种状态的转化，因此实现与状态密不可分。实现可以分为可逆向（reversible directed）、不可逆向（irreversible directed）与循环性（cyclic/semelfactive）三个次类，可逆向实现是过渡状态的结果，而不可逆向实现则是固有状态的结果，两者都属于方向性实现，与方向性实现相反的是循环性实现，循环性实现是点状态的结果，可以返回到原来的状态，三者可表示为图 2-8。

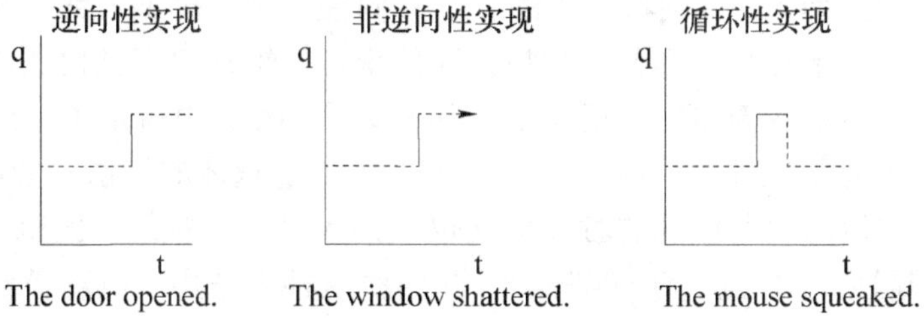

图 2-8　三类实现的二维几何表征

活动是指可以持续的、无界的过程，分为方向性活动（directed activities）与非方向性/循环性活动（undirected/cyclic activities），前者在 q 轴上具有持续性的变化，但不向结果状态转化，后者则在 q 轴上没有持续的变化，可用曲折线表示，如图 2-9 所示。

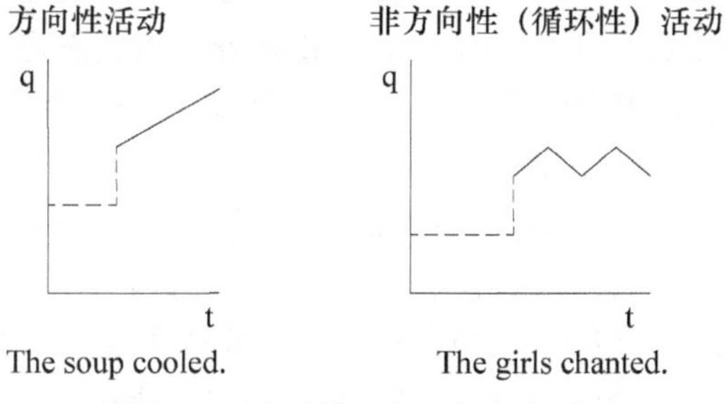

图 2-9　两类活动的二维几何表征

终结与其他三种词汇体都不同，因为它描述了开始、结束与变化三个阶段，这是因为终结既是持续的，也是有界的。终结包括渐进式终结（incremental accomplishment）与速升式终结（runup accomplishment），表示为图 2－10。

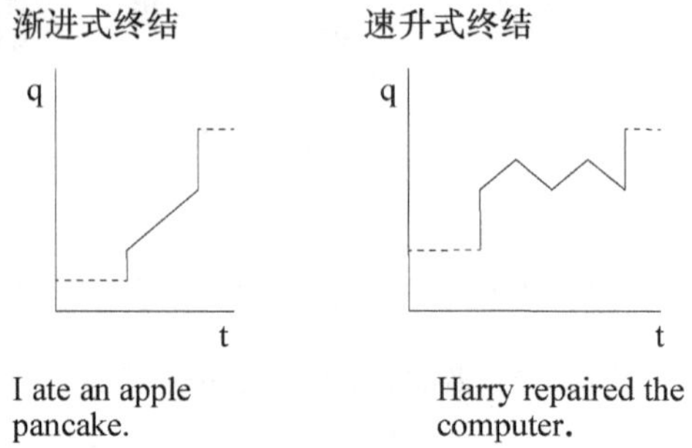

图 2－10　两类终结的二维几何表征

可见，该研究将 Vendler（1967）的状态时相进行了更为细致的分类，还扩大了其关于活动、实现、终结的类别：Vendler 的活动只包括非方向性活动，而 Croft 将方向性活动纳入系统；Vendler 的实现只包括方向性实现，而 Croft 的实现则包括了方向性与循环性两大类别；Vendler 的终结只是指有界的、方向性持续过程，而 Croft 则将有界的、非方向性持续过程纳入终结系统，这就是速升式终结。于秀金、彭芳（2014）评价说，二维几何表征比逻辑式表征在描述致使关系方面更直观，也更全面。鞠志勤（2015）也肯定了 Croft 的研究，认为该研究改变了以往依赖时间这一个维度描写情状体的做法，使情状体分类更为丰富，实体范畴所体现的时间意义也被纳入到了情状的研究范围内。正因 Croft 的创新性，国内也有一部分学者开始将这种方法用于阐释英汉语的时态与体，如于秀金、彭芳（2014）尝试用来描述定量体，汴京、张辉（2015）用以描述英语时态的体功能，从而发现了时态与体之间的联系存在内在规律。

认知语言学中的构式语法理论也影响到了时体研究，主要体现在学界对时体压制（Coercion）现象的关注上。Swart（1998）这样解释体压制：强调某个状态的起始点时，就会将一个状态表达成事件，当需要把事件看作不断重复进行的时候，事件就被压制成状态。她将压制算子引入话语表征理论，算子 Che 表示将同质的状态或过程压制为事件，Csd 则表示将状态压制成动态的过程或事件，经过进行时算子 PROG 的压制，静止的状态可以获得动态特征。Michaelis（2004）认为 Swart 的研究存在缺陷，不能揭示事件的内部构成，于是她将词汇体和构式共同整合在体压制产生机制中，建立了一个词汇体表征的双重模式，即致使表征和时间表征，致使表征通过算子函项 HOLD 与 REPEAT 表达，时间表征关注情状的动与静，由状态、过渡和事件链三个成分来描述。袁野（2011b）将构式压制理论应用于汉语的体压制与体迁移研究中，指出非完整体可以压制成为完整体，如（32）中的“亮”本来是形容词，表达状态，但由于“了”的出现，具有动态意义，这是因为构式 LE 的压制，该句发生了体迁移，即状态转化为事件。在这类压制中，压制算子可以是助词“了”，另一类是表达时间延续的状语，“一把”和“一下”这样的频度副词也可以成为压制算子，促使体迁移的发生。“过”这个算子也可以起到压制作用，如“用过”和“学过”等，都是表达活动的动词被经历体构式“+过”压制为达成（即终结）情状。如果此时再加上一个表示延续的时间状语，如（33）中的“拉过”后加上“两年”，那么表达瞬时的达成就会被压制而迁移成一种持续状态。除此之外，短时体、持续体、进行体、起始体、延续体等都存在体压制和迁移。总之，动词词汇体、述谓体与语法体各层次间相互融合，相互作用，不同的体压制现象突显不同层次上的变化，构式本身对体压制的作用非常重要，贯穿于这三个体层次。

（32）天亮了。（袁野 2011b：338）

（33）第三大队的杨二娃子曾在上海拉过两年洋车，对上海的道路很熟悉。（同上）

综上可见，认知语言学不但重在阐释时体现象的认知机制，也关注系统网络的构建。该视角下的研究从观察者等认知因素阐释时体现象，为研究时体本体问题提供了认知依据，对时体研究的进一步拓展具有重要的借鉴意义，故本研究将二维表征理论与压制思想应用到了汉语时间系统的描述中。

2.3 时间系统研究的主要观点

无论学界从何种视角对时间系统进行研究，仅从观点上看，学界在时间系统研究方面主要分化为两类观点：一种观点认为汉语中既存在时态，也存体，更为全面的观点是承认汉语中存在时态，也承认汉语中存在体与时相，这种观点在本研究中称为“有时有体论”；另一种观点则认为汉语中不存在时态，只存在体，有的研究只涉及体，有的则注意到时相与体两者的存在，该类观点在本研究中称为“有体无时论”。

2.3.1 “有时有体论”

在西方，时间系统的研究最初主要是关注时态这一话题。依据 Binnick（1991，p.35），时态研究最早可追溯至古希腊时期，见于柏拉图与亚里士多德对动词时间意义的讨论，在相当长的一段历史时期内，时间与时态不能得到有效区分，而学界对于体的研究最早始于早期希腊语法学家对这一语言现象的注意。时态的经典研究之一就是 Rechenbach（1947）的 ERS 关系模型，其主要贡献在于以话语发出时间 S、事件发生时间 E、参照时间 R 三个时间之间的关系来确定时态。依据 R 与 S 的相对位置关系，时态可分为现在、过去与将来三种，依据 E 与 R 的关系可以将时态分为先时（anterior）、一般（simple）与后时（posterior），一般时态意味着 R 与 E 重合。该研究表明，英语时态的参照时间都是说话时间 R。但是，在实际语篇中，参照时间有可能不是说话时间，而是其他时间，正如 Prior（1967）所说的，在一些句子中参照时间有时不止一个，可能会有很多参照时间，说话时间只不过是第一参照时间。也就是说，Rechenbach 将参照时间限于说话时间，最终导致的结果就是不能描述全部时态现象，其建构的时态系统也就不够系统与全面。

金立鑫（2008）认为，依据 Rechenbach 阐述的内容与其他对照的传统语法的术语，该时态系统中不但包含了时态，也包含了体，因为体类型仍然像时态一样可以用 Reichenbach 模型中的 E 和 R 的关系来确定：E 在 R 之前，形成已行体，E 与 R 在同一点上，形成在行体，E 在 R 之后则形成将行体，因此 Reichenbach 模型实际上是一个包含了时态与体的统一模型。于秀金（2013：13）也评价说，Reichenbach 的理论中 R－E－S 关系确立的前提是将这三个时间均设为时点，忽略了 R 和 E 可作为时段的情况。S 虽然都可以视为时点，但 R 与 E 并不一定都是时点，而是存在四种组合情况，即 R、E 都为时点，或者 R 为时点，E 为时段，或者 R 为时段，E 为时点，或者是 R 为时段，E 也为时段。于秀金（2013）还指出，Reichenbach 的理论模型是一种时体统一观，与 Comrie（1976，1985）的分立观不同，但是又同时承认坚持时体统一观也不等于将时态与体混为一谈。可见，Reichenbach 的理论模式包含的是时态与体两个范畴，而且两者并不是互相替代的，而是在语篇中各自发挥作用，只是容易引起概念混淆，不容易分清时态与体（Yang 2007：21）。因此，虽然于秀金（2013）称其为“时体统一观”，但本质上，这种统一观只是分立观的“变异”，承认了时态与体的存在，即承认“有时有体”，只是仍然以时态为主，并没有对时态与体分别进行系统构建，这在根本上与下文中的“有体无时论”存在区别。

在西方“有时有体”观点的影响下，一些汉语研究者认为体只是汉语时间系统中的成分之一，如宋玉柱（1981：271）将“了”“着”“过”称为体态助词，指明动作或过程所处的状态，相当于体的意义，现代汉语也有指明时的助词，比如表示过去时的时间助词“的”和“来着”。因此，这些研究构建的时间系统不但包括体，还包括时态。对此，张济卿（1996）给出的解释是：汉语的体是主观的，时态则具有客观性，时态是否存在并不是体所左右的，表达时态意义的形式同样也可表达体意义。就目前掌握的文献看，在国内较早全面地描述汉语时间系统的是陈平（1988）。他主张将时间系统三分为“时制”（tense，即本研究中的时态）、“时态”（aspect，即本研究中的体）与时相（phase）。龚千炎（1995）继承了这一观点，主张在句子层面上研究这个三分制时间系统，认为这三个系统都是词汇－语法范畴，原因在于时相以动词为基础，“时制”（tense）主要由词汇手段表达，“时态”（aspect）的语法成分也是由词汇经过长期的历史演变过程而来。他将“时态”（aspect）界定为“事件处于某一阶段的特定状态”（同上：44），并依据人们对时间轴上事件的不同阶段的观察角度分为将行、即行、起始、持续、继续、完成、近经历与经历。时相体现句子纯命题意义的内在时间特征，由“谓语”动词的词汇意义决定，并受到其他成分的影响，汉语动词分为关系、心态、状态、动作行为、心理活动、动作、终结与瞬间八个类别，依据［±静态］、［±动态］、［±完成］、［±持续/进行］ 这四组语义特征，时相分为状态、活动、终结与实现四个类别。“时制”（tense）构建事件发生时间与说话时间或另一参照时间在时间轴上的位置关系，由于汉语中存在绝对基点与相对基点，因此基于绝对基点将“时制”（tense）分为现在、过去与将来三种，基于相对基点将“时制”（tense）分为先事、后事与当事 ，这六种“时制”（tense）往往结合在一起出现在简单句或复合句中，从而“派生”出先事－现在时、先事－过去时、先事－将来时、后事－现在时、后事－过去时、后事－将来时、当事－现在时、当事－过去时与当事－将来时。如（34）为先事－过去时，因为该句中出现了两个参照时间：一个是“我赶到他家时”这个事件的发生时间成为后面小句“他却离开家好几天了”的参照时间；另外一个参照时间即说话时间，由于“我赶到他家”发生在“昨天”，因此这个参照时间就是“今天”。依据何伟（2005）对英语时态的阐释，像（34）这种出现在复合句中并且具有多个参照时间的时态就是一种复合时态。可见，龚文已经意识到了汉语中复合时态的存在，只是叙述较为简单。

（34）昨天我赶到他家时，他却离开家好几天了。（龚千炎 1995：34）

虽然龚千炎（1995）对时间系统的描述相对简单与笼统，但是该研究影响了汉语界诸多时体研究，其参考价值主要体现在三个方面：首先，该研究将时态、体与时相均纳入汉语的时间系统中，因此其建构的时间系统相对完整；其次，该研究描述了时态、体与时相三者之间存在复杂的对应关系，如图 2－11所示（同上：112）。但遗憾的是，研究只是给出了图示网络，表明了汉语时间系统中的各个子系统间并非互相孤立，却并未对此进行详细的阐释与说明，也没有挖掘该现象的实质，更没有解释其能够进行对应或不能够进行对应的原因。再次，该研究还注意到了形容词及形容“谓语”句、体词“谓语”句也具有时间性，时态成分之间可以互相搭配共同表达时态意义，这些都是其他研究中很少关注的内容。但是，该研究在讨论时相时仅涉及动词，并未涉及名词、形容词等。

李明晶（2013）认为世界上不存在缺乏时态范畴的语言，也不存在缺乏体貌范畴的语言。她主张使用“体貌”这一概念代替以往研究中经常使用的“体”，认为体貌范畴是功能–语义平面的概念，具有普遍性，而体范畴则是一个语法范畴，不是普遍的，也就是说，世界上所有的语言都应具有体貌范畴，但不一定具有体范畴。基于这种观点，她为汉语构建了一个体貌系统，分为动貌与体，并将重点放在了对动貌的阐释上，她同意戴耀晶（1997）的观点，主张将动貌分层次进行研究，认为动貌是动词层面的也是句子层面的，动词层面的动貌也就是对动词的分类，包括无体貌动词、状态动词、活动动词、结果事件动词、完成事件动词。句子层面的动貌具有组合性，这主要表现在句中其他成分的作用上，主要是动补成分与内部论元的影响，外部论元对动貌不起作用，主要类型包括状态、结果事件与无体貌类。体可以分为界内体、界限体与界外体，分别由“了 1”“在”“过 2”三个体标记表达。可见，该研究的体貌系统实际上包含了体与动貌，动貌也就是时相。该研究对动貌的论述表明时相并不仅仅是动词层面的概念，但动词层面的动貌具有核心地位。

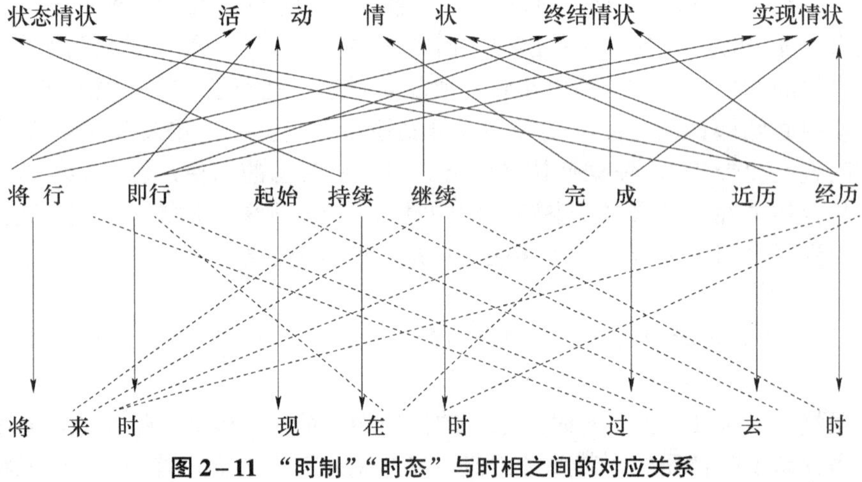

图 2–11 “时制”“时态”与时相之间的对应关系

2.3.2 “有体无时论”

“有体无时论”在汉语研究中具有广泛的影响力，这种观点很大程度上源于西方时体研究的影响。其中，Comrie（1976，1985）的影响相当深远。他先后为英语构建了时态与体系统，认为“时态是时间定位的语法化表达形式”（同上 1985：9）。显然，这种定义更像是为英语“量身定做”的，而对于汉语这种不具有动词屈折变化形式的语言来说，汉语的时间意义更多地是由时间副词等词汇形式体现的（龚千炎 1995），因此这个定义就直接否定了汉语中时态的存在。这也就不难理解 Comrie（1976：2）的观点：汉语中不存在时态标记，不存在绝对时态，只存在相对时态。Smith（1997：263）更加明确地指出，汉语是无时态语言，时间的定位主要依赖于副词与语气助词，时间定位不是强制性的，而是更多地基于语境与语用因素。

国内传统语法学派的研究受到西方时态研究的影响较大。依据西方语言学界对时态的界定，一部分研究者认为，汉语中不存在像印欧语言那样的屈折变化，因此也就不存在时态，“了”“着”“过”主要表达体意义，不表达时态意义，因此他们的研究重点集中在了对体系统的构建上，如戴耀晶（1997）、陈前瑞（2005a，2008）、Xiao & McEnery（2004）等。

戴耀晶（1997）讨论了汉语的时相与体，但并没有将时相视为一个独立范畴。该研究将时相称为“情状”，认为依据持续/瞬间、完成/非完成、动态/静态这三组语义特征可以区分情状，由于情状存在层次之分，因此情状的分类应分层次进行。首先，动词具有情状，可以分为静态与动态，静态情状的动词又可以进一步分为属性关系、心理感觉、姿势与位置四个类别，动态情状的动词可以进一步分为动作与结果两个类别，如图 2－12 所示（同上：13）。同时，句子层面也表达情状意义，句子的情状分为静态、活动、完结与达成。静态是表示存在某种情况，不反映活动与变化，如“每个人都爱自己的故乡”，这类情状的句子主要使用位置动词、心理感觉动词、姿势动词与属性关系动词；活动表明一个动作过程，不反映动作是否具有一个内在的终结点，如“每个人都在看书”，这类情状的句子主要使用动作动词与位置动词；完结表明一个动作，并且这个动作具有一个内在终结点，如“每个人都唱一首歌”，这类情状的句子主要使用动作动词、位置动词与姿势动词；达成表明一种变化，这种变化或是瞬间达到的，或是某种活动造成的结果，如“小王病了”“小王吃胖了”。在对情状进行分类讨论的基础上，该研究指出（同上：2），“体与整个句子所表达的情状有关”。可见该研究对动词情状、句子情状以及区分情状类型所依据的三组语义特征的论述都是为了构建体系统的需要，时相还不是时间系统的重要组成部分。因此该研究的重心仍然是体，该研究认为体是观察事件进程中的事件构成的方式，是一个由数量有限的语法形式表达的语法范畴，包含两大类六小类，两大类是指采用外部观察法而形成的完整体与采用内部观察法而形成的非完整体，完整体进一步分为“了”表达的现实体、“过”表达的经历体与重叠动词表达的短时体，非完整体进一步分为由“着”表达的持续体、“起来”表达的起始体与“下去”表达的继续体。由于“了”“着”等形式已经承担了体的意义，就不能再表达时态意义，据此他认为汉语中不存在时态范畴。

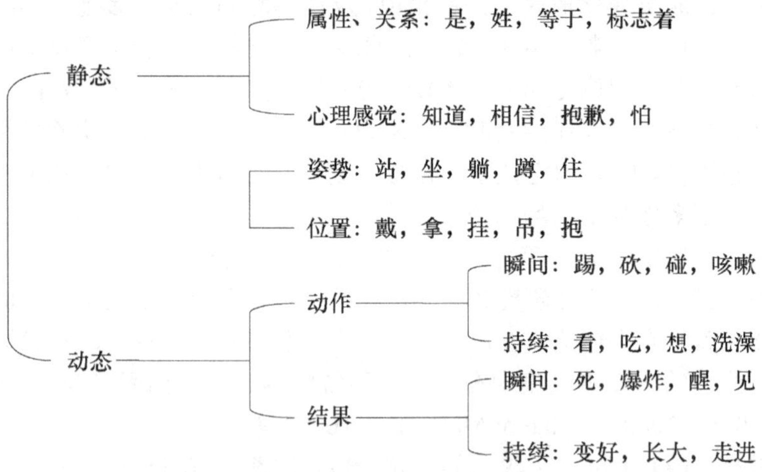

图 2-12　动词的分类

与戴耀晶（1997）不同的是，陈前瑞（2005a，2008）受到了 Smith（1994，1997）“双部”理论的影响，主张将时相纳入体貌系统，从而使得原来的狭义的体系统成为一个广义的体系统，因此陈前瑞（2008）使用“体貌”这个概念替代传统的“体”，将体貌系统分为核心体、边缘体、阶段体与情状体。该系统的层级性比较明显，从情状体到核心体，其体现形式由词汇手段逐渐过渡到语法化手段，因此他对体貌系统的建构主要是基于体现形式的语法化程度的高低。他（2005a：270）认为，边缘体语法程度相对较低，核心体的语法化程度相对较高。依据龚千炎（1995）、何伟、吕怡（2015）的观点，我们认为该系统中阶段体的体现形式“起来”“下去”还没有被完全虚化，属于准语法手段。可见，这个体系统的分类不但注重了每种体的意义类型，还呈现了形式的语法化程度由低到高的连续性。但是，在这个系统中存在不一致的分类标准，一方面，体的内部系统很大程度上是基于体现形式的语法化程度而建构，体系统之所以被分成了核心与边缘两大部分，是因为核心体的语法化程度高，而边缘体的语法化程度则较低。另一方面，在区分体貌的其他系统时则采取了意义标准，如将阶段体分为起始体、延续体、结果体、终结体、短时体、反复体与重复体；在对时相进行分类时，也是基于语义特征而将其分为状态、活动、终结与实现。除此之外，该研究对时相的分类仍然与大多数研究一样，直接基于 Vendler 对英语动词的分类对汉语时相进行描述，忽略了汉语的个性特点，如汉语非动词“谓语”句的时相特征等。

Xiao & McEnery（2004）受到 Smith（1994，1997）“双部”理论的影响，也主张将汉语的体系统分为时相与体两大部分，构建的时相系统中包含两个层面的时相，即词汇层面的情状与句子层面的情状，前者即动词的情状类型，后者是指在补语、论元与体的影响下产生的具有组合性质的时相，后者以前者为基础。他依据［±动态］、［±持续］、［±有界］、［±完成］、［±结果］这五组语义特征分出了个别状态情状（individual-level state）、阶段状态情状（stage-level state）、活动、一次性情状、终结情状与实现情状，这六种是最基本的类型，在此基础之上，在句子其他成分的作用下还衍生出其他情状类型。体系统包括单一体与复合体，单一体包含了以往传统研究中的完整体与非完整体类型，而复合体则是基于单一体而产生，是多种体现形式组合出现在句子中的结果。由于以往的大部分研究主要关注单一形式表达的体，一般很少论及这种复合体，除了 Yang（2007）外，将其纳入体系统的做法在学界也较为少见，因此在这一点上，Xiao & McEnery（2004）的研究对汉语时间系统的研究具有重要的启示性。

综上所述，从历时角度看，由于受到“有体无时论”的影响，在时间系统研究方面，汉语界一直较为偏重对体的研究，对体的系统构建经历了一个狭义到广义的变化过程。从共时角度看，这些研究的差异在于：有的认为汉语“有体无时”，故将体系统视为汉语时间系统的全部；有的主张“有时有体”，故将时态、体、时相全部纳入汉语时间系统。这些研究给予我们的启示是：在构建时间系统时，以体现形式为标准来确定时间系统的组成对汉语这种意合语言来说不具有适用性，因此我们有必要从功能视角出发对汉语时间系统展开研究。

2.4 结语

本章首先回顾了不同语言学视角下的时体研究，然后回顾了学界在“有时有体”与“有体无时”两大阵营的研究。通过对文献的回顾发现，以往研究中仍然存在一些问题没有得到解决，这主要涉及概念、系统构建、体现形式与系统关系四个方面的问题。

首先，学界在时间系统内部成分的界定与术语使用上一直争议不断，即使相对成熟的国外研究在术语使用问题上也颇有异议。国内外有关概念与术语的争议主要表现在：体还被称为视点体、语法体等，时相还被称为行为方式、动作方式、事态类型、词汇体、动词体、动貌、情状体等，每一组术语虽然内涵相近，但各有侧重。宏观来看，这些术语给整个时间系统的研究带来了诸多不便，容易给后来研究者带来混淆与理解困难等问题。

其次，以往研究缺乏对时间系统的全面构建。任何语言的时间系统内，必须具有承担时间定位、反映说话人观察方式、描述事件状态的三个范畴，这就是时态、体与时相，三者都是时间系统的必备成分，缺少其中任何一个的时间系统都不完整。在以往研究中，大部分研究或注重建构体系统，或注重构建时态系统，即使有的研究建构了一个时体并存的时间系统，但这个时间系统仍然不够全面，主要存在两种情况：一是一些研究并没有将情状或事件本身固有的时间结构纳入时间系统；二是有的研究即使将时相纳入了时间系统，也没有关注非动词“谓语”句以及复合的体、时态或时相。

再次，在体现形式方面，大部分研究侧重对时体标记形式的个案研究，对象主要集中在“着”“了”“过”“起来”“下去”等比较常见的体现形式上，因此较为偏重考察语法形式，较少讨论词汇形式，这就导致了研究主要关注体的体现形式，而较少关注时态与时相的体现形式。

另外，学界对于时间系统内部关系的讨论也不够深入。虽然一些研究描述了时态、体与时相之间的对应关系，但这只是对语言表象的简单总结，尚未从本质上概括三个系统之间的复杂关系并解释其成因，也就是说，系统关系的相互作用尚需全面与深刻的阐释。

总之，以上问题理论层面上主要涉及语言的元功能、层次与系统维度，这正是系统功能语言学的核心思想。鉴于此，本研究拟尝试在系统功能语言学视野下解决上述问题，从而为现代汉语建构一个较为全面的时间系统。

第3章

理 论 框 架

3.1 引言

本研究拟在系统功能语言学视角下建构的现代汉语时间系统兼顾意义与形式，具体来讲，该系统将涉及时态、体与时相三个主要范畴，包括时间意义与体现形式两个层次。本章首先界定时态、体与时相三个范畴，然后介绍系统功能语言学的三个语言维度，并在此基础上构建现代汉语时间系统的基本框架。

3.2 时间系统的主要范畴

3.2.1 时态

对于时间系统中的主要范畴，学界在其概念界定方面各执己见，使用这些概念时也各有侧重。鉴于这种现状，我们有必要在构建系统前先界定本研究采用的概念与术语。

时间系统一般涉及时态、体、时相三个主要范畴。关于时态，学界的相关研究可追溯至古希腊时期，该范畴一直是逻辑学、哲学、语言学领域学者的研究话题（如 Jesperson 1927/2008; Reichenbach 1947; Comrie 1985; Declerk 1991; Olsen 1997 等）。这些研究大部分依据语言形式探究时态本质，如 Comrie（1985：8）指出，虽然词汇与语法形式都是用于表达时间定位意义的重要形式，但仅语法形式可表达现在、过去、将来的意义，因此他对时态的定义是："时态是时间定位的语法化表达"（同上：9）。一些汉语研究者也效仿这种界定方式，最终得出的结论是汉语中不存在时态范畴，如戴耀晶（1997：6）指出“一种语言里只有具备了表达时意义和表达体意义的形态，才可以说该语言具备了时范畴和体范畴”。依据这一观点，汉语中不存在时态，只存在体。Lin（2003：259）并不认同该类观点与界定方式，他认为汉语缺乏动词的形态变化，但这并不表示汉语就不能表达时间概念，因为当我们听到一个汉语句子时，任何一个以汉语为母语的人都能立即分辨出这个句子提供的情景是属于过去的、现在的还是将来的，如（1）与（2）都表示过去时间，而（3）与（4）表示现在时间，假如汉语中存在时态，那么这些时态是隐性的，隐含于体意义当中。换言之，汉语与包括英语在内的那些具有屈折变化的语言在形式上不同，因此适用于英语等语言的界定方式并不适用于汉语。总之，我们不能因为汉语与印欧语言在形式上的不同就否定汉语时态的存在，但若认为汉语中存在时态，前提条件必须是承认汉语时态与英语时态的不同，不能再按照 Comrie 等学者的界定方法对汉语时态进行界定。如果再按照这种传统的界定方法对汉语时态进行界定，那么就不可能解决汉语中“存在/不存在时态”的争议。

（1）他打破一个花瓶。（Lin 2003：263）

（2）他在上海出生。（同上）

（3）我相信你。（同上）

（4）他很聪明。（同上）

（5）那天晚上莫言只喝了一碗酒就醉了。（莫言《生死疲劳》）

（6）正当刁小三即将吃到杏子而我又即将顶到刁小三的肚皮时，我看到……（同上）

那么问题是到底该如何对汉语的时态进行界定呢？系统功能语言学可为此提供理论依据，因为在系统功能语言学看来，语言具有层次维度，即语言存在不同的语言层次，其中意义是中心，意义由形式体现（Halliday 1994；Halliday & Matthiessen 2004，2014）。这说明，我们在对时态进行界定时需要遵循两个原则：第一，时态作为语言的组成部分，应该具备意义与形式两个层次；第二，对时态进行界定应基于语言的意义而不是形式。系统功能学界的一些学者对时态的界定就遵循了这两个原则，如 Halliday & Matthiessen（2004：178－179）认为“时态是用于将小句体现的过程定位在一定时间里”的范畴，Bache（2008：109）指出“时态是说话人对过程进行时间定位的元功能范畴”。另有一些学者强调了时态的功能，如何伟（2005：54）指出“任何一个单一时态都建构一种时间关系”，这不但涉及首要时态，也涉及次要时态。总之，基于以上分析，我们可以认为，从意义出发界定时态时应该明确时态的定位与时间关系建构这两种功能。

所谓“时间定位”，其实与以往研究中提到的“时间说”在观点上比较一致，“时间关系建构”则与“时间关系说”的观点类似。秦裕祥（2009）认为“时间关系说”优于“时间说”。但在我们看来，“时间说”与“时间关系说”两种观点并无优劣之分，两者之间更不存在对立与矛盾，前者重在表明时态的定位功能，后者重在强调时态对时间关系的建构功能，因此两者均只反映了时态的一个方面。实际上，时态的功能不是两者取其一，而是涉及两个方面，即时态具有时间定位与建构时间关系两种功能。如（5）中的“了”表示“喝”这个动作是在“那天晚上”这个过去时间框架里发生的，因此动作被定位在过去。“那天晚上”与“了”共同构建的是事件发生的“过去”与参照时间“现在”的时间关系。再如（6），“即将”将“吃到”“顶到”定位在了将来时间框架内，且由于“正当……时”规定了动作之间的时间顺序，“吃到”“顶到”“看到”之间构建了同时关系。

综上所述，时态是指说话人（也可指作者）对过程的时间定位以及基于该时间定位建构的时间关系，是一个具有时间指示性的语义范畴（何伟、张存玉 2016a：26）。一般认为，时态涉及参照时间 R、说话时间 S 与事件时间 E 三个基本时间，其中 S 是指时点，R 与 E 可以是时点，也可能是时段（于秀金 2013）。

3.2.2　体

关于体，学界一般存在狭义与广义两种界定方式，狭义的体也就是视点体或语法体（Smith 1997；Olsen 1997；何伟 2010），广义的体也就是包含了体与时相的体貌（陈前瑞 2008；李明晶 2013；鞠志勤 2015）。需要说明的是，本研究中的体是指狭义的体。

学界对体的定义很多，大部分将其界定为观察情状内部结构的不同方式。如 Comrie（1976）将狭义的体定义为对情状内在时间结构的不同观察方式。Olsen（1997：3）将体称为“语法体”，认为“语法体”就是“由一些动词性助词和词缀对一定时间内情状的进展或结果状态的呈现”。杨国文（2011：3）将体译为“时态”（aspect），认为“时态”（aspect）是“对相应于情状内部时间构成的情状状态的不同观察方式”。Bache（1997：258）指出，并非是完整体与非完整体本身对情状外部与内部进行观察，而是说话人在以完整或不完整的方式呈现情状时提供了一个焦点。她（2008）对“体貌”进行界定时又一次突出了说话人的作用，认为“体貌”关注的是说话人用以呈现情状的情状焦点。陈前瑞（2008：7）将体称为“视点体”，认为“视点体”就是用语法手段表达的“体貌”意义，主要表示人们对情状所采取的不同观察方式。李明晶（2013）与陈前瑞（2008）的观点相似，指出体就是观察时态时间结构的方式。

从以上定义可见，体涉及两个因素，即情状与说话人。Bache（2008：108）对体的定义就说明了情状对体的重要性：体是一个基本语篇意义范畴，是指对情状的完成性与未完成性之间进行的选择。除此之外，说话人在体的形成过程中具有决定性作用。大部分研究对体进行定义时都体现了这一点，如 Declerck（1991）、Smith（1986，1994，1997）、Bache（2008）等。这是因为说话人是具有主观意识的人类个体，可以对时间进行感知，说话人的主观性必然要在语言中有所体现。在体形成过程中，说话人是观察者，以情状的内部结构为目标。认知参照点理论恰恰从认知角度说明了这一点。Langacker（1987）指出，人类在感知事物时会成为认知主体，并以突显的事物为参照，采取不同的观察方式，从而最终确定具体的观察目标，如"桌子上有只猫"的观察目标是猫，观察方式是自下向上进行，参照点就是桌子。同理，对于反映时间的体范畴也一样。在时间系统内，存在一个反映说话者对时间主观认知的类型，这就是体。在体的建构过程中，说话人承担了观察者的角色，这个观察者基于个人视点选择不同的观察方式，可以选择从情状内部观察，也可以选择从情状外部进行观察，从而形成不同的次级体类型。

基于以上分析，在系统功能语言学视角下，我们基本认同学界对体的界定：体是说话人对情状内部时间结构进行观察时所选择的方式。

3.2.3 时相

从历时角度看，人们对时相的认识经历了一个循序渐进的过程。起初，人们最为关注的时间话题是时态与体两个范畴，大部分研究都没有注意到时相的存在，有的还直接将其与体混合在一起，如 Comrie（1976）、邓守信（1985）、戴耀晶（1997）等。后来，Smith（1997）、Olsen（1997）将时相称为"情状体"，并把情状体与视点体一同归入广义的体系统。受到 Smith（1997）的影响，后来的相关研究都倾向于将时相称为情状体或词汇体，将其与视点体或语法体并列为广义体的两大范畴（如陈前瑞 2008；何伟 2010；鞠志勤 2015；鞠志勤、何伟 2016）。陈平（1988）、龚千炎（1995）以及齐沪扬、章天明（2001）等确立了时相的独立范畴地位，与时态、体并行为三大范畴，共同组成时间系统。这说明，我们有必要将时相、时态和体进行区分，以确立起时相作为时间系统内独立范畴的地位。

我们先来分析两个例句，如（7）与（8）。（7）中的"着"表达体，表示持续意义，"昨天"表示时态，表达过去意义。除这两种时间意义外，我们认为该句还表达时相意义，其体现形式是小句的谓体"拍"，由于"拍"表示一种动作，所以它的内部时间结构是非均质的，属于某种动态性时相。假设我们将（7）中的"着"换成"了"，那么就产生一个新的小句（8），与（7）相比，

（8）的时态与时相都不发生变化，但是体发生了变化。这两个简单小句说明，时态主要关注的是一个过程发生在过去、现在还是将来，体主要关注的是说话人对事件处于某个阶段的观察方式，而时相则主要关注的是小句过程本身的时间特征。可见，时相与时态、体这三个范畴虽然往往同时体现于一个小句中，却不能互相替代，在时间系统中彼此都是具有独立范畴地位的必要成分。

（7）（昨天）他拍着我的肩膀，……（CCL）

（8）（昨天）他拍了我的肩膀，……

既然时相与其他两个范畴一样，在时间系统中具有独立范畴的地位，那么到底该如何对时相定义，从而将其与时态和体区分开来呢？对于该问题，学界已经做过许多研究，这些研究一般依据的是 Vendler（1967）对动词内部时间结构的描述。Vendler（1967）指出，动词的时间结构呈现不同的语义特征，据此可将英语动词分为活动、状态、终结和实现四类。在后来的研究中，诸多学者都基于该研究对时相进行界定与分类。如陈平（1988：401）认为“句子的时相结构体现句子纯命题意义内在的时间特征”。一些功能学者也对此表示认同，如何伟、高建慧（2015）认为，该定义虽然表述还不够明确，但是体现了时相的本质特征，于是就将时相定义为小句体现的情形本身的时间特征，并指出“情形”是一个语义层次上的概念，与过程紧密相关。但需要指出的是，与英语相比，汉语中体现过程的谓体更为复杂，因为在现代汉语中，除存在动词“谓语”句外，还存在非动词“谓语”句，即名词“谓语”句、形容词“谓语”句、主谓“谓语”句等句型（丁声树等 1961/1999）。换言之，现代汉语中的谓体不但可以由动词直接说明，还可以由诸如名词词组、性质词组、数量词组等语法单位填充（何伟等 2015）。也就是说，在动词“谓语”句与非动词“谓语”句中，汉语的时相都与谓体紧密相关，由于谓体体现的是过程，因此无论谓体由何种形式充当，过程由何种形式体现，汉语的时相与过程都有着必然的联系。鞠志勤（2015）将时相称为“情状体”，指出情状体系事件的内部时间结构，是过程意义的一部分，具有经验性质。可见，在系统功能视角下对时相的界定涉及内部时间结构与过程两个因素。Bache（2008：109）主张将过程直接引入时相的定义之中，他将其界定为“描述不同过程的经验范畴”。综上所述，我们同意功能语言学界对时相的相关观点，认为时相是描述过程内部时间结构[①]

① “过程内部时间结构”可以认为与学界所说的“情状内部时间结构”“事件内部时间结构”内涵相同。由于本研究在系统功能语言学视角下进行，因此采用“过程内部时间结构”这个术语进行界定。但为了不增加更多术语，造成术语繁杂问题，在相关论述中仍采用“情状内部时间结构”。

的经验范畴（何伟、张存玉 2016b）。

综上所述，时相与时态和体一样，也是时间系统的必要组成部分，是一个独立表示时间意义的范畴，具体来讲就是描述过程内部时间结构（即情状内部时间结构）的经验范畴。

3.3 基于语言维度描述现代汉语的时间系统

系统功能语言学认为，语言是系统的系统，可将语言比喻为建筑，语言建筑由结构、系统、层次、例示、元功能这五个维度构成，如表 3－1 所示。由于本研究拟“自上至下”“自下至上”“自同一层面”构建时间系统，主要涉及元功能、层次与系统，下文分别从这三个维度展开论述。关于其他维度，可详见 Halliday & Matthiesssen（2004：20－26）的相关阐述。

表 3－1　　语言的五个维度①

	维度	原则	顺　序
1	结构	级阶	小句～词组或短语～词～词素
2	系统	精密度阶	语法～词汇［词汇语法］
3	层次	体现	语义学～词汇语法～音系～语音
4	例示	例示	潜势～次潜势或例示类型～例示
5	元功能	元功能	逻辑～经验～人际～语篇

3.3.1 元功能维度下时间系统的意义

1. 元功能维度

语言具有元功能，这是任何一种语言所固有的普遍特征，包括概念功能、人际功能与语篇功能，这三种功能同时体现于基本小句（major clause）之中。

概念功能包括经验功能与逻辑功能两个次类型。经验功能是指语言可以识解人类经验，利用词汇语法资源对经验进行表征，主要体现在及物性系统上。及物性系统是一个语义系统，把人类经验范畴化为若干种过程，并涉及与过程相关的参与者与环境成分。过程一般可分为物质过程、关系过程、心理过程、

① 该表基于 Halliday & Matthiesssen（2004：20）的 Table 1（3）翻译而成。

言语过程、行为过程与存在过程这六大主要类型①。物质过程表达“做”或“发生”意义，参与者主要涉及包括动作者、目标、范围、接受者与委托人；心理过程表示“感觉”意义，可进一步分为感知、认知、愿望与情感四个次类型，参与者主要包括感知者与现象；关系过程表示“关系”意义，参与者主要包括载体、属性、识别者、被识别者、标记、价值、分配者与受益人；言语过程表示“说话”意义，参与者主要包括说话人、受话人、目标及话语内容；行为过程表达“行为”意义；参与者主要包括行为人与行为；存在过程表达“存在”意义，只涉及存在物这一个参与者。

逻辑功能是指语言具有反映两个或两个以上语言单位之间的逻辑语义关系的功能，主要体现在两个或两个以上词组与小句复合体中小句之间的相互依存关系和逻辑语义关系上。相互依存关系可分为并列与主从两种类型，并列是指两个语言单位之间存在地位平等、互不依赖的关系；主从是指两个语言单位之间地位不平等，一个依赖于另外一个。在并列关系的小句复合体中，一般包括起始句与持续句，可分别用1与2表示；在主从关系的小句复合体中，存在主句与从句之分，可分别用α与β表示。

逻辑语义关系包括投射与扩展两个方面，投射可进一步分为言语与思想，扩展是指第二个小句通过阐释、增强与延展方式来扩展第一个小句，如图3－1。阐释是指一个小句通过使用其他词汇重新解释、详细说明、发表议论、举例说明等方式对另外一个小句进行扩展，在分析中用“=”表示，如（9）；增强是指一个小句通过利用地点、时间、原因或条件等环境特征的修饰对另外一个小句进行的扩展，用“×”表示，如（10）；延展是指一个小句通过增加新的成分、提供一个例外或另外一种选择来对另外一个小句进行扩展，用“+”表示，如（11）。

（9）John ran away，which surprised everyone. （Halliday & Matthiessen，2014：442）

α　　　　　　　=β

（10）John ran away，he was scared.（同上）

α　　　　　　　×β

（11）John ran away，whereas Fred stayed behind.（同上）

α　　　　　　　+β

---

① 关于及物性系统的描述，学界存在多种观点（比如 Long 1981；程琪龙 1994；Fawcett 2010；Martin，Matthiessen & Painter 2010；彭宣维 2012；何伟等 2017a，b），但这对于时间系统的描述影响不大，所以本研究仍然沿用 Halliday（1994）的做法。

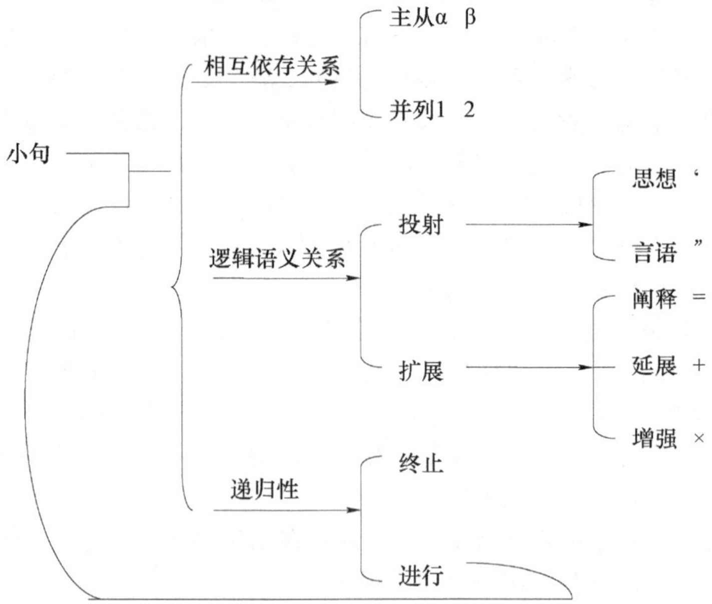

图 3-1 小句复合体的相互依存与逻辑语义关系①

除了概念功能外，语言还具有人际功能。语言使用是一种社会实践活动，人们通过语言进行交际交流，在此过程中建构人际关系，对事物进行评价，反映出人们的社会地位或相互之间的关系亲疏。人际功能主要通过语气系统与情态系统表达，就英语而言，小句的主语与限定成分的不同位置关系可以表达陈述、疑问、命令等不同语气，限定成分还表达时态意义、情态意义或极性。小句剩余部分包括谓体（Predicator）、补语（Complement）与状语，剩余部分中的谓体在小句中具有核心地位，如在英语中可规定说话时间以外的其他时间参照点，即表达次要时态，还规定体义，如 seeing、trying 等，规定语态是被动还是主动，规定主语经历的过程类型等，可见英语的谓体承担了多种功能。汉语与英语一样也表达人际意义，但与英语不同的是，汉语中不存在限定成分，在语法层面上，主要通过语气词、一些重复结构、附加否定成分、特殊疑问词等表达各种语气，表达情态与意态的资源如助动词“可能”“会”“必须”等（胡壮麟等 2008：156－158）。值得一提的是，人际功能相关理论得到了进一步的发展，即 Martin 等人（如 Martin 2000；Martin & Rose 2003；Martin & White 2005）提出了评价理论。评价理论指出，人际功能的实现方式为态度、级差与介入三个子系统，考察语言使用者特别是说话人的态度、观点、立场等人际意义，其中态度是评价的中心，级差系统与介入系统均为态度系统服务，起辅助作用，

① 该图基于 Halliday & Matthiesssen（2004：373）Figure 7－3 翻译改造而成。

分别用于强化或弱化态度以及解释态度来源，级差系统又包括语势与聚焦两个次系统。态度系统包括情感、判断与鉴赏，其中情感是对行为、文本/过程及现象的心理反应，如高兴、痛苦；判断主要涉及伦理道德等标准，据此来对语言使用者及其行为进行评论；鉴赏属美学范畴，指对文本/过程及现象的评价。比如（12）中的 torn to pieces 反映了说话人的情感评价，（13）中的 holy and innocent 反映的是说话人的判断评价，（14）中的 beautiful 反映的是说话人的鉴赏评价。

（12）I was torn to pieces.（Martin & Rose 2003：29）
（13）Our leaders are too holy and innocent.（同上：33）
（14）a beautiful relationship.（同上：37）

除了概念功能与人际功能，语言还具有语篇功能。语篇功能指语言的组织功能，该功能主要通过主位结构、信息结构与衔接三种方式体现。在主位结构中，主位一般位于小句句首部分，表示信息的出发点，述位则紧随其后，用于对主位展开相关信息的陈述。主位可以分为概念主位、人际主位和语篇主位，概念主位也称话题主位，是指小句及物性结构中的第一个成分，或参与者，或环境成分，或过程，而表示人际功能与语篇功能的成分，如出现在第一个及物性成分前，则自动成为人际主位与语篇主位。一些表达时间意义的成分在小句的初始位置承担主位功能，如（15）中的 on Sunday 是话题主位，（16）中的 usually 是人际主位，（17）中的 at first 与 then 都是语篇主位。信息结构与主位结构存在紧密关系，是把语言组织为信息单位的结构，信息单位是信息交流的基本成分，是言语活动中新信息与已知信息构成的结构。新信息是指在言语活动中尚未出现或依据语境难以断定的信息，而已知信息是在言语活动中已经出现或依据语境可以判断的信息。在很多情况下，主位对应新信息，述位对应已知信息，但是这并非绝对的对应关系。无论何种情况，在每个信息单位中，必须具有一个新信息，而已知信息是可以不出现的。

（15）On Sunday morning their confusion and bewilderment increased.（BNC）
（16）Usually her hands are full of it.（同上）
（17）At first he wants nothing more than a quick lay with a pretty maid，then wants her to be his mistress.（同上）

2. 时间系统的意义

时间系统中的时态、体、时相也具有元功能维度，这为我们“自上至下”

建构时间意义系统提供了依据。时态是语言使用者识解时间经验的主要方式之一，必然承担概念功能，主要体现在两个方面：时态的功能之一就是对过程进行时间定位，在定位的过程中，必然也将参与者定位在过程所在的时域内，而这种时间定位往往需要时间状语等环境成分的进一步说明才能更具确定性，因此时态首先是一个经验范畴，承担经验功能；时态的另一功能就是建构时间关系，在建构时间关系时，必然与说话人视点发生联系，时态就会借助逻辑意义对多个过程所在时间域进行先后时间顺序上的定位，或者借助逻辑意义对同一过程的多个视点所处的时间域进行定位，从而使参照时间、过程发生时间、说话时间以及其他可能出现的过程时间联系在一起，形成复杂的时间关系，这就体现了时态的逻辑功能。

体反映的是说话人对情状的观察方式，换言之，也就是体现说话人如何识解时间方面的经验，具体包括说话人对不同观察目标的选择，即或选择以情状的开始点为观察目标，或选择以情状的进行阶段为观察目标，或选择以情状的终结点为观察目标，或选择观察开始点之前，或选择终结点之后，这些不同的选择方式就体现了体的经验意义。不但如此，体还具有逻辑功能，表达逻辑意义。这是因为体基于说话人的视点产生，视点是动态的，视点的移动与切换使得不同视点间形成了逻辑关系，因此体借助逻辑意义完成了体序列的建构。

时相是一种固有的时间结构特征，直接反映的是过程本身的经验意义，这说明时相具有经验性质，承担经验功能。由于时相主要由小句的谓体体现，同时还要受到小句其他成分的影响，因此时相经验意义的主要载体是小句的不同成分，即谓体对时相的经验意义具有决定性，参与者与环境成分对时相的形成起到合成作用。时相的逻辑性质没有体那么突出，但在复合情状出现时，也容易形成主从并列关系与逻辑语义关系，从而表达逻辑意义，可以说，时相是借助逻辑意义而表达复合情状的。

虽然时间系统具有元功能维度，但不可否认的是，时间系统的功能就在于识解人类的时间经验，时间意义在该系统中具有强制性地位，是时间系统的基础性意义，其他与时间不相关的意义都是可选择的，都可以看成是基于基础性时间意义而衍生的意义。因此，概念功能是时间系统中最主要的维度，人际功能与语篇功能则是基于概念功能衍生的维度（对于时态、体与时相而言，在其意义系统中进行选择时，首先应该选择与时间最相关的意义。由于概念意义与时间意义最相关，因此无论在时态系统内，还是在体与时相系统内，首先选择的应是经验意义与逻辑意义。选择了这些基本的时间意义后，基于语言的多元功能性质，有时还会选择人际意义与语篇意义）。

就时态而言，时态衍生出人际意义与语篇意义。首先，时态在对过程进行时间定位与时间关系建构时，说话人在起作用，说话人在语言交际中承担一定的言语角色，表达一定的态度、语气、情绪、观点，此外还必然涉及听话人，因为说话人与听话人需要进行时间信息的交流，也就是说，时态还表达人际意义，时态的人际功能也得到了部分学者的验证（如李战子 2002；贾培培、张敬源 2015；何伟、张存玉 2016a）；其次，时态对过程进行时间定位与时间关系建构，在语篇中形成序列性过程，进而形成已定位的时间链条，在复杂的时间关系中推动语篇的发展，因此时态必然通过时间定位与建构时间关系起到连贯与建构语篇的作用。正如任绍曾（1995）所说，语篇的组织会涉及若干时间点和几个层面的时间，语篇需要体现语境中领域、格调和程式诸因素的复杂构成，做到这一点，则要描写出有关事件的顺序以及事件与事件之间存在的时间关系。时态的这种语篇功能已经被越来越多的研究认识到（如任绍曾 1995；于善志、王文斌 2014）。

体与时态一样，由于涉及说话人，必然衍生人际意义。说话人的视点可以依据说话人的交际需要而随着说话人的意志进行移动，移动的结果就是导致不同体的产生，可以说，体这种时间意义的产生伴随了人际意义的产生，这种人际意义产生的源泉就是视点的存在，而体的主要特点就在于说话人视点的形成。体因说话人的视点而具有主观性（孙英杰 2007），因此体的人际意义更像是体内所蕴涵的。除此之外，体在表达时间意义时，还衍生出说话人的意愿、能力、责任等意义，这也是体的人际意义的体现；除了人际意义，体也衍生出语篇意义。体的语篇功能已经在功能主义学派的多次讨论中得到证实（如 Chvany 1990；秦洪武 2005；赵国栋 2007）。体之所以组织语篇，原因在于：体通过说话人在其意义系统是否选择完成意义而决定情状的界性，[±完成性]直接决定语篇是否能够继续推进：一般而言，说话人若选择完成意义，则涉及的情状是有界的，必然需要引出另外一个，从而增加前景信息，推动语篇发展，否则，所发生的情状就是无界的，新增加的情状都是对这个情状的进一步阐释或说明，增加的是背景信息，而不是前景信息。总之，体在语篇组织过程中具有设景功能，这就是体的语篇功能。

时相与体存在客观性与主观性的对立（孙英杰 2007），鉴于这种客观性，可以说，时相的时间意义是“与生俱来”的固有性质。人际意义主要反映的是人的情感、认知、判断等，具有主观性，因此与时相的客观性质是冲突的，这种对立性决定了时相的人际意义被压制，从而呈现出隐性的特征，谓体呈现的人际意义是直接借助其词汇意义来实现的。从语篇功能看，时相虽然不像体一样与说话人直接相关，但是时相本身具有完成与非完成、持续与非持续、静态与动态的特征，这就决定了情状的有界与无界，有界的情状意味着必然完成，从而引出下一个，而无界的情状则意味着这种现状还会持续，只能在语篇中增加更多的背景信息，因此时相通过本身具有的语义特征为其表达语篇意义提供了可能。

3.3.2 层次维度下时间系统的体现形式

1. 层次维度

层次维度包括两个方面的内容。首先，语言具有层次性，分为音系层、词汇语法层与语义层，如图 3-2（带箭头的实线代表“体现关系”），其中音系层为表达层，词汇语法层与语义层为内容层。当人们识解经验时，首先需要将经验与人际关系转化为意义，然后再将意义进行措辞，这两个过程分别对应于语言的语义层与词汇语法层，即内容层。音系层是措辞的表达层。

其次，各个层次之间是体现关系。杨雪芹（2015）指出，Halliday 的层次思想受到了叶尔姆斯列夫（Hjelmslev）的启发，但与叶氏观点存在根本不同。依据叶尔姆斯列夫的观点，语言的上一层次是对下一层的体现，而 Halliday 则认为应该是语言的下一层次体现语言的上一层次，即词汇语法体现语义，音系体现词汇语法。可见，叶尔姆斯列夫的层次思想注重的是在语言形式上建筑语言理论，而 Halliday 则从语法的角度研究意义，语义是语言的上层。Halliday 之所以将语义层置于语言上层，这是因为他受到了 Firth 的功能思想的影响，如此一来，就避免了对语言形式的过分依赖，从而确定了从词汇语法的途径去研究语言的意义。

然而，加的夫语法[①]的创立者 Fawcett（2008）持不同的观点。Fawcett（2008：37）指出，行为者可以在形式与意义之间同时进行选择，可通过选择不同的形式来表达不同的意义，也可根据意义选择相应的形式，也就是基于对意义与形式的综合考虑而决定对两者的选择，如图 3-3。

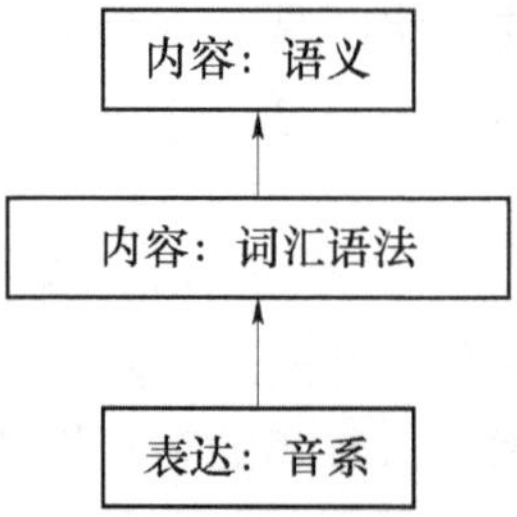

图 3-2　层次维度

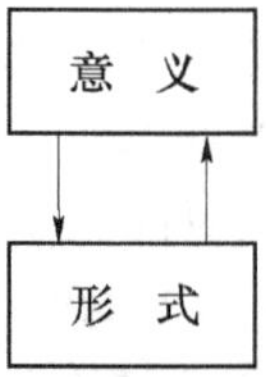

图 3-3　符号系统的模式[②]

① 系统功能语言学中存在加的夫语法与悉尼语法两大模式，相关介绍详见何伟等（2015）。

② 该图基于 Fawcett（2008：37）的 Figure 2-1 翻译而成。

基于 Halliday 与 Fawcett 的观点，我们认为语言的层次维度可以由图 3－4 表示（带箭头的虚线代表“选择关系”）。音系、词汇语法相对于语义层来说，都是表达语言意义的手段，因此可以归入语言的形式层，语义层是指语言具有的意义，因此属于意义层。从语言本身看，音系、词汇语法与语义层之间从下至上呈现体现关系。但从人类对语言的认知角度看，人类的经验经语言识解后成为意义，人类对语言形式与意义的选择是依据人类本身的交际需要在语言系统中进行的选择，既人们既选择意义，也要选择形式，这个选择过程是双向的。本研究主要关注的是时态、体与时相的意义与形式两个层次，其中形式层主要涉及词汇语法层。

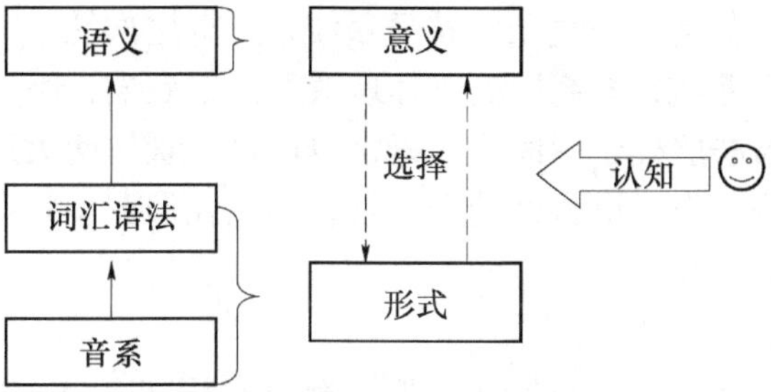

图 3－4 语言层次的体现与选择

关于词汇语法层，Halliday & Matthiessen（2004，2014）指出，在这个层次上存在一个由词汇和语法位于两端的词汇－语法连续统，如图 3－5。从语法角度看，词汇是最精密的语法，从词汇角度看，语法是最不精密的，也是最一般的词汇。在这个连续统内，存在两种基本的选择方式体现意义：一方面，我们可以选择一种具体的、开放的、灵活多变的词汇形式；另一方面，我们还可以选择一种具有概括性、系统性、封闭性的语法形式。除这两种基本的选择方式外，我们还可以在连续统内选择介于词汇与语法之间的形式，这种形式兼有词汇形式与语法形式的特征，被称为准语法化模式（semi-grammaticalized patterns）（Halliday & Matthiessen 2004：45）。这在构式语法、语料库研究中都被详细讨论过（如 Kay & Fillmore 1999；Hunston & Francis 2000）。以英语为例，语法化形式如动词的形态变化、名词的单复数等，词汇形式如动词、名词、数词等，准语法化形式如 take+pride+in+…-ing 这种结构。Hopper & Traugott（1993）在其语法化研究中也借用了 cline 和 continuum 这两个概念，主张从共时与历时两个角度进行观察。因此系统功能语言学的连续统思想与语法化研究的相关成果为体现形式的共时与历时研究提供了理论依据。

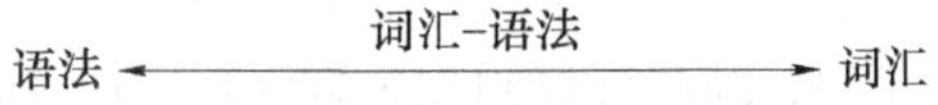

图 3-5　词汇-语法的连续统①

语言的本体系统以外存在一个语境层。我们使用语言去识解自己的经验并进行交际活动，这源于语言与语境之间必然的联系，语言作为多层次的系统是“嵌套”在语境之中的（Halliday & Hasan 1985；Martin 1992）。关于语境，胡壮麟等（2008：18）指出，相关研究可上溯至 Malinowski（1935），后来 Firth（1957）发展了 Malinowski 的观点，在两者研究的基础上，Halliday 将语境分为文化语境与情境语境，语言之上的语境是情景语境，包括语场、语旨、语式三个因素，分别指发生的事、参与者之间的关系以及语言活动媒介或方式。

综上所述，语言是一个复杂的符号系统，具有层次性，语言可以被描述为由三个层次组成的系统，音系层处于体现关系的最底层，语义层处于体现关系的最高层；词汇语法层处于中间层。语言也可以被看作两大层次，即由意义与形式两个层次组成。由于语言嵌套于语境之中，我们在识解经验（包括时间意义）时，也应考虑语境因素。

2. 时间系统的体现形式

学界对时间系统的界定反映出时间系统具有层次维度。薛恩奎（2006：38）指出，时间系统本质上是指“语义范畴与语法范畴的交融”，前者即“客观事件内在时间分布特征与相关语义元素交织的语义网络”，后者即“伴随语义网络结构相应的语法形式”。陈振宇（2007：1）指出，“时间系统就是指语言所表示的时间信息以及表示这些时间信息的手段”。可见，时间系统可分为意义与形式两大层次。这为我们“自下至上”仰视汉语的时间系统，从而探究时间系统的体现形式提供了依据。

时间系统的层次维度主要体现在时间系统的层次、层次之间的关系以及本体层次的特点三个方面。首先，时间系统与语言系统一样具有三个层次，而且层次之间由下至上是体现与被体现的关系。时间系统的层次由下到上依次是音系层、词汇语法层、语义层，嵌套于语境之中，音系层体现词汇语法层，词汇语法层体现语义层，语义层体现语境层。本研究从下至上架构时间系统，旨在说明词汇语法层如何体现语义层，音系层与词汇语法层之间的体现与被体现、语义层与语境之间的体现与被体现不是本研究讨论的重点。

其次，时间系统的体现形式具有连续性。依据语法化程度的高低，体现形式会在词汇语法层上构成一个连续统，在这个连续统的一端是语法化形式，由

① 该图基于 Halliday & Matthiessen（2004：43）Figure 2-6 翻译而成。

于语法化形式具有封闭性，数量上非常有限，主要是时体助词；另外一部分位于连续统的另外一端，也就是词汇形式，主要包括时间副词、其他时间词、动词、动词词组、性质词组、数量词组，这种形式与语法形式相比恰恰相反，是一个开放的系统，数量庞大。而居于语法形式与词汇形式之间、兼具两者特点的是正在语法化过程中的准语法形式，这种形式还未彻底虚化，保留了一定的词汇意义，但是数量上并不像词汇形式那样庞大。具体地讲，对于时态而言，时间副词、时间词这些词汇手段体现时态意义（龚千炎 1995），如“刚刚”“昨天”等。依据李铁根（2002），不但时间名词、时间副词、表时间的方位短语、介词短语等可以表达时态意义，诸如“了”“着”“过”等语法成分也同样可以表达时态意义。可见，学界对于时态的体现形式的争议在于语法手段是否表达时态意义上，因为很大一部分研究者主张将汉语视为体突显语言，诸如“了”“着”之类的语法形式主要表达体（陈前瑞 2008），但依据陈立民（2002），这些形式不但表达时态意义，还表达体意义。依据系统功能语言学，一种形式可以体现多种意义，一种意义也可以由多种形式体现。因此，我们也认为这些形式体现时态与体两种时间意义。也就是说，很大程度上，体现体意义的形式也体现时态意义，但体现时态意义的词汇手段却因具有明确的时间性质，突显的是时态意义，较少表达体意义。鉴于时态体现形式的多样性，为了更明确地体现时态与体的差别，避免时态与体的混淆，我们在第 5 章对时态与体的体现形式分别进行探讨。对于时相而言，时相的最核心体现形式就是“谓语”动词（孙英杰 2007；李明晶 2013），但是由于汉语中还存在非动词“谓语”句，因此准确地说，时相的核心部分是过程体现形式，而过程则由不同类型的谓体表达。归根结底，在词汇语法层上，体现时相的最核心部分是充当谓体的语法单位，依据何伟等（2015）的观点，谓体可由动词、名词词组、性质词组、数量词组或小句来说明或填充。因此，体现时相意义的核心成分在词汇语法层上是动词、名词词组、性质词组、数量词组或小句。

综上所述，基于层次维度，我们自下至上仰视时间系统，可以描述体现时间意义的形式系统，这个形式系统体现时态、体与时相的意义；它还具有连续性的特点，即这些形式都可以归属到一个连续统内，分成语法形式、准语法形式与词汇形式三类，这三类连续性的体现形式可以在一定的条件下互相结合，共同表达复合时间意义。

3.3.3 系统维度下时间系统的内部关系

1. 系统维度

所谓系统维度，是指语言可视为系统的系统，是一种可进行语义选择的网络，从系统中进行选择就意味着意义的产生，系统是语言符号的纵向聚合关系，是一定环境下可以对比的特征集，系统由一系列的选择与准入条件组成，体现语言的意义潜势。系统存在于所有语言层次，各个层次均有各自的系统表示本层次的语义潜势，也就是说，系统可沿着精密度阶进一步细化。精密度阶表示“种类的种类”，表示范畴的区别或详细程度。

语言系统内部具有并协互补性（complementarities）。关于“并协互补”，Halliday（2008：33－36）指出，这个概念起初由Niels Bohr引入理论物理学中，用于量子力学中的波浪模型与粒子模型的描述，是指这两个模型之间存在并协互补的关系，即测量辐射时可在两个模型之间选择其一，但不能同时选择两者。“并协互补”是指做同一件事情的两种方式，是语言系统的一个基本属性，两个方面往往相互矛盾或对立，但它们同时都存在于语言的每一个表现形式上。之所以引入“并协互补”这个概念，就是因为语法总是将“二者选其一”的选择关系转化为“选择两者”的共融关系，“并协互补”是指一个事物的两个方面之间互相独立，甚至存在矛盾与冲突，但也互为补充，具有统一性。后来，这个概念由Halliday（2008）用于功能语法中，这种关系主要体现在词汇与语法、系统与语篇、书面语与口语三个方面。赵霞（2014）也认为，“并协与互补”的实质就是指对立面之间的统一关系，强调的是对立的双方相互依存，相互交融，相互贯通，并在一定的条件下相互转化的关系。可见，并协互补包含了两层意义，一是两个方面存在对立或矛盾关系，二是两个对立面之间最终由对立转化为统一关系。柴同文（2013）指出，语言的并协与互补还反映在多个概念上，如及物与作格、创造与转换、肯定与否定、情态与意态、已知信息与未知信息、析取与合取等，这些概念本来具有对立性，但又是互相补充的。为便于研究，本研究将“并协与互补”分为两个组成部分：一是并协性，主要强调两组概念或范畴之间的对立性，即两者之间互不相容、甚至互相矛盾；二是互补性，主要强调两组概念或范畴之间的互补。

2. 时间系统的内部关系

系统维度为我们“自同一层面”环视时间系统内部与周围，探究现代汉语时间系统内部成分之间的并协与互补关系，将时间系统作为一个各成分互相联系的系统网络提供了依据。对于时间系统内部成分的关系，Halliday早已对其实质做出描述，他指出时间现象可以是时态，还可以是体，这体现了语言的并协与互补关系（Halliday 2008：36）。我们同意这种界定，认为在时间系统内，时态、体与时相三者之间的关系具有并协与互补的双重性质。

在系统维度上，时间系统是一个复杂的系统网络，由时态、体与时相三大范畴构成，这些范畴各成系统，各系统在各自的精密度阶上可以进一步次系统化。时间系统可被次系统化为时态、体、时相，其区别特征是时间的指示性、观察方式及结构性。时态具有时间指示性——表现为过去、现在和将来；体关涉事件时间的观察角度，不具有时间指示性；时相也与时间指示性无关，限于情状本身的时间结构。也就是说，时态、体和时相在时间的区别特征上是不同的范畴。第一，这表现在时态、体、时相在识解时间经验时所聚焦的问题不同。学界一般认为时态是一个时间指示性范畴（如 Comrie 1985），即时态具有时间定位功能，时态还可以建构一系列的时间关系（如何伟 2005，2010）。时态的两种功能就说明时态聚焦的问题是：事情到底是何时发生的，或者两个或多个事情之间存在何种时间顺序的先后关系，即确定哪个事情在前，哪个事情在后等，也就是说时态能够回答“事情是何时发生的？”这一现实问题。而体与时相则与时间定位与建构时间关系无关，一般认为体是说话人观察情状的不同方式（如 Comrie 1976；Smith 1997），因此体主要聚焦的问题是说话人从何种角度去观察情状，从而判断出情状是开始的、进行的、完成的还是继续的，而时相是情状的内在时间结构（Smith 1997），是指不受到语言使用者影响的、情状本身就存在的时间特征，从而体现出情状本身所固有的特点，即指情状具有持续性还是瞬时性，具有内在终结点还是不具有内在终结点，具有静态性质还是动态性质。总体来看，体与时相回答不了“事情是何时发生的”这个问题，但是可以回答“一定时间里，事情处于何种阶段”以及“呈现何种状态”的问题。第二，时态、体与时相的对立性还表现在时态与体两者之间的互相压制上，即当时态意义突显时，体意义则会相对隐性化，反之亦然。依据袁野（2011a：48–50），“时制”对“体义”有影响或压制作用。我们认为，所谓时体的“压制”可以视为意义上的显性与隐性对立，也就是说，时体压制现象的发生意味着一种意义被突显，成为显性的意义，一种意义被压制，成为隐性的意义，依据系统功能语言学的盖然率思想，隐性意义与显性意义不是绝对的对立，它们只是一个相对的渐变体。显性意义与隐性意义都是语言使用者在意义系统中进行选择的结果，从而相应地选择表达所选择意义的形式。选择存在三种：只将时态选择为显性意义；只将体选择为显性意义；将时态与体共同选择为显性意义。

从另一个方面看，时态、体、时相共同存在于一个时间系统之中，任何一个范畴都是系统网络里不可或缺的成分，即三者之间还处于联系之中，主要是指它们同时存在于时间系统内而产生互补作用，三者在时间系统内缺一不可，共同完成对时间经验的识解，这主要表现在一个小句同时表达时态意义、体意义与时相意义上。何伟（2010）指出，时态是首要意义，体意义则是第二意义，现在时的体现形式可表示未完成体意义，过去时和将来时的体现形式可表示完成体意义，时态构建一系列的时间关系时形成时态序列，相应地，完成体与未完成体也可形成体序列，如（18）表达的时态是“将来过去将来过去现在时”，同时该句还对应地表达“完成完成完成完成未完成体”这一语法体。这说明，一个小句表达的时间意义同时包含了时态意义与体意义两个部分。除了时态与体，小句本身“与生俱来”就表达一种时间意义，即时相意义，也就是这个小句整体上是动态的还是静态的，是持续的还是非持续的等。比如（19）的第二个小句在“了”的作用下表明“遵从”发生在说话时间以前，是一个发生在过去时域内的动作，因此该小句表达的是过去时态。“了”还表明“遵从”这个动作应经完成，表达了完成体意义。从时相的角度看，谓体“遵从”本身是一个表示动态动作的词汇形式，体现的是动态时相意义，在不考虑其他因素的条件下，“遵从”这一词语就决定了该小句的动态时相特征。

（18）It'll've been going to have been being tested…（Halliday & Matthiessen 2004：339）

（19）蓝脸口里不服，但还是遵从了许宝的建议。（莫言《生死疲劳》）

可见，时态、体、时相在时间系统中处于对立与联系中，它们之间存在对立的一面，又存在互补的一面，相克相生，共同构成时间系统。归根结底，这是语言的根本属性——并协与互补在时间系统中的具体体现。可见，并协与互补不但是语言系统的根本属性，也是时间系统的根本属性。也就是说，时间系统中时态、体与时相作为并协互补关系中的三个系统，一方面它们各不相同，各自承担相应功能，互不替代，另一方面它们共处于一个时间系统内，一起完成对时间经验的识解。

3.4 结语

本章首先界定了时间系统中的主要范畴，即时态、体与时相，指出时态是说话人对过程的时间定位以及基于该时间定位建构的时间关系，具有时间指示性，涉及三个基本时间因素，即说话时间 S、事件时间 E、参照时间 R，R 与 E 均可依据具体语境视为时点或时段。体是说话人对情状时间结构进行观察时所选择的不同方式。时相是描述情状内部时间结构的经验范畴。

在界定了时态、体与时相之后，我们又介绍了系统功能语言学的元功能维度，该维度为我们描述时间系统的意义提供了依据。时间系统与语言系统一样，也具有经验、逻辑、人际、语篇四种功能。其中，时态的经验功能主要体现在它对过程、参与者与环境成分的时间定位上，逻辑功能则体现在其建构的时间关系上。体的经验意义主要体现在说话人对不同观察目标的选择上，这个目标就是情状的内部结构。体的逻辑意义主要依靠说话人的视点来实现，进而借助逻辑意义的表达形成体序列。时相反映的是情状本身的时间结构，这种时间结构的语义特征会受到小句中参与者与环境成分的共同影响，这都体现了时相的经验意义。时相的逻辑性质体现在复合时相形成过程中，复合时相的复合方式反映了相互依存关系与逻辑语义关系。

除了概念意义，时态、体、时相还具有人际意义与语篇意义，但是由于经验意义在时间系统中的强制性地位，人际意义与语篇意义有时被视为基于经验意义而衍生的意义。就时态而言，时态通过时间定位与建构时间关系起到连贯与建构语篇的作用。时态的时间定位功能与时间关系建构功能是说话人主动实现的，因此时态范畴必然带有说话人的主观性，这体现了时态的人际意义。体与时态一样，通过说话人而产生人际意义，衍生出说话人的意愿、能力、责任等意义。体的语篇功能在于通过体给予事件设定的界限来增加背景信息或拓展前景信息以推动语篇发展。时相的人际意义被谓体的词汇意义压制，因此是隐性的。时相本身具有的语义特征决定了情状的有界与无界，从而达到设景的功能，这体现了时相的语篇功能。

然后，我们介绍了系统功能语言学的层次维度，层次维度为我们描述时间系统的体现形式提供了依据。时态、体、时相的意义需要由一定的形式体现出来，这些形式形成一个连续统，归属为语法形式、准语法形式与词汇形式。

最后，我们介绍了系统功能语言学的系统维度，该维度为我们描述时间系统的内部关系提供了依据。一方面，时态、体、时相在时间系统中都是独立的范畴，三者各司其职，各具功能，这反映了时间系统内部的并协关系；另一方面，时态、体与时相在时间系统中并非互相孤立，而是互相联系，这反映的是时间系统的互补关系。

第4章

现代汉语时间系统的意义

4.1 引言

本章遵循系统功能语言学“以意义为中心”的原则，首先采取“自上至下”的视角俯视汉语的时间系统，基于元功能维度分别描述时态、体与时相的经验意义、逻辑意义、人际意义与语篇意义。

4.2 时态的意义

4.2.1 时态的经验意义

人类的经验通过意义被识解，由及物性系统表征。时间经验作为人类经验中必不可少的一部分，也会通过意义被识解，也就是说，及物性系统内六大主要过程均发生在一定的时间里（Halliday & Matthiessen 2004：178 – 179）。换句话说，时态的经验意义反映的是对过程在时间轴上的定位（何伟、张存玉 2016a）。通过对过程的定位，参与者与环境成分也会被间接地定位于过程所在的时域里。

在物质过程小句中，时态对物质过程进行时间定位，将发生的动作或事件定位在时间轴上的某个时域。物质过程分为及物性过程和不及物性过程。无论在及物性物质过程小句中，还是在不及物性物质过程中，时态都同样对过程直接进行时间定位，如（1）、（2）分别为及物性物质过程和不及物性物质过程，（1）的“要”将过程“犁”定位在将来时域中，“犁”在时间轴上位于说话时间之后。原因在于，将来时包括意图和预测两种语义要素，鉴于意图是第一个语义要素，也就不难理解表达意图的助动词是将来时标记的主要词汇来源（Bybee 1985：280），这其中就包括“要”，“要”是现代汉语中最典型的将来时标记之一（张万禾、石毓智 2008）。（2）中的过程“撒欢”受到“开始”的修饰，表明在说话时刻这个过程已经处于进行之中，因此在时间轴上可定位于说话时间之前。

（1）我要先犁地边。（莫言《生死疲劳》）

（2）三头小牛开始在外面撒欢。（CCL）

按照语言的一致性原则，时态对过程的时间定位也蕴涵着对动作者与目标的事件定位。如（3）中的“了”一般被界定为“了 1”，“了 1”一般被解释为“完成”或“实现”，视为“完成体”或“完整体”（帅志嵩 2016）。事实上，“了 1”除具有表体的功能外，还可表示时态意义（李铁根 2002），即表示一个事件从过去某个时刻开始存在（陈立民 2002）。因此（3）中的“了”表达过去时态。在作格模式下，“飘”是过程，这个过程被定位在过去时域中，作为中介的“食物的气味”也被定位于过程所在的同一时域，也就是说，飘来的气味是具有时限性的，它只限于过去时域里飘来的那些，不涉及其他时间飘来的气味。（4）中的“会拉胡琴的富农伍元”承担目标角色，“吸收进”中的“进”是趋向补语，表达趋向意义，是指人或物体由某处所的外部向内部移动（刘月华等，2001/2014：558），可见“进”具有［+位移］特征，这种位移性分为两种情况，一种是客体本身具有位移性，如“他的眼睛里飞进了一只虫”；另外一种情况是客体不具有位移性，它必须借助外在的力量才能位移，客体通过主体的行为而发生位移（卢英顺 2007）。刘虹（2012）还指出，“进”并非旨在说明一个独立的事件，而是表明前面动词在进行具有方向性运动后而出现的结果，即带有结果义。所谓结果义，主要是虚化结果补语的语义特征，如“完”“住”“掉”“好”等，这表示动作事件“完成”“结束”的意义，因此（4）中的“进”为过程设定了一个自然结点，表示过程“吸收”已经完成。在何伟（2010）看来，表示完成意义的完成体可对应过去时态。因此，在不考虑具体语境的条件下，我们可以认为（4）中的“吸收”这一过程事件发生在过去某个时域，表达过去时态意义，参与该过程事件的参与者“会拉胡琴的富农伍元”也因此被定位在了过去。

（3）食物的气味飘了过来。（莫言《生死疲劳》）

（4）会拉胡琴的富农伍元，被吸收进乐队。（同上）

在关系过程小句中，时态将事物的性质状态定位在时间轴上的某个时域内。关系过程一般分为属性类与识别类两大基本类型，如（5）是属性类关系过程，“他的话”为载体，“分量很重”具有承担属性与过程的双重功能，既表达属性意义也表达过程意义。“分量很重”作为一种状态，是对某一时刻“他”说的话的特点的描述，“他说话”是过去发生的事情，“分量很重”也就是对过去的“他的话”的描述，即该过程状态仅限于过去某个时间。（6）为识别类关系过程，“这封信”是标识，“圣旨”是价值，“是”是过程，表达判断意义，“这封信”作为“圣旨”的标识限于一定说话时间范围之内，因此在时间轴上与说话时间同步，过程“是”也就被限定在了现在时域内。关系过程中的参与者也会随之被同时定位，如（5）中的载体“他的话”与属性“分量很重”，因过程被定位在了过去时域中，从而限制了这个时域中的载体与属性。

（5）他的话分量很重。（莫言《生死疲劳》）

（6）这封信简直就是圣旨。（同上）

在心理过程小句中，时态将人们的感知、认知、情感、愿望等心理行为与心理状态定位在时间轴上的某个时域内。心理过程分为感知、认知、情感与愿望四个次类别，每一个类别都表达参与者的心理行为与心理状态。如（7）中的“看到”“听到”“嗅到”“感受到”四个小句都是感知心理过程，表达的是说话人的视觉、听觉、嗅觉、触觉心理行为，“联想到”表示所在小句是认知心理过程，表达的是说话人的认知心理行为。由于“到”跟在动词后一般表示结果已经出现（李临定 1990），“了”表示过去时态意义，因此这些心理过程都发生在说话时间以前，过程都被定位于时间轴上的过去时域内。（8）表示情感心理过程，过程“爱”表示说话人的心理状态，这种情感被限定在现在时刻，表示说话人说话时对祖国的情感。（9）是一个愿望心理过程，表达了公司现在的需要。从参与者的角度讲，（7）中的“我”是感知者，现象“贪婪的、疯狂的、惊愕的、痛苦的、狰狞的表情”都被定位在了“看到”这个过程所在的时域内，（8）中的“我”作为情感表现者被定位在“爱”所在的时域内，（9）中的意愿表现者“公司”以及被需求的对象即现象“学生”都被定位在过程“想要”所在的时域内。

（7）我看到在这个事件过程中那些贪婪的、疯狂的、惊愕的、痛苦的、狰狞的表情，我听到了那些嘈杂的、凄厉的、狂喜的声音，我嗅到了那些血腥的、酸臭的气味，我感受到了寒冷的气流和灼热的气浪，我联想到了传说中的战争。（莫言《生死疲劳》）

（8）我爱我的祖国。（CCL）

（9）公司到底想要什么样的学生。（同上）

在行为过程小句中，时态将人们的行为定位在时间轴上某个时域内。如（10）中的“笑”是行为过程，该行为实际发生以后，说话人将该行为过程描述出来，因此这些行为发生在说话人发出话语时间以前，也就被定位在时间轴上说话时间之前。就参与者来讲，“黄大伟”是行为发出者，是过程“笑”所在时域内的人物，由于“了”的出现，可将其定位在过去时域内，不涉及其他时间范围。

（10）于是，黄大伟笑了。（语料库在线）

在存在过程小句中，时态将事物或人所处的存现状态定位在时间轴上的某个时域内。存在过程表示某处存在某物，汉语中许多存现句属于这种过程类型，如（11）中的“山里”表示地点，“（一）座庙”表示存在物，“有”是过程，表达存在意义，这个过程受到“从前”的限制，存在物的存在时间被定位在了过去时域内。“庙”是指“从前”的庙，而不是指现在的，也不是指将来的，因此只限于过程所在的时域内。

（11）从前有座山，山里有座庙。（CCL）

在言语过程小句中，时态将人们的话语动作定位在时间轴上某一时域内。言语过程表达话语意义，时态在这类小句中，将参与者发出话语的行为定位在一定时域内，如（12）中的“说”表示言语过程，“清末戊戌维新运动的领袖人物康有为”是参与者，“清末”的出现表明参与者发出话语的时间是在过去时域内，因此言语过程被定位于说话时间之前，因此该句的时态为过去时态，主要由“清末”体现，“清末”不仅将该过程“说”限定在了过去，而且参与者“康有为”与说话的内容也都被限定在了过去。

（12）清末戊戌维新运动的领袖人物康有为说：“变法之道万千，而莫急于得人才”。（CCL）

上述分析仅涉及简单小句，且小句中仅存在一种时态体现形式。事实上，汉语中还存在一些具有多个时态体现形式的简单小句，小句复合体内的两个小句之间也存在时间关系，在这两种情况下，时态对过程的定位就会变得相对复杂。

对于这两种情况下的时态，许多研究都有所涉及。如 Halliday（Halliday 1994；Halliday & Matthiessen 2004，2014）基于时态的三分制观点，认为英语时态在现在、过去、将来三种基本类型基础上递归而成 36 种，这说明简单小句中可出现多种形式体现的多个时态，即一个小句中可存在首要时态以及多个层级的次要时态，从而形成时态序列。Bache（2008）对此解释说，那是因为前一种时态的事件发生时间为后一种时态的形成奠定了时间范围。He & Ma（2013）也认同这一观点，同时指出：这种时态序列也就是复合时态，这种复合现象不仅仅发生在小句层面上，还发生在小句复合体内，前者如（13），后者如（14）。她们（同上：272）分析说，（13）"曾经"的参照时间是说话时刻即现在，"着"的参照时间与"曾经"不同，不再是现在时间，而是基于"曾经"奠定的过去时间，因此该小句表达"过去现在"时态序列意义，该句时间结构如图 4–1 所示。（14）为投射关系的小句复合体，"李明说"是投射句，其他为被投射小句，投射句的参照时间是说话时间即现在，"说"这个事件发生在过去，被投射句中的"下一个月"以过去中的现在为参照，而"写完书"这个事件则以"下一个月"为参照，因此最终被投射句中存在两个参照时间，该句时间结构如图 4–2 所示。以上对（13）的分析表明，简单小句内之所以出现两个（甚至多个）体现形式表达时态意义，是因为参照时间发生了变化，说话人在对过程进行时间定位时，说话人的视点发生了转换，说话人选择"曾经"表达过去时间意义时，说明说话人是基于说话时刻来进行陈述，说话人在选择"着"表达现在时间意义时，说明说话人在回忆过去时域里的某一个时间，"着"的现在意义显然是基于"曾经"奠定的过去时间，因此"流淌"的状态发生在过去中的现在。对（14）的分析说明，在小句复合体内，小句之间的相互依赖关系与逻辑语义关系也促成复合时态的出现，（14）作为一个投射关系的小句复合体，投射句"李明说"是言语过程小句，过程"说"被定位在说话时间之前，定位于过去时域内，而被投射句的过程"写好"参照了三个时间，一个是基于"说"这个过程的发生时间，另一个是基于"下个月"，第三个是"早就"体现的过去时间，因此被投射句内的这个过程定位具有相对性，被定位在了过去中的将来中的过去。

（13）山脚下曾经流淌着一条小河。（Yang 2007：262）

（14）李明说，等到下一个月，他的文章早就写好了。（CCL）

可见，随着时态标记形式的增加以及小句复合体内部小句之间时间关系的建构，时态对过程的定位会变得复杂，但不管出现多么复杂的时间关系，最终都是建立在现在、过去与将来三个时域基础之上，这些复杂的定位也将限于这三个时域。

需要指出的是，学界在是否应该三分时态的问题上尚未取得统一观点，如Comrie（1985）主张将时态三分，即在时间轴上，可以以现在时间为参照，将时间轴分为左右两个部分，分别表示过去与将来。该分类还影响了吕叔湘（1942/1956）、Halliday（1994）、何伟（2005）等人的研究。

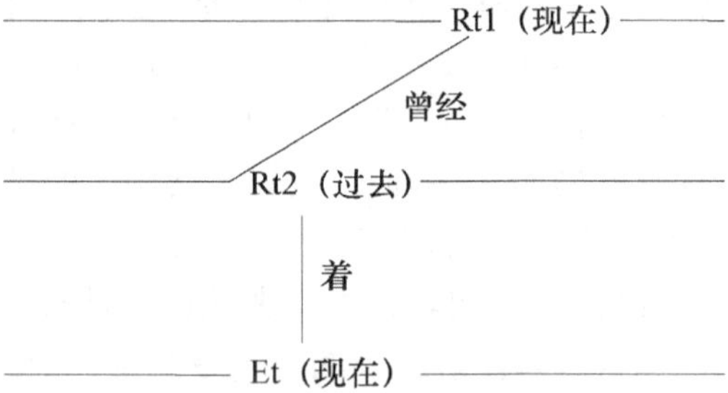

图 4-1 （13）的时间结构①

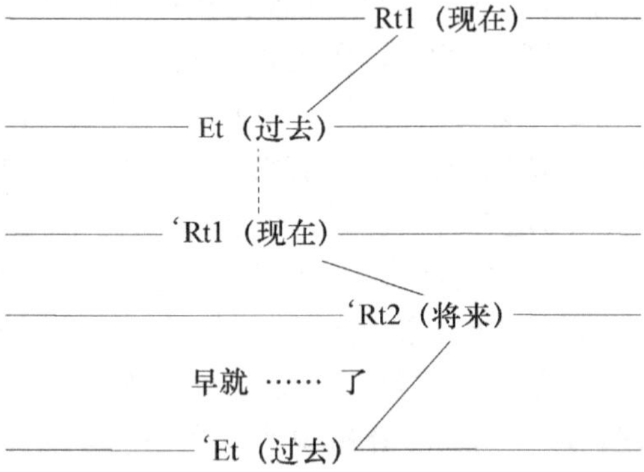

图 4-2 （14）的时间结构②

除此之外，学界还存在其他分类方式，如二分制（Declerck 1991）、四分制（陈立民 2002）等。何伟、张存玉（2016a）指出，二分或四分的分类方式以间接的方式反映自然时间经验，但是三分制更为直接鲜明地反映出自然时间，因此主张三分时态为现在、过去与将来：过程发生的时间与参照时间相同时形成现在时态，过程发生在参照时间之前则形成过去时态，过程发生在参照时间之后则形成将来时态。需要指出的是，以上分类均以说话时间为参照时间。在实际语篇中，时态现象更为复杂，因此当参照时间为说话时间外的其他时间时，我们也主张参照三分制分类方式，将时态分为先时、同时与后时，详见下

① 该图基于 He & Ma（2013：273）的 Figure 23 翻译而成。

② 该图基于 He & Ma（2013：273）的 Figure 21 翻译而成。

文 4.2.2。

在分析了时态对过程与参与者的定位后，我们还有必要讨论时态对环境成分的时间定位。环境成分存在多种类型，如地点、方式、原因、程度、条件、时间、伴随、角色、角度等。当过程被定位于某一个时域内时，环境成分也均被定位于过程所在的时域内，其中时间环境成分还会将过程所在的时域进一步具体化，如（15）。该句不存在任何表示时间意义的词汇手段，因此我们认为时态由“起来”表达。“起来”一般是表示由下而上的动作，表示动作的趋向，属于趋向动词，是动词的一个小类（宋玉柱 1981）。但是，现代汉语中的“V 起来”已经出现语义分化，具有多种语义：可以作为趋向动词，表示［+趋上］特征，可受表示空间起点的介词词组修饰，如“从沙发上”；除此之外，还可以描述事件发展变化的过程并突显其结果状态，具有“完成”意义，如“积起来”；还可以表示表示起始体意义，如“吃起来”（齐沪扬、曾传禄 2009）。可见，（15）中的“从他的尿窝里”表示空间起点，“起来”受它的修饰而表示趋向。另外，“起来”也并非单纯表示趋向意义，因为本句中的“站”可以视为一种姿势动词，隐含“站”这个动作完成后的持续状态，与“起来”连用也就具有了这种最终结果状态，也就是说，“站起来”是“站”这一动作的结果。从逻辑上看，必然是先出现动作，然后才产生结果。因此“站”作为动作必然发生在参照时间以前，在说话时间时才能看到这个动作发生后的持续结果状态，因此可以认为过程“站”已经发生，“起来”将其定位在过去时域中。“从他的尿窝里”表示动作发生的地点，“呆头呆脑”表示动作的发生方式，这两个环境成分都被限于过程所在的过去时域内，也就是说，过程发生涉及的地点只限于过去的某一个时间里，不涉及现在或将来，“呆头呆脑”这种状态也一般局限于过程发生时的时间范围，至于现在和将来这种状态是否还依然存在，在没有上下文语境的情况下，我们不得而知。同理，（16）中的“由于手工业和商业的发展”是“城市里出现了由手工业联合会办的行会学校”的原因，在小句中是原因环境成分，该环境成分限于“13、14 世纪”这个时间域，不涉及其他时间。（17）中的“讨论”发生在“了”表达的过去时态所限定的时域之内，“很久”是指一段持续的时间，在小句中作持续程度环境成分，这段时间显然是只限于过程“讨论”所在的过去时域的某一时间段内，不涉及其他时间段。（18）中的“作为一个专有名”是小句中的角色环境成分，由于过程“出现”被定位在了“先秦”，因此这个环境成分也被限定在了这个时间范围内。

（15）隔壁的刁小三从他的尿窝里呆头呆脑地站起来。（莫言《生死疲劳》）

（16）到了 13、14 世纪，由于手工业和商业的发展，城市里出现了由手工业联合会办的行会学校。（CCL）

（17）我跟我太太讨论了很久。（同上）

（18）在先秦古籍中，“教育”作为一个专有名很少出现。（同上）

综上所述，时态的经验意义反映的是说话人对过程的时间定位，以及基于此对参与者与环境成分的间接时间定位。对过程的直接定位涉及物质、关系、心理、存在行为与言语这些基本过程，由于不同过程涉及不同的参与者，因此还会涉及对动作者、目标、感知者、现象、载体、属性、标记、价值、存在物、行为者、话语发出者、言语内容、话语接受者等参与者角色的定位，以及对地点、方式、原因、程度、角色等环境成分的定位。对参与者与环境成分的定位主要源于对过程的定位，是一种蕴涵定位。该定位涉及现在、过去与将来三个基本时域，在复合时态出现的小句与小句复合体内还会涉及基于这三个时域所衍生的更为复杂的时域。基于上述分析，我们将时态的经验意义系统概括为图 4–3。

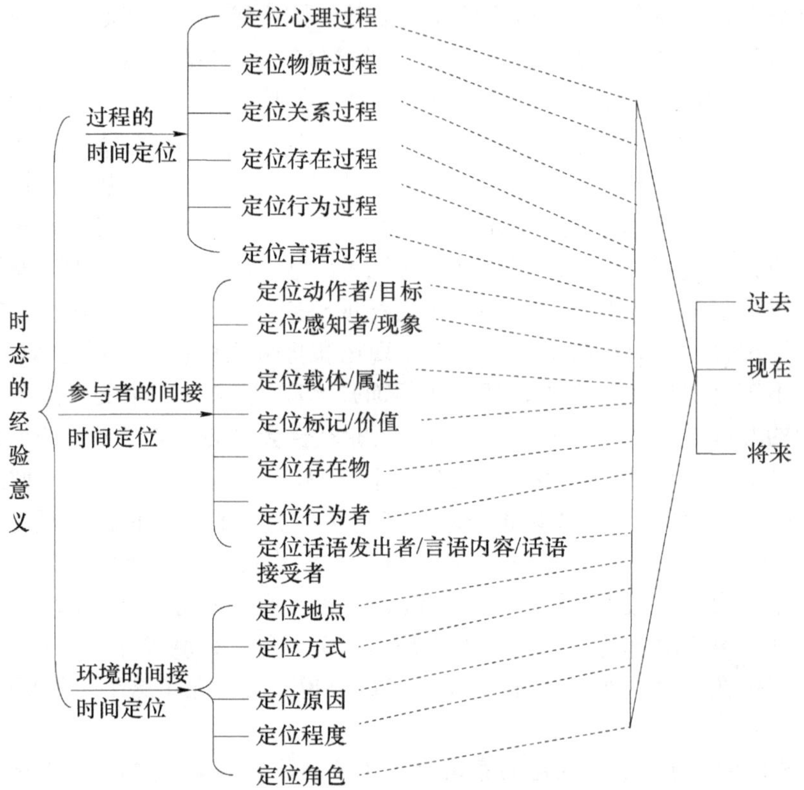

图 4–3　时态的经验意义

4.2.2　时态的逻辑意义

Halliday & Matthiessen（2004，2014）将时态分为首要时态与次要时态，这些时态复合在一起呈现序列性质，从而形成时态序列，在这个时态序列中，次要时态具有逻辑性质，每一个时态的参照时间都基于前面相邻时态所奠定的时间。他们对时态的讨论离不开对动词词组的分析，而对动词词组的分析也离不开对名词词组的探讨。因此在讨论时态的逻辑意义前，我们要先了解该研究在对名词词组与动词词组分析时提出的一些重要观点。

Halliday & Matthiessen（2014：396）以 the tops of the hills 为例指出，the hills 的经验结构是“指示语＋事物”，逻辑结构则是“修饰语＋中心词”，表示为 $\beta+\alpha$，如表 4－1。

表 4－1　　　　名词的经验与逻辑结构[①]

<table>
<tr><td>（There was snow on）</td><td>the</td><td>tops</td><td>of</td><td>the</td><td>hills</td></tr>
<tr><td rowspan="2">经验结构</td><td colspan="3"></td><td>指示语</td><td>事物</td></tr>
<tr><td>指示语</td><td>事物</td><td></td><td></td><td></td></tr>
<tr><td rowspan="3">逻辑结构</td><td>（修饰语）</td><td>中心词</td><td colspan="3">修饰语</td></tr>
<tr><td>β</td><td>α</td><td></td><td>（修饰语）</td><td>中心词</td></tr>
<tr><td></td><td></td><td></td><td>β</td><td>α</td></tr>
</table>

动词词组与名词词组一样，也具有经验结构与逻辑结构，如表 4－2 和表 4－3（同上：398）。动词词组的经验结构表示这个动词词组的经验意义，中心成分 eaten 表达的是事件。动词词组的逻辑结构表达时态意义。换言之，时态序列表达逻辑，表示这个动词词组的逻辑意义，这与时态相联系，因此时态具有了逻辑功能，是一种逻辑资源。表 4－1 中的 α 是首要时态，β 与 γ 都表示次要时态，是 α 的修饰成分，首要时态对次要时态起限制作用，其中所有的次要时态，无论表达现在、过去还是将来，都以其前面相邻的时态所奠定的时间为参照。

Bache（2008：137）也持同意这种该观点，并进一步将参照时间与事件发生时间的关系明确表示出来，如图 4－4 所示。此处的基点时间相当于参照时间，功能时间相当于事件发生时间，不管时态序列中存在多少次要时态，每一

① 我们对动词词组的看法与 Halliday 不尽一致，Halliday 把时态等体现形式看成动词词组的一部分，而我们认为时态是小句层次上的现象，不是词组层次上的现象，因此，我们可区分助动词词组和动词词组。助动词词组指由体现时态等意义的助动词及语素所组成的词组，而动词词组指体现过程意义的动词及其他词类组成的词组。详见何伟（2006）。但为行文简洁，我们在本研究中仍然沿用的是 Halliday 的术语。

次时态的选择都是基于前一个时态的功能时间，因此上一个时态的功能时间就成为下一个时态的基点时间，依次类推。

表 4-2　　　　动词词组的经验结构[①]

couldn't	have	been	going to	be	being	eaten
限定成分	助动词 1	助动词 2	助动词 3	助动词 4	助动词 5	事件

表 4-3　　　　动词词组的逻辑结构[②]

has	been	eating
α	β	γ

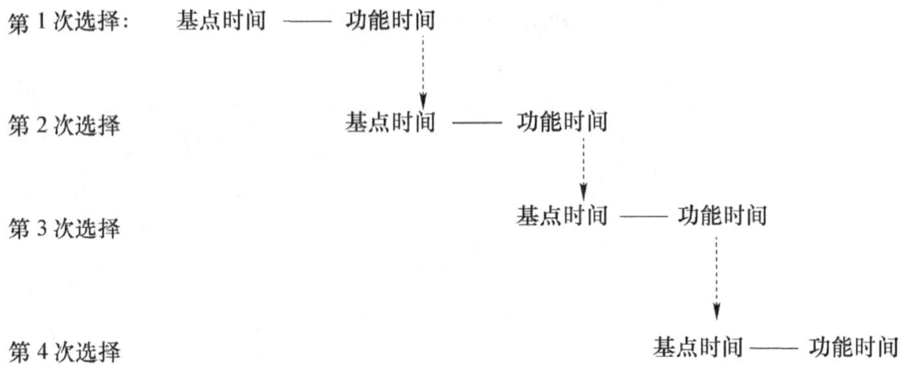

图 4-4　时态序列的性质[③]

总之，上述研究表明：首要时态与名词词组中的中心词一样处于中心地位，而其他的时态即次要时态都与中心词相关，不过时态序列的关系与名词词组中各成分之间的关系不完全相同，时态序列中，首要时态限制次要时态，第一个次要时态限制第二个次要时态，依次类推，而不能把名词词组中的那种修饰关系完全照搬到时态序列关系中，也就是说，不能说次要时态修饰首要时态。时态序列关系与名词词组中的修饰关系是相反的一种限制与修饰关系。在首要时态与次要时态构成的时态序列中，时态意义的选择总是以前面相邻时态所奠定的时间为参照，因此时态序列的形成实际上就是一系列的时间关系的建构。

时态序列承担逻辑功能，表达逻辑意义。逻辑意义在系统功能语言学中主要涉及配列上的相互依存关系与逻辑语义关系。从配列上的相互依存关系看，

① 该表基于 Halliday & Matthiessen（2014：397）的 Figure 6-13 翻译而成。

② 该表基于 Halliday & Matthiessen（2014：398）的 Figure 6-15 翻译而成。

③ 该图基于 Bache（2008：137）的 Figure 5.6 翻译而成。

英语中的动词词组（即我们讲的助动词词组）成分之间限于一种关系，即主从关系，而小句复合体内的动词词组（也即我们讲的助动词词组）之间或为主从关系，或为并列关系，如表 4－3 中的 has been eating、（19a）中的 got run over 与 got killed、（19b）中的 said 与 will leave。因此这种情况下，时态会涉及动词词组，属于简单小句中的现象，还会涉及两个小句，属于小句复合体中的现象。从逻辑语义关系看，处于主从关系的时态序列之间形成延展关系。

（19）a. (Unfortunately she) got killed, got run over, (by one of those heavy lorries). (Halliday & Matthiessen 2014: 560)

b. He said: “I will leave tomorrow.” (BNC)

那么，汉语的时态是否表达逻辑意义呢？情况是否与英语一样呢？我们首先对时态进行简单分类。依据 Comrie（1985），时态一般分为绝对时态与相对时态，绝对时态以说话时间为参照，相对时态以其他时间为参照。依据龚千炎（1995），绝对时态分为现在、过去与将来，相对时态分为同时、先时与后时。何伟（2005）依据参照时间的数量还将时态分为简单时态与复合时态。基于这些研究，我们认为，当绝对时态与相对时态在一个小句中结合后往往形成复合时态，一般会以多种形式共同表达一个时态序列意义，因此从数学组合上看，绝对时态与相对时态可以有 9 种组合方式：现在－同时、现在－先时、现在－后时、过去－同时、过去－先时、过去－后时、将来－同时、将来－先时、将来－后时。这正是时态递归性的体现。当然，并不是所有的理论上成立的时态在实际语篇中都能够真实存在，因为依据系统功能语言学，时态的递归是有限的。

首先，我们来分析现在时态与绝对时态结合后产生的时态序列的逻辑意义。以（20）为例，其中的“正在”与“着”连用，从体的角度看，前者表达进行体，后者表达持续体，而对于这两种体，依据何伟（2010）对时态与体的对应关系的论述，一般可以认为现在时态对应进行体与持续体，因此从这一点上看，两者都表达现在时态意义，当然现在时态并非都是绝对时态，其中一个是相对的“现在”，准确地说，是一种建构了“同时”关系的时态，因此我们可将该句视为一个现在－同时时态序列。从配列即相互依存关系看，（20）的“正在”与“着”，处于主从关系，从逻辑语义上看，首要时态限制次要时态，两者之间是一种增强关系。再如（21），该句的“这会儿”表示现在时态意义，“了”表示已经从不亮到“亮”，这种变化出现在过去的某一时刻，因此该时态序列是现在－过去时态序列。假设去掉两者后，小句在时态意义上就会发生变化，因此两者之间构成主从关系。两者分别表达的是首要时态与次要时态。（22）中的“现在”指示现在时间，“就”则表示将要进行，因此形成现在－后时时态序列。在配列关系上，去掉“现在”后，小句不能成立，去掉“就”后小句则可成立，因此两者之间构成主从关系。在逻辑语义关系上，两者分别是首要时态与次要时态，是限制与被限制的关系，因此构成增强关系。综上可见，无论是现在–同时，或者是现在–先时，抑或是现在–后时，其逻辑意义是主从增强关系。

（20）现代科学技术正在经历着一场伟大的革命。（CCL）

（21）这会儿天亮了。（同上）

（22）你现在就到中国人民大学去。（同上）

其次，我们再分析过去时态与绝对时态结合后产生的时态序列所表达的逻辑意义。表达过去–同时时态序列的结构如“曾经”+“着”，如（23）。关于“曾经”+“着”的时间意义，Yang（2007：263）指出，该结构可表达体意义，意指一种状态在过去某个时间里存在过，而这种状态与现在时间无关。依据系统功能语言学关于首要时态与次要时态之间的限制关系，我们认为“着”的时间意义是基于“曾经”奠定的过去时间范围而存在的，因为“曾经”的参照时间是说话时刻“现在”，表示过程发生在说话时间之前，因此也就将该过程定位于过去，进而为“着”奠定了过去的时间范围。“着”本身表示现在时间意义，与过去时间范围中的现在时间构成同时关系，从而在小句层次上构建了同时关系。实质上，这种时间关系是逻辑意义的具体化。这是因为：首先，“曾经”与“着”分别构建时间关系，但“着”需要基于“曾经”奠定的时间范围而构建时间关系，因此两者之间形成主从关系。其次，“曾经”将听话人拉回到过去时域中，将小句的整个事件定位在了过去，“着”是基于“曾经”奠定的时间范围再进一步将“存在”这一个过程定位在了更具体的时间范围内，因此“着”的主要作用就是对“曾经”进行更加具体化的阐释。因此“着”与“曾经”都是对过程进行时间定位，两者之间是扩展关系，具体地讲，是增强关系。概言之，过去–同时时态序列的逻辑意义为主从增强关系。

（23）在《物权法》起草中，对于国家是以前的表述，曾经存在着不同的观点。（CCL）

简单小句中还存在一种过去–先时的时态序列，其逻辑意义是并列增强关系。如（24）的“曾经+V+过”结构，Yang（2007）认为这种结构与“曾经+V+着”一样，都表示状态存在于过去时态中，与现在时态无关。因此这种结构中的“曾经”表达过去时态意义，“着”或“过”则是在这个时间范围内作出进一步描述。“过”表示动作已不进行或某种状态已不存在，一般置于动词或形容词后，表示曾经发生某动作或存在某状态，经常与“曾经”组合使用，即使有时不出现“曾经”，也可以加上“曾经”，或从语义上已经隐含了“曾经”（房玉清 1992），可见去掉“曾经”与“过”其中任何一个不会改变小句的意义，因此两者在句法上存在并列关系。从逻辑语义上看，“曾经”设定过去时间范围成为首要时态，“过”在这个时间范围内作出进一步的描述，是对过去时意义的进一步增强。概言之，该时态序列类型的逻辑意义为并列增强关系。

（24）马克思曾经说过：“只教给人一种专门知识、技术是不够的”。（CCL）
（25）你刚刚快把整个新海的水都跟着一起举起来了。（CCL）

例句（25）属于过去–后时时态序列，其中的“刚刚”表示事件“说话前不久发生”（吕叔湘，1980），因此表达过去时态意义，而“快”作为副词，“表示一个未来事件的发生离现在的时间很近，是纯粹的预测”，是将来时标记（张万禾、石毓智 2008：32）。由于“刚刚”作为首要时态奠定了过去时间范围，因此“快”基于“刚刚”奠定的时间范围建构的是后时关系，从而形成过去–后时时态序列。从相互依存关系看，如果去掉“刚刚”，就会使得小句的过去时间这一基础时间范围丢失，因此“刚刚”与“快”属于主从关系。从逻辑语义关系看，“刚刚”是首要时态，“快”是次要时态，“刚刚”限制“快”的时间参照点，两者之间是延展中的增强关系。概言之，过去–后时时态序列中，逻辑意义为主从增强关系。

最后，我们再分析将来时态与绝对时态结合后产生的时态序列的逻辑意义。如（26）就是一个将来–同时时态序列。石毓智、白解红（2007）指出，“将”的本义是“率领”“扶进”“从别的地方拿到这里来”，具有发展为将来时的语义基础，从而发展为将来时标记，也就是说，（26）中的“将”作为首要时态，表达将来意义。如果去掉“将”，那么该句就表示惯常性，参照时间则变成了说话时间，指向过去、现在或未来。如果去掉“着”，语法上可以成立。可以说，“着”依附于“将”而存在，因此两者之间构成主从关系。从逻辑语义关系上看，“着”是基于“将会”奠定的将来时间进行的进一步说明，因此形成增强关系。（27）是一个将来–过去时态序列，其中的“将要”由“将”与“要”复合而成，“将”是将来时态标记，“要”也具有预测意义，因此“将要”表达将来时态意义。“将要”作为首要时态，设定了一个将来的时间范围。在这个时间范围内，“了”的出现则给予“死去”一个终结点，从而使得该句表达过去意义，构成先时关系。从相互依存关系看，去掉“将要”后，“了”

不能表示基于将来时间范围的过去意义。然而，如果去掉“了”，小句则可以成立，且时态意义不受影响，因此构成主从关系。从逻辑语义关系看，“将要”是首要时态，为整个小句设定一个将来的时间范围，“了”只是在这个范围内的进一步具体化，因此修饰首要时态，构成增强关系。概言之，将来–同时或过去时态产生的逻辑意义主要是主从增强关系。

（26）人的一生将会面临着无数的选择。（CCL）

（27）地球将要死去了。（同上）

（28）是一个将来–后时时态序列，该句使用了“马上”，与“就要”意义相当，属于同一类界变义时间副词，反映的是情状发生的时间在参照时间之后（邹海清 2010）。我们认为，“十年后”作为词汇手段表达首要时态，“马上”是次要时态。从逻辑结构看，次要时态修饰首要时态，因此“十年后”表达将来时态意义，“马上”则表达的是将来时态奠定范围内的将来时态，也就是后时。从句法上看，不可以去掉这个时态序列的“十年后”，因为去掉后会改变小句的意义，也就是说，“十年后”与“马上”之间存在从属依赖关系，形成主从关系。从逻辑语义看，“十年后”表达将来时态意义，“马上”表达将来时态意义，后者增强了前者的将来时态意义，因此是两者之间构成增强关系。概言之，将来–后时时态序列的逻辑意义为主从增强关系。

（28）我十年后马上出国。（CCL）

除简单小句外，语篇中还存在大量的小句复合体。小句复合体由两个或多个小句通过相互依存关系与逻辑语义关系连接在一起而构成，可分为首要小句与次要小句，它们之间形成一定的时间关系，也就是说，过程与过程之间会通过小句复合体构成同时、先时与后时关系，时态序列类型都是基于小句的时态、相互依存与逻辑语义关系而形成。

（29）a. 当他们救下最后一名灾民时，洪水的水位离屋面只剩下 30 厘米。（CCL）

$\times\beta$　　　　　　　　　　α

b. 他们救下最后一名灾民之前，洪水的水位离屋面只剩下 30 厘米。

$\times\beta$　　　　　　　　　　α

c. 他们救下最后一名灾民后，洪水的水位离屋面只剩下 30 厘米。

$\times\beta$　　　　　　　　　　α

（30）我用坚硬的嘴拱了一下墙壁，墙壁上随即出现了一个窟窿。（莫言《生死疲劳》）

1　　　　　　　×2

（31）“我已经老了，”洪泰岳道。（同上）

“2　　　1

如依据何伟、张存玉（2016a），（29a）的过程“救下”与“剩下”之间在“当……时”的作用下构建同时关系，该小句复合体中的两个小句处于主从关系，逻辑语义上是增强关系，因此两个小句之间的时态也是主从关系与增强关系。我们将（29a）修改后，两个小句之间就分别构成了先时关系与后时关系，如（29b）与（29c）。但是与（29a）相比，即使时间关系发生了改变，小句复合体的相互依存关系与逻辑语义关系没有发生变化，因此时态序列的逻辑意义也没有发生变化。对于处于并列关系的小句复合体，时态之间的关系或有不同，如（30）的两个小句是并列关系，在逻辑语义关系上，由于 1 句是 2 句的原因，因此两者过程之间是增强关系，1 句中的“了”表示过去时态，2 句中的“了”也表示过去时态，两者的参照时间都是言语者（说话人或写作者）的“现在”，因此 1 与 2 在时间逻辑语义关系上形成延展关系。（31）中的小句复合体是并列关系与投射言语关系，1 句是过去时态，2 句也是过去时态，然而 1 句的过去时态的解读要依赖于 2 句的时态所奠定的时间，因此两者之间从时间上的配列关系看是主从关系，从逻辑语义关系看，是投射关系。

综上所述，时态的逻辑意义涉及小句与小句复合体，但是由于小句复合体以小句的时态与逻辑意义为基础、基于小句而形成，因此本研究以小句为单位构建时态的逻辑意义系统，如图 4－5 所示。

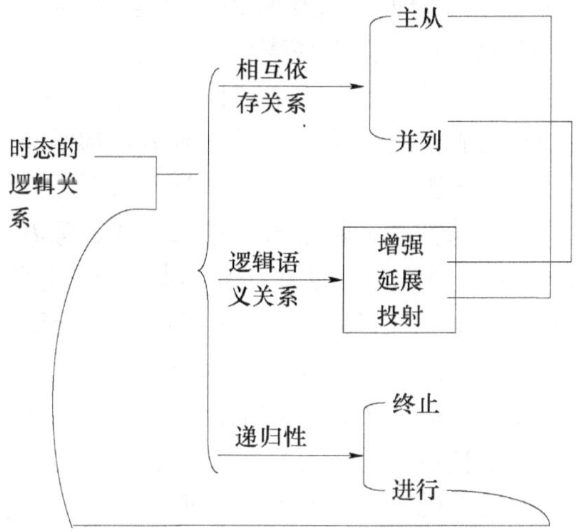

图 4－5　时态的逻辑意义

4.2.3 时态的人际意义

“时态不仅仅是表达时间概念的一种最重要的语言手段，有时也是表示人际意义的一种不可或缺的手段”（曾蕾、梁红艳 2012：31），也就是说，时态具有人际功能。贾培培、张敬源（2015）在讨论英语时态的人际功能时指出，时态具有的人际功能具有广义与狭义之分，时态的广义人际功能是指构建人际关系的功能，也就是将处于过去、现在、将来中的参与者联系起来，狭义的人际功能是指时态具有的情态功能。对于现代汉语来说，我们认为时态也具有人际功能，主要体现在人际关系建构与情态意义的体现上。

首先，时态建构人际关系，这种人际关系在言语交际中产生，涉及说话人与听话人。第一，言语交际是一个交互的交流活动，在该活动中必然涉及说话人与受话人。时态具有时间指示性（Comrie 1985），雍毅（2008：6）指出，“时间指示和说话人的语境密切相关”，因此“时间指示就是说话人用指示表达式来表明事件发生的时间”。也就是说，说话人在语言交际的过程中通过时态来指示时间。各种指示表达式可以看作交际事件的无标记停泊点（unmarked anchorage points），它们共同组成指示中心，其中中心人物是说话人，中心时间是说话人发话的时间，中心位置是说话人所处的位置（Levinson 2001：63 – 64）。如果将说话人对各种时间表达式的选择视为编码过程，则受话人对它的理解就是一个解码的过程（雍毅 2008），可见时态在交际事件中建构了说话人与受话人共同参与的人际关系，由于说话人与受话人在事件中的参与性程度不同，都存在隐性与显性之分。如（32）中的说话人就是问题的发出者，直接参与到了事件中，而听话人则是事件中的参与者，即“伙计”，因此也直接参与到了事件中。可见此时的说话人与听话人都呈显性特征。（33）的事件是说话人的客观描述，因此说话人作为该事件的陈述者，更像一个旁观者，参与性较（32）要差得多，可以说，他是一个隐性的交际者。此时的听话人也许是读者，也许是事件的参与者，但无论哪一种交际者，都没有体现在小句中，因此也是隐性的。总之，时态建构的人际关系涉及说话人与听话人两大主要交际者，这两个交际者都具有隐性与显性之分。第二，就交际者在交际活动中承担的言语角色看，一般分为给予和求取两个类别，涉及的交际物主要是时间信息。一般是说话人给予听话人时间信息，这意味着听话人接受或拒绝该类时间信息，或者说话人求取听话人的时间信息，这意味着听话人对此类时间信息进行答复或否认。时态的经验功能在于对过程的时间定位，该类时间定位由说话人具体执行，并将听话人牵涉进具体的交际活动中，在此过程中会将相关的时间信息传递给听话人，当相关的时间信息传递至听话人时，说话人必然做出相应的反应，说话人与听话人之间的交际活动就发生在时态所定位的时域内。依据

Halliday & Matthiessen（2014：332），人际时间涉及说话人与听话人，其参照时间实际上是现在时间。综上所述，时态具有人际意义，也就是说，说话人与听话人双方以“现在”为参照时间，在现在、过去与将来三个基本时域内进行时间信息交换，即给予或求取相关的时间信息。如（32）为疑问句，通过疑问语气，说话人的目的在于向听话人求取信息，由于“了”的出现，该句的过程“拧紧”就被定位在过去，那么说话人也必然限于这个时域范围向听话人求取相关时间信息。当听话人回复说话人时，一般会以说话时间为参照，也会基于该时域来做出相应的交际反应，至此说话人与听话人之间就完成了一个时间信息的交流过程。（33）作为叙事句，其作用在于提供相关的时间信息，该时间信息具体由说话人提供，由于“马上就要”将过程定位在将来时域，那么听话人获取的该信息也仅限于“马上就要”定位的时域，从而完成相关信息交换。

（32）伙计，车轮螺丝拧紧了没有?（莫言《生死疲劳》）

（33）他马上就要开演了。（CCL）

其次，时态衍生情态意义。以将来时为例，将来时标记存在向认识情态发展的趋势，这种现象可见于德语、英语、保加利亚语、希腊语等多种语言中，因此这是人类语言的一个共性现象（Bybee *et al*.1994）。当然，汉语也不例外，综观汉语的发展历史，多种体现将来时意义的形式也具有了情态用法，“人们在使用将来时的时候经常遇到主观估计的问题，久而久之，将来时标记就衍生出了认识情态的功能”（白解红、石毓智 2008：74），可见汉语的将来时态具有情态功能。不但如此，过去时态也具有这种功能，如“了 2”绝大多数用于当时当地的交际语境，说话人大多是站在说话的时刻讲述过去发生或将会发生的情状，此时它的话语标记功能突显，为其发展为情态成分提供了语境上的可能，可以说，“了 2”是一个时体标记词，但它正在向情态标记发展（徐晶凝 2008）。但这个功能并非时态的本体功能，而是在其发展过程中衍生而来的功能，因此时态表达的情态意义实际上是一种基于时态本体意义而衍生的意义。这种衍生意义已经在许多研究中被讨论过，如 Bybee *et al*.（1994：280）将将来时的概念义分解成“意图”和“预测”两种，这其中的“意图”就属于情态范畴。也许正因时态的本体意义与衍生的情态意义之间“难分难离”，很多研究者才主张将时态–体–情态统一于一个理论框架之内。系统功能语法学者也注意到了时态与情态的联系，如 Thompson（1996：58）指出，限定词和命题的关联在于前者或指言语事件和当下的现实（时态）或指说话人的态度（情态），更进一步讲，当有情态操作词时，时态一般来说就被中和了，因为情态操作词是内在的现在时。李战子（2002：3）指出，情态是实现人际功能的主要手段之一，情态与时态密切关联，时态具有人际意义。贾培培、张敬源（2015）认为时态狭义的人际功能就是情态功能，依据系统功能语言学的观点，他们将时态的情态功能分为情态与意态，情态进一步分为概率与频率，意态进一步分为义务与意愿。

依据系统功能语言学，概率主要是指可能性的程度，包括可能性、更加确定的可能性与确定性。有关时态的概率性，白解红、石毓智（2008）曾就将来时进行过讨论，指出其情态可以分为"必然性""可能性"和"虚拟性"三个量级。基于此，我们认为时态的人际功能在情态方面表现为一个连续统，处于这个连续统两端的是确定性与虚拟性，处于中间位置的就是可能性。一方面，时态的确定性主要表现在两个方面，一是对参照时间的确定，二是对过程发生时间的确定。参照时间包括说话时间与其他参照时间。依据 Lyons（1977: 304），任何言语行为都有一个时空背景，其中心就是"特定的此时此地"。可见，通过时态确定言语行为的中心时间背景，也就是现在时间，如（32）与（33）都以说话时间为参照。除了现在时间，人们在交际活动中还可能选择其他时间为参照，这个时间就是相对参照时间，通过时态中相对参照时间的确定，人们才可以确定出事件链条的先后时间关系。从时态对过程发生时间的确定性来看，说话人基于参照时间对过程的发生时间进行定位，是将已经发生、将要发生和正在发生的过程定位在过去、将来与现在三个时域内，因此过去时态、将来时态与现在时态都具有确定性。另一方面，时态具有虚拟性，即"非真实性"，可以表达与过去、现在和将来事实相反的期待或看法，某一事件过去未被经历、现在没被经历、将来也不会被经历（贾培培、张敬源 2015），这在英语中表现得较为明显，如（34）。石毓智、白解红（2007）指出，在时态的虚拟性上，汉语与英语存在共性，以将来时为例，英语与汉语的虚拟性都主要表现在其假设性上，将来时标记的这种用法所关心的不是所指事件是否有可能发生，而是注重该判断为真时所带来的逻辑结果。如（34），"要"是将来时标记，但也同时引出假设的情况，人们根据这些假设的情况推论出相应的结果。可见，将来时态的虚拟性主要存在于条件句中。现在时态与过去时态的虚拟性也同理，如（36）中的"现在"表示现在时态，但是事实上"唱歌"事件并没有在"现在"时间发生。（37）中的"当时"表示过去时态，但是事实上事件"扔下那对男女开车走了"并没有在"当时"所定位的过去时域中发生。

（34）I shall stay here if I were you.（BNC）

（35）如果要保持和改进我们在世界市场上的一点竞争力，我们就必须尽全力改革。（CCL）

（36）如果现在唱歌得把门关上，省得观众跑了啊。（同上）

（37）如果当时我扔下那对男女开车走了，就对不住自己的良心。（同上）

在系统功能语言学框架下，频率指“有时”“通常”与“一直”，也就是指量的多寡。频率与概率相似，也形成一个连续统，在连续统的两端是惯常频率与零频率，处于中间的是不同程度的频率。（38）中不存在明显的表达时态意义的形式，时间因素是隐性的，是隐性现在时态（高涛 2006），这一般会被视为真理，频率程度最高。之所以将这种时态称为现在时态，是因为英语中的过去时态表达过去发生的事件，将来时态表达将来发生的事件，只有一般现在时态才用于这种真理性、经常性、习惯性的句子，因此将汉语中的类似于（38）的句子称为现在时态是受到了英语语法的影响。学界一般认为，类似的汉语句子重在表示体意义。也就是说，时态意义被体意义所压制。因此，我们可以认为这种真理在过去如此，现在如此，将来也可能如此，此类真理性句子兼具三种时态意义。正如李铁根（2002）所说，这类表示永恒的、经常的、习惯的行为及特性的句子是泛时句。该类句子还有频率性较低的（39）与（40）。总之，频率程度较高的句子中的时态是被压制的，突显惯常体。由于惯常体自身意义所在，频率主要是由惯常体衍生而来的人际意义，一般不直接地、明确地体现时态意义。但需要指出的是，由于时态的虚拟性，在假设条件句中，时态衍生

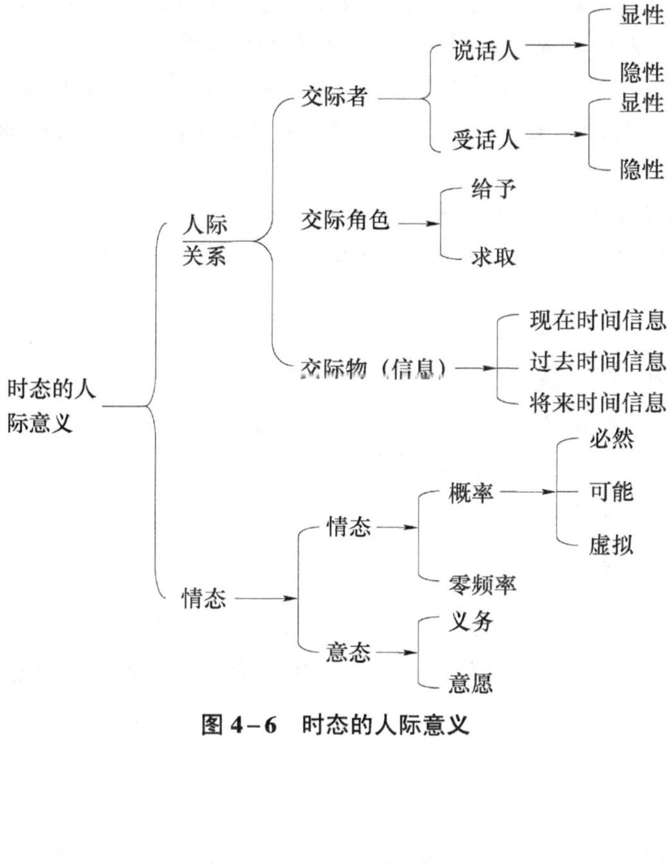

图 4-6　时态的人际意义

的频率意义是零频次，如（37）由于是一种非真实性的事件，因此实际上并没有发生任何频次。综上可见，时态表达的频率仅限于零频次。

（38）太阳围绕银河系中心球转。（CCL）

（39）状态词经常作谓语、补语、状语。（同上）

（40）再好的系统也可能偶尔有漏洞。（同上）

此外，时态的义务性和意愿性构成意态这一连续统的两端，义务性一般意味着提出请求或建议，或者进而演绎为必须性（贾培培、张敬源 2015），如 are required to、have to、shall 等。在汉语中，表示义务性的词语是能愿动词“应该”“应”“应当”“必须”等，李敏（2010）称之为单义情态动词，因为它们只能表达义务情态。除此之外，还存在一种多义情态动词，如“能够”“得”“要”等，它们不仅能表达义务情态，还表达其他情态。Lyons（1977：823）指出，义务情态与将来时态之间具有固有的联系性，说话人首先需要发出指令或提出祈求，然后才可能去执行与实现这种指令或祈求，也就是说，指令的执行或祈愿的实现只可能在说话人发出言语以后发生，或者几乎同时发生，但不可能在指令或愿望提出之前发生。可见，在将来时中，义务性意义较为明显，如（41）中的“应该”一方面表示“报案”这个事件还没有发生，另一方面是说话人对听话人的建议，说明听话人有执行这一动作的义务。表达意愿性的能愿动词有“想”“要”“打算”“愿意”“肯”等（刘月华等 2001/2014：185），如（42）是表示当时的意愿，这种意愿在说话前就已经存在，因此构成过去时态。

（41）你丢了这么多钱，应该去报案。（CCL）

（42）小王和未婚妻不愿意做按揭贷款，他们跟父母说，如果做按揭贷款……（同上）

综上所述，时态具有人际意义，这主要体现在两个方面，如图 4－6 所示。首先，通过时态可构建人际关系，这包括作为交际者的说话人与听话人，给予与求取的交际角色，以及现在、过去与将来的交际信息；其次，时态可表示不同程度的概率以及零频率，还表示义务性与意愿性。

4.2.4 时态的语篇意义

时态是一种语篇特征（Wu 2009），时态可以连贯并发展语篇（任绍曾 1995；曾蕾、梁红艳 2012），也就是说，时态可组织为语篇资源，表达语篇意义，具有语篇功能。学界主要对英语语篇进行了讨论，如任绍曾（1995）指出，英语的时态是一种组篇手段，主要用来表示语篇中若干事件之间的时间关系，或按照不同时间层面组织语篇用以增强语篇的连贯性，或通过使用统一的时态使表面似无联系的语段取得语篇的连贯。可见，在英语中，通过建构时间关系或使用统一的时态是推进语篇发展的重要方式。于善志、王文斌（2014）也认为，没有“时制”及其所蕴涵的时间关系就没有英语语篇，是时间关系把语篇中的句子连接起来，英语中的叙事语篇通常包含一系列事件（或状态），这些事件在时间上相互联系，该类语篇基于一个参照时间把事件（或状态）进行有序排列，或与文本中的早期时间同步，这种先后排序或同步就是该语篇的基本时间模式，从而使语篇获得连贯性。如（43）中的过程 went up、sang、called 均表达过去时态意义，其中的 went up 发生在 sang 之前，由于 then 的出现可知，called 发生在 sang 之后，因此这些过程之间形成后时时间关系，即线性时态序列，如此一来，语篇就沿着线性的时间不断发展，可见时态的线性序列推动了语篇的发展。（44）是一个小句复合体，第一个过程 he noticed 与第二个过程 his wife wasn't there 形成同时关系，从而形成同步时态序列。我们认为，类似的具有同时关系的小句连接在一起构成小句复合体，多个处于同时关系的小句复合体连接在一起则形成语篇，正是这种同时关系将小句联系在一起，诸多时态构成同步时态序列，才使语篇按照同步序列不断扩展和延伸。

（43）I went up and sang and then I called my mother up to join me（BNC）
（44）He noticed that his wife wasn't there.（同上）

（45）① 我的故事，从 1950 年 1 月 1 日讲起。② 在此之前两年多的时间里，我在阴曹地府受尽了人间难以想象的酷刑。③ 每次提审，④ 我都会鸣冤叫屈。⑤ 我的声音悲壮凄凉，⑥ 传播到阎罗大殿的每个角落，⑦ 激发出重重叠叠的回声。

汉语语篇与英语语篇类似，也凭借时态序列连贯起来，表达多种时间关系。叙事类语篇的时间特征比较明显（鞠志勤 2015），能更直接地体现时态在语篇组织中的功能。如何伟、张存玉（2016a）以《生死疲劳》的一个语段作为分析例示，表明时态在语篇中的连贯作用。该研究指出，（45）中的多个小句由不同过程联系在一起，形成一条过程链，该过程链内存在复杂的时间关系。在不考虑语篇其他外在因素的前提下，可以将①的过程“讲起”的参照时间设定为说话时间，那么该过程就被定位在了过去时域。②的“在此之前两年多的时间里”奠定的是整个语篇的时间框架，从这个意义上说，文中所有的故事均发生在该时间框架内，因此下文所有过程被定位在过去中的过去中。过程“受尽”

是指 1950 年 1 月 1 日之前的事件，与①的过程“讲起”构成先时关系。其他所有过程的参照时间都与②相同，都是基于①奠定的过去时域，都与①呈现为先时关系，与②是同时关系。与它们不同的是，⑥中“传播到”为⑦的“激发出”奠定了时间框架，由于后者是前者的结果，因此在时间关系上前者应先于后者，从而形成后时关系。我们对该研究的主要观点进行重新整理，并将其表示为图 4-7。该图表明，过程 1 与过程 2 之间形成先时时间关系，而过程 5 至过程 7 形成的是后时时间关系，前者为迂回式，后者为前进式，表达的是线性时间序列意义，形成线性时态序列。过程 2 至过程 5 均处于同时关系，表达同步时间序列意义，形成同步时态序列。

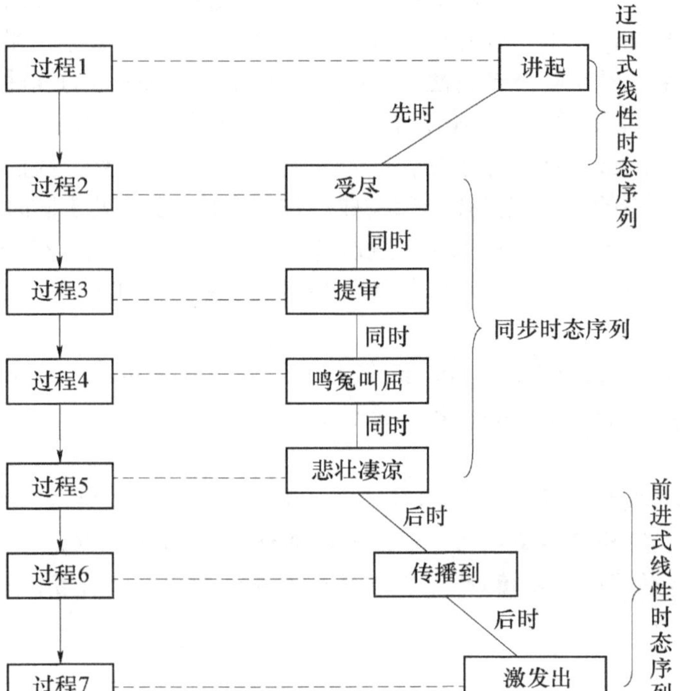

图 4-7　叙事语篇中的时态序列

可见，语篇中存在诸多过程，这些过程通过时态建构的时间关系形成过程链，从而将句子连接成语篇，其中线性时态序列借助时间先后顺序推进语篇叙事，当形成后时关系时，使得语篇在时间轴上向将来推进，从而形成前进式线性时态序列，当形成先时关系时，则使得语篇在时间轴上向过去迂回，从而形成迂回式线性时态序列，这两种时间关系在叙事语篇中都起到了发展语篇的作用。同步时态序列借助同时时间关系推进叙事语篇，它不像线性序列一样对故事进行展望和回忆，而是对故事进行更为细致的描述，即在语篇中起到增加信息的描述作用。

综上所述，时态表达语篇意义，即通过时态序列对语篇进行连贯，这种具有连贯功能的时态序列可以分为线性与同步两大类，前者还可进一步分为迂回式与前进式两个次类型，如图 4－8 所示。

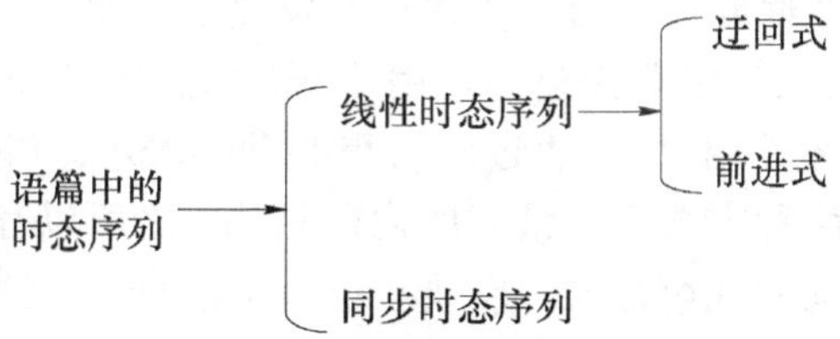

图 4－8　时态的语篇意义：时态序列

4.3　体的意义

4.3.1　体的经验意义

体在本研究中被界定为说话人对过程内部时间结构（即情状内部时间结构）的观察方式，这反映了说话人对时间经验从体的角度识解经验的具体方式，也就是说，这个概念本身反映了语言的经验功能，因此体具有经验意义。

对于体的观察方式，学界存在不同观点。Comrie（1976：16－25）指出，观察方式可以是完整或不完整的，完整的观察方式就是指将情状视为一个整体，不区分情状的各个阶段，相反，非完整的观察方式则主要关注情状内部的各个阶段，完整的观察方式下产生完整体，非完整的观察方式下产生惯常体、进行体与非进行体等非完整体。Smith（1997）同意 Comrie 对完整与非完整观察方式的界定，并加入了第三种观察方式即中性视点，指出完整视点的观察范围包含了情状的开始点与终结点，信息是封闭的，非完整视点则呈现的是情状的某一部分，且不包含任何关于终结点的信息，信息是开放的。如果一些句子不存在完整体与非完整体标记，那么都是中性视点形成的体。她以（46）为例解释中性体，指出人们对（46）可能存在多种理解方式：可以理解为（46a）“开始写工作报告”，也可以理解为（46b）“正在写工作报告”，前者为封闭的信息，是完整体，后者为开放的信息，是非完整体，因此她就将（46）理解为中性体。为了解释为何增加中性体这个类别，她还使用了（47）这样的例句。但是，（46）与（47）等类似的汉语例句单独出现时，并不是汉语日常交流中的常规用法，在实际语篇中往往需要一定的语境条件才可成立，且设定具体语境后，仍然属于完整体与非完整体。因此我们认为，中性体没有解决新的问题，且最终仍然依赖完整体与非完整体去解决具体的语言问题，因此完整体与非完整体完全可以取代中性体。这正是大部分汉语研究者主张将汉语体二分的原因之一。如戴耀晶（1997：30）按照内部与外部观察法将汉语的体分为完整体与非完整体两大基本类别，指出“对事件不同的观察角度表现出不同的体，用不同的形式表示”，采用内部观察法产生非完整体，用“着”“起来”“下去”表示，采用外部观察法产生完整体，用“了”“过”与重叠动词表示。综上所述，说话人一般以完整与非完整两种方式观察情状的内部结构，之所以存在多种体，那是由于说话人采取了不同的观察方式，反映在语言中，说话人的这些观察方式通过相应的语言形式表达出来。

（46）张三到家的时候，玛丽写工作报告。（Smith 1997：278）

a. 张三到家的时候，玛丽开始写工作报告。

b. 张三到家的时候，玛丽正在写工作报告。

（47）张三修理一台录音机。（同上：277）

完整与非完整的观察方式导致产生不同类别的体，这正是体以不同方式识解时间经验的体现。McEnery & Xiao（2004）认为在完整的观察方式下，产生实现体、经历体、回顾体、前瞻体、完成体、终结体，在非完整的观察方式下产生开始体、持续体、进行体、继续体、终结体、惯常体。以非完整体为例，说话人的注意焦点在其形成过程中起到明显的作用，如开始体关注的是情状的起始点，持续体关注的是情状的持续部分，终结体关注的是情状的终结点。可见，在完整与非完整的观察方式下，对情状的呈现或观察集中在某一部分就会产生相应的体。基于此，我们认为情状的内部时间结构是体形成的基础，依据说话人对情状的内部时间结构的观察视点的位置可以划分出体的次类型，从而建构体的经验意义系统。

对于情状的内部时间结构，学界已有许多讨论。Smith（1997）基于情状的起始点（initial point）与终结点（endpoint）区分了完整体与非完整体，Johanson（2000）则将其分为开始点、中间阶段与终结点三个部分，开始点与终结点即情状的界限[①]。国内一些汉语研究也持类似观点，如邓守信（1985）认为汉语动词的时间结构可以分为起点、终点，两点之间构成一个持续的过程，起点与终点

① Johanson（2000）使用的是“事件”这一术语，并将其分为三部分。本研究认为 Johanson 所说的“事件”与情状相当。

是时点，这个持续的过程为时段。郭锐（1993）指出动词的内部过程由起点、终点与续段构成，起点是过程开始的时点（用 I 表示），终点是过程结束的时点（用 F 表示），续段是过程持续的阶段（用 D 表示），如图 4–9 所示（同上：410）。

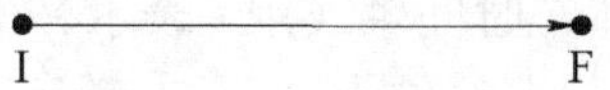

图 4–9　动词的时间过程

龚千炎（1995：44）将 A、B、C、D、E 作为观察的点，将事件分出不同阶段，指出可以从事件（即情状）的不同点上进行观察：基于 A 点观察产生未然态，基于 B 点观察产生起始态，基于 C 点观察产生进行态或持续态，基于 D 点产生完成态，基于 E 点产生经历态。基于对事件（即情状）的观察，他认为汉语的体应该分为将行、即行、起始、进行、继续、完成、近经历与经历 8 个类别，这 8 个体在时间轴上形成一个体链，如图 4–10 所示（同上：5）。

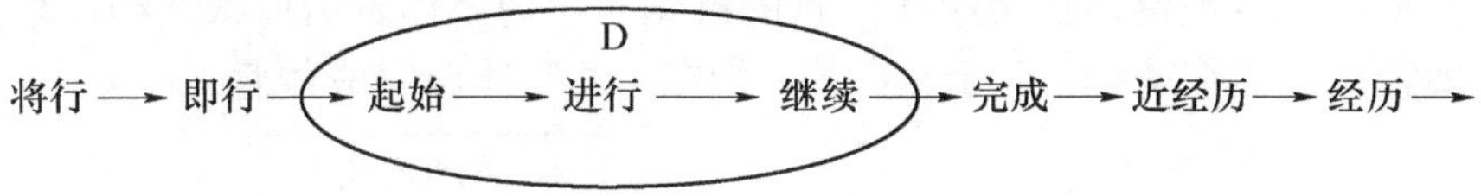

图 4–10　体链

图 4–10 中的“将行”与“即行”是指基于 A 点观察产生的未然态，“起始”则是指基于 B 点观察产生的起始态，“进行“与 “继续”则基于 C 点观察而产生，“完成”是指基于 D 点观察而产生，“近经历”与“经历”则基于 E 点观察而产生。从时间轴上看，“将行”与“即行”都是观察点置于情状起始点之前，“将行”距离起始点较远，“即行”距离起始点较近，“将要”表示将行体，“就要”表示即行体，“近经历”与“经历”都是观察点位于情状终结点之后，“近经历”距离事件的终结点更近，“经历”距离相对较远，“来着”表达近经历体，“过”表达经历体。我们认为，在将行体与即行体以及近经历体与经历体的区分上，龚文的分类过于详细，造成了两种体之间不存在意义上的区分度，因为我们有时根本无法确定到底是“将要”还是“就要”的观察点更靠近起始点，到底是“来着”还是“过”的观察点更靠近终结点。这是因为，“将要”与“就要”皆为同义词，两者在意义上并无差别（贺国伟，2005），有时候“过”的意义等同于“来着”，都可以表示曾经发生过什么事情（吕叔湘 1980：217，311）。

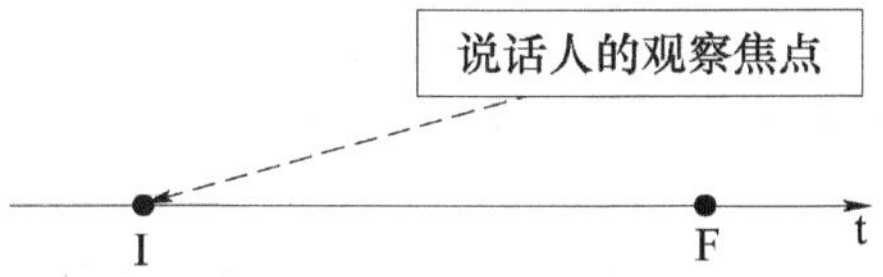

图 4–11　开始体

基于以上研究，我们认为英语的情状与过程的核心部分都是动词，但因汉语中小句的核心部分不限于动词，还会涉及其他非动词成分（如名词词组、性质词组、数量词组等），因此更加准确地说，汉语的过程主要涉及不同类型的谓体。表达过程的各类谓体在时间轴（用 t 表示）上都具有类似的内部时间结构，包括起始点（用 I 表示）、终结点（用 F 表示）与两个点之间的续段阶段（用 D 表示）。因此，依据说话人的不同观察方式，我们将汉语的体进行范畴化，其经验意义系统也进一步被次系统化。

当说话人将观察焦点集中在情状的开始点上时，形成的体是开始体，表示情状开始，如图 4－11 与（48）中的“起来”。

（48）姜汤一进肚，他就哼哼起来。（莫言《生死疲劳》）

当说话人将观察焦点集中在情状的终结点上时，体表达情状终结，即表达完成体意义，如图 4－12 所示，（49）中的“了”体现完成体意义。

图 4－12　完成体

（49）我又走了一步，身体摇摇晃晃，肚皮绷得很紧。（莫言《生死疲劳》）

说话人还可能将观察焦点放在情状的界限内部，即在开始点与终结点之间的续段阶段 D 上的某一个具体的点上，表示情状在这个时刻正在进行，形成进行体，如（50）中的“在”主要强调说话人将视点置于“吼”“叫”“咆哮”的内部时间结构中的一个点上，突出动作在某个时间点上处于进行中，如图 4－13。

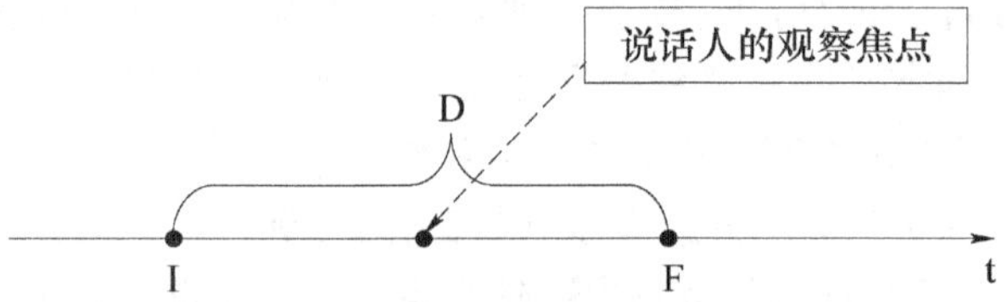

图 4－13　进行体

（50）风在吼，马在叫，黄河在咆哮。（CCL）

当观察的焦点置于情状内部续段上，但不限于任何一个具体点，只是笼统的聚焦于这个内部续段的任意点，形成的体在时间轴上停留较长时间以保持持续性，即形成持续体。如（51）中的“着”表示动作在持续之中，在活动动词“望”后加上了“着”，就由动态转入了静态，主要突显的是“望”的长时间存在状态，这正是与“正”“在”等表达的进行体的不同之处，如图 4－14 所示。

（51）我的主人，怔怔地望着洪泰岳，半晌不动。（莫言《生死疲劳》）

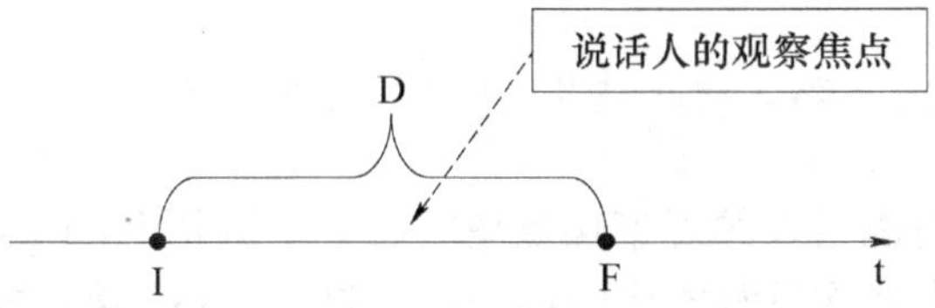

图 4－14　持续体

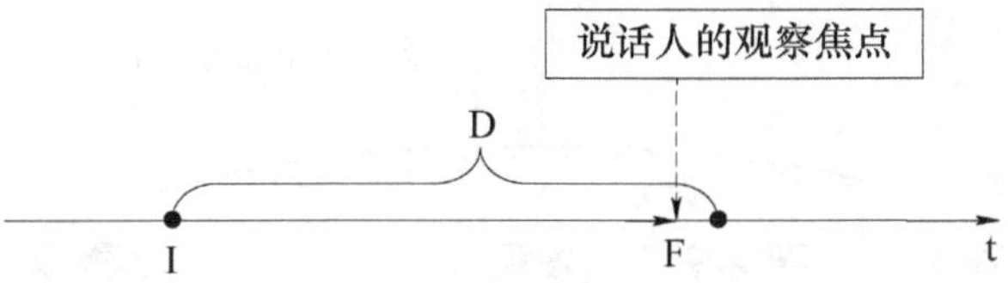

图 4－15　继续体

当观察焦点置于情状的界限内部，还可能表示继续进行，靠近终结点，却一段时间内到达不了终结点，因而形成继续体，（52）中的“下去”就表示这种继续体，其时间结构如图 4－15 所示。

（52）a. 我不想再这样继续下去。（CCL）
　　　b. 我没容他再啰嗦下去。（莫言《生死疲劳》）

说话人还可将观察焦点置于情状的界限外，可分为开始点之前与终结点之后。前者形成的体表示过程处于尚未开始阶段，我们称之为将行体，如图 4－16 以及（53）中的“马上”。

（53）我马上联想到，在那样的时刻……（莫言《生死疲劳》）

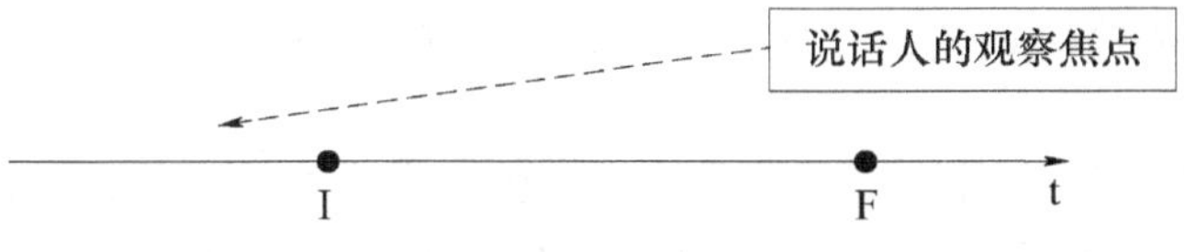

图 4－16　将行体

后者表示情状已经完成，说话人重在回顾曾经发生的情状而获得一种经验，形成的这种体是经历体，如图 4－17 及（54）。

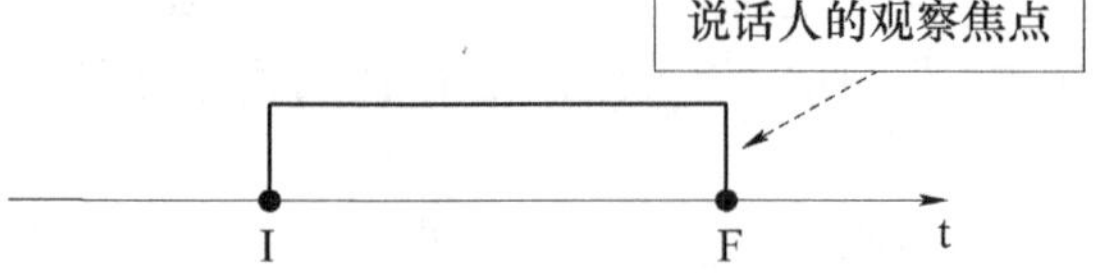

图 4－17　经历体

（54）他曾经为八路军送过情报。（莫言《生死疲劳》）

以上的体都是说话人的观察焦点集中在一个情状上，但实际上说话人可以将一定时间阶段内多次反复发生的同一情状进行观察，重在关注情状的反复进行，从而形成惯常体，如图 4－18 所示。

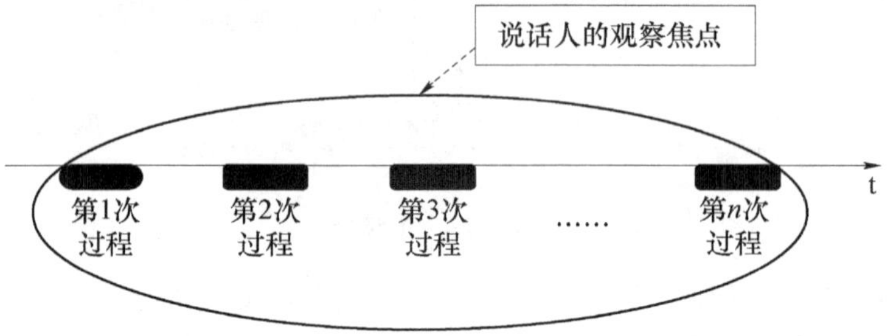

图 4－18　惯常体

在时间轴 T 上，有一个情状在一段时间内反复进行，从第 1 次发生，一直持续发生 n 次才最终结束，说话人的观察焦点集中在这段时间内发生的 n 次情状，也就是说，说话人既不关注某一次情状的开始点，也不关注其终结点，而是关注第 1 次情状开始点以后一直到第 n 次情状终结点之间。说话人此时采取的是非完整的观察方式，观察多次反复过程后形成这一续段阶段。如（55）表达的惯常意义体现在“经常”这个副词上，类似的情况还有（56）、（57）中的“每天晚上”与“总是”等。这些在小句中都充当表示频率的环境成分，体现体的经验性质。

（55）我们一班无聊的孩子，经常趴在她家窗前。（莫言《生死疲劳》）
（56）蓝开放每天晚上去车站旅馆地下室探望庞凤凰的情景。（同上）
（57）对他们的调笑，庞凤凰总是充耳不闻。（同上）

至此，我们将汉语的体系统分为开始体、完成体、进行体、持续体、将行体、经历体与惯常体。这些次类型的共同点在于它们都由显性的形式来体现，如体现开始体的“起来”，体现完成体的“了”，体现进行体的“着”等，这与

Smith（1997：4）认为体在形式上呈显性特点这一观点是一致的。但是，Smith（1997）的该观点更适用于英语这种动词富于屈折变化的语言，因为英语的体主要由显性的语法形式体现，如由“be+V-ing”体现的非完整体，可见英语的体的体现形式具有强制性。然而不同的是，汉语的体在体现形式上并不具有类似的强制性，因为汉语中的体有时在形式上具有显性特征，有时却是隐性的，如（58）中不存在任何的显性形式表达体，李临定（1990：54）将其称为“动词零形式”表达的体。当然，这并不能说明所有的“动词零形式”体现惯常体意义，因为“动词零形式”一般会导致句子变得不顺畅或不完整，往往对语用或语境等因素具有较强的依赖性（Klein *et al*. 2000：765）。由于本研究重在探讨体的类型，因此仅对此简单说明，但不做进一步探讨。

（58）他在家里抽不抽烟？——（他）不抽烟。（李临定 1990：54）

除“动词零形式”外，汉语中还存在其他隐性形式表达体意义。何伟等（2015）指出汉语的谓体除由动词说明外，还可由性质词组、名词词组、数量词组、小句填充，这些由各类词组与小句填充的谓体表达体意义时，往往采取隐性形式表达。例如，（59）由性质词组填充谓体，其体意义由“高兴”体现，由于“高兴”是参与者的一种心理状态，说话人观察此过程时，往往从内部观察，观察范围包括开始点，不关注终结点，因此属于进行体，表示正在进行的一种心理状态。（60）由数量词组填充谓体，其体意义由“很少”体现，“很少”反映的是一种既成状态，说话人观察此过程时，也从内部观察，包括了开始点，但不关注终结点，因此属于进行体，表示处于进行过程中的状态。（61）由小句填充谓体，其体意义由“气度非凡”这个谓体来体现，说话人观察此过程时主要基于“非凡”的内部进行观察，观察范围包括了起始点，但不包括终结点，因此属于进行体，表示处于状态特征的持续进行。

（59）社员们为什么如此高兴？（莫言《生死疲劳》）
（60）精料很少。（同上）
（61）这人……气度非凡。（同上）

综上所述，体的经验意义包括完整与非完整意义，完整意义是指说话人以完整的方式观察情状的时间结构，非完整意义是指说话人以非完整即部分的方式观察情状的时间结构，在完整的方式下观察时，可以依据说话人具体的观察焦点分类：当观察焦点位于情状起始点时表示开始意义，当观察焦点位于情状终结点时表示完成意义，当观察焦点位于终结点后时表示经历意义，当观察焦点位于开始点之前时则表示将行意义。在非完整的方式下观察过程时，说话人不关注情状的终结点，而是关注其持续阶段，即使在观察同一情状反复进行时也将其作为一个持续性的阶段看待，从而表达进行、继续和惯常意义。总之，体的经验意义如图 4－19 所示。

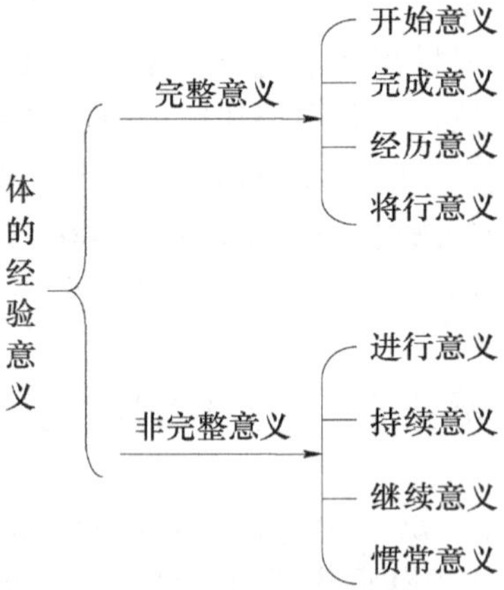

图 4－19　体的经验意义

4.3.2　体的逻辑意义

逻辑元功能作为反映两个或两个以上语言单位之间逻辑语义关系的功能，主要体现在相互依存关系与逻辑语义关系两个方面，体具有的逻辑意义也体现在这两个方面。

体的逻辑意义主要体现为谓体与体助词之间的相互依存关系与逻辑语义关系。体一般具有显性的标记形式，如“了”“着”“过”等，这些形式与谓体之间形成主从关系。实际上，这种主从关系在传统语法中已经有所体现。传统语法一般将“了”“起来”“着”等形式视为依附于谓语动词的词缀或词尾，认为其不具有独立性，即这些形式脱离了谓体动词本身意义不明确，不能单独出现在小句中承担一定的功能，这在一定程度上表明这些体现形式的从属性。相比之下，系统功能语言学对主从关系动词词组复合体的扩展可以从实质上揭示汉语的这种现象。Halliday & Matthiessen（2014）曾指出，英语的动词词组复合体在扩展过程时，会形成现实相与时间相，其中时间相包括时态相与起始/延续相，时态相涉及时态范畴，而起始相表示过程的开始与结束，延续相表示过程的持续，如 stop doing、start to do、keep doing 分别都是动词词组复合体，两个词组之间构成的是主从扩展关系，其中的 stop、start、keep 都是对过程 do 的限制，将其限制在终结点、开始点与持续阶段上。

汉语体的体现形式与情状之间的关系与上述特点极为相似，如汉语中“起来”将情状限制在开始点上，“了”将情状限制在终结点上，“着”“正在”则将情状限于其内部持续阶段。因此，依据主从扩展逻辑语义关系中的起始相与延续相的相关观点，我们可以将汉语小句层次上的体的逻辑语义关系界定为扩展增强关系，扩展增强关系分为两个次系统，即开始关系与延续关系，其中开始关系包括开始与结束，延续关系是指将说话人的观察限定在情状的续段阶段。如（62）中的“出”本身的时间结构具有开始点、终结点及续段，由于“了”的出现，说话人将观察的范围限定在了情状的终结点上，形成了完成体，因此“了”是对情状的终结性加强，体与情状之间形成终结性增强关系。（63）的“起来”将说话人的观察范围限定在了情状的开始点上，形成开始体，因此“起来”是对情状的开始性意义建构，从而形成开始性增强关系。（64）中的“马上”将说话人的观察范围限定了在情状的起始点之前，形成将行体，因此形成开始性增强关系。可见，开始体与情状形成主从开始性增强关系，完成体与情状形成主从终结性增强关系，将行体与情状形成主从开始性增强关系。其他的显性体现形式也同理。由于进行体、持续体、继续体、惯常体都注重从事件内部对其续段进行观察，因此与情状形成主从延续性增强关系。

（62）汽灯出了问题。（莫言《生气疲劳》）
（63）只有当他一个人专注地开始进酒时，那些人才活泛起来。（同上）
（64）（大葱）马上就发芽开花。（同上）

除了单一形式体现体意义外，汉语中还存在一些复合形式体现的体，即复合体（complex aspect）（Yang 2007），如（65）中的“了”表达完成体，“下去”表达继续体，两者复合后分别与过程形成一定的逻辑语义关系。Yang（2007）指出汉语的体具有理论上的无限循环性，但语言实际中这种循环限制在一定的语义条件之下。也就是说，汉语的体具有有限的递归性（鞠志勤 2015）。因此，体之间形成的相互依存关系与逻辑语义关系也就继承了这种有限递归性。

（65）看天色还早，两人接着谈了下去。（Yang 2007：275）

汉语中还存在一些不具有显性形式体现体意义的小句，即传统语法所说的“零形式”表达体的情况。这些小句包括由一个动词说明谓体的小句，由名词词组填充谓体的小句，由性质词组填充谓体的小句，由数量词组填充谓体的小句，以及由小句填充谓体的小句，在这些小句中，体意义隐于谓体之中，主要由谓体呈现的时相决定，如（66）～（70）。以（66）为例，该句的谓体“是”表达状态性的事件，具有静态性和一定时长，因此在时间轴上，说话人观察该事件形成的视点位于事件内部，从而形成持续体。由于相互依存关系与逻辑语义关系是指两个语言单位是否存在配列上的相互依赖性以及语义上的逻辑关系，因此在这种不具有句法上显性形式的小句中，小句中只存在说明或填充谓体的一个语言形式项或单位，不具备第二个语言形式项或单位与之构成句法与语义关系，也就是说，诸如（66）～（70）这些不具有显性形式体现体意义的小句都无法形成相互依存关系与逻辑语义关系，也就是说，这些小句中体的逻辑意义是隐性的。

（66）（你的父亲）是那个国家里最年轻的市长。（莫言《生死疲劳》）
（67）你的父亲现年三十六岁。（同上）
（68）我很舒服。（同上）
（69）人很多。（CCL）
（70）她动作轻柔。（莫言《生死疲劳》）

综上所述，体的逻辑意义可以是显性的，也可以是隐性的，其显性的逻辑意义主要体现为体的体现形式与情状之间形成的主从与增强关系上，增强关系分为开始、终结与延续三个类别，开始体、完成体与将行体呈现出开始性增强关系与终结性增强关系，进行体、持续体、继续体、惯常体形成延续性增强关系，由于体与情状之间只形成主从关系，不存在并列关系，只形成增强关系，不存在延展与阐释关系（用符号 Ø 表示），如图 4－20 所示。

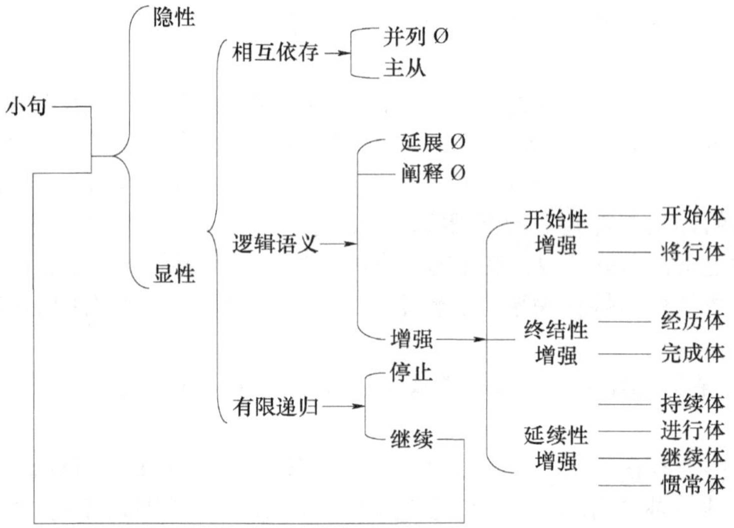

图 4－20　体的逻辑意义

4.3.3　体的人际意义

说话人与听话人之间需要通过语言进行时间信息交换。从时态的角度看，这体现了时态的人际意义；从体的角度看，说话人与听话人在言语交际活动中进行的时间信息交换，表达了说话人的观察方式，也构建了人际关系。

首先，体反映了说话人的观察方式，体直接涉及说话人，进而间接涉及听话人，说话人与听话人有时在句中显现，有时则隐于语境之中。在交际过程中，说话人与听话人通过给予与求取来交换体所反映出的时间信息，该时间信息与通过时态构建人际关系时交换的时间信息有所不同。通过体交换时间信息，并不像时态一样以现在、过去与将来这些时间信息为主要内容，因为体是说话人对情状内部时间结构的观察方式，在交际活动中，说话人与听话人通过求取和给予进行信息交换，主要涉及说话人的不同观察方式，基于这些观察方式，体将情状在一定时间范围内所处的不同阶段或呈现出来的时间特征呈现给受话人。如就开始体来说，说话人向听话人传达的信息是他/她观察时将观察焦点置于情状的开始点上，情状处于开始阶段；就完成体来说，说话人向听话人传达的信息是他观察情状时将观察焦点置于情状终结点上，情状已经结束。那么，对于其他类型的体也同理：通过进行体，说话人与受话人交换的信息主要是情状处于进行之中；通过持续体，说话人与受话人交换的信息主要是情状还在持续；通过继续体，说话人与受话人交换的信息是情状还将继续下去；通过惯常体，说话人与受话人交换的信息是情状作为一种习惯不断反复；通过将行体，说话人与受话人交换情状还未开始的信息。

其次，除了从宏观层面上建构人际关系，体还衍生出情态意义。体的情态意义与时态也类似。情态包括情态本身与意态，情态本身包括概率与频率，概率包括必然性、可能性与虚拟性，频率包括一次性、经常性与习惯性。关于概率，如“他大口地吃起饭来”中的“起来”表示开始体。既然已经开始，说明这个情状的发生已经是一个事实，具有必然性。未然体则具有不可预测性，可能成为事实，或者没有可能成为事实，即具有虚拟性。如（71）中的“就会”表达将行体，由于说话人将观察焦点置于情状的开始点之前，因此这个情状距离实际发生还存在一定距离，最终是否成为事实，存在三种情况：如果最终“成为碎片”，那就是一种事实，也就是一种必然性；如果仅仅是一种推测，不计结果，则重在表示可能性；假如这不仅是说话人的一种推测，且最终没有成为事实，则具有虚拟性。彭宣维（2015）对此作出了相应的解释。他指出，说话人对参与者能力的判断，也是一种可能性意义的体现，如（72）中的“可以”表示“找到”还没有发生，是一种未然事件，反映的是说话人对参与者“你”能力的一种积极性评价；关于频率，开始体与完成体主要衍生出一次性频率，如“他已经完成了作业”说明这个情状已经完成，整个事件只发生了一次。进行体、持续体与继续体则衍生了多次性频率，如“他正在做作业”，说明事件“做”需要反复发生，直到“作业”完成。而惯常体的反复性比其他的体都要强，因此衍生出惯常性频率；关于意态，通过体主要衍生出意愿性意义，如（73）中的“去”，说话人在对这个情状进行观察时，选择了在其前面加上“要”字，表达一种未然意义，也就是说，说话人的观察焦点聚焦在“去”的开始点，由于选择了这种外部观察方式，情状“去”仅是说话人头脑中的一个概念，还未成为一个现实的动作，因此说话人以开始点为观察目标，将视点置于观察目标之前，表达的是“我”的决定，表现了其意愿倾向。

（71）我知道自己已经焦煳酥脆，只要轻轻一击，就会成为碎片。（莫言《生死疲劳》）

（72）如果光线好，你总可以找到可拍摄的物件的。（彭宣维 2015：323）

（73）不论林格尔夫人回不回湘潭，我都要去美国。（CCL）

综上所述，体的人际意义主要是指通过体所构建的人际关系以及通过体所衍生的情态意义，其整个人际意义系统次系统化为人际关系与情态两个方面，沿着精密阶，人际关系又进一步分为交际者、交际角色与交际信息，情态则包括情态与意态两个子系统，详见图 4-21 所示。

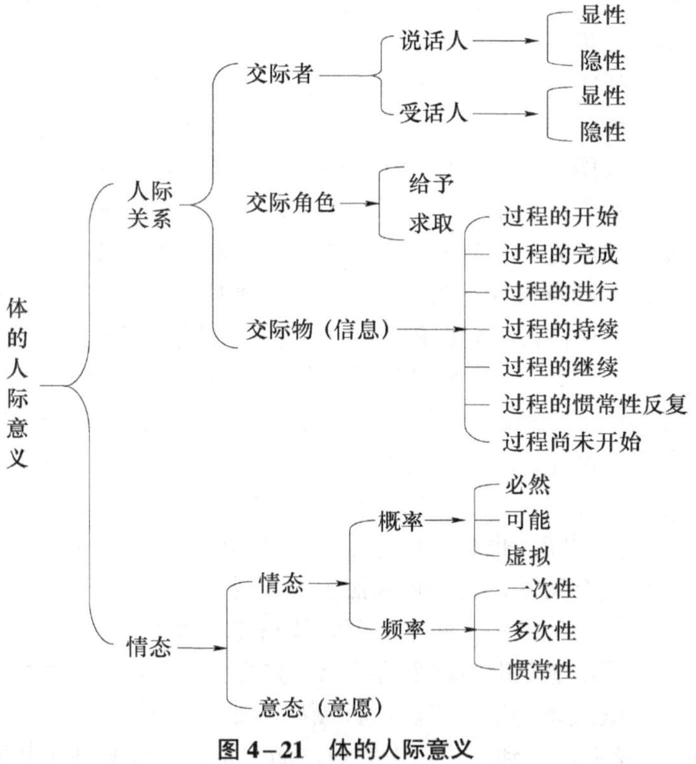

图 4-21　体的人际意义

4.3.4　体的语篇意义

学界一般认为语篇在时间特征方面具有各自的特点。语篇一般在体裁上可以分为叙事、报道、描写、信息与议论，Smith（2003）认为每一种体裁的语篇在情状、时间与发展三个方面都存在不同的特点，其中叙事体裁主要将事件与状态引入语篇，在时间上是动态变化的，并且在时间上具有定位性，这种体裁一般按照叙事时间推进。报道类体裁将事件、状态与一般性状态引入语篇，与叙事体裁一样在时间上具有动态变化性，并具有时间定位性，开始于说话时间。描述类体裁将事件、状态与进行汇总的事引入语篇，在时间上具有静态性与定位性，造成了空间的推进。信息体裁类仅将一般性状态引入语篇，具有非时间性。而议论体裁则主要介绍事实、命题与一般性状态，也具有非时间性。何伟（2008b）指出，不同体裁的语篇的推进模式有所不同，其中叙事类语篇往往依赖有界事件向前推进，而描写类的语篇一般依赖无界事件向前推进，报道类语篇通常基于报道者的视角呈现任一话题的事件，信息类与议论类语篇则基于多个事件以及多个话题形成的逻辑语义关系向前发展。可见，不仅时态具有语篇功能，与事件关系更为密切的体也应具有语篇功能。

关于体的语篇意义，学界一般将其分为前景与背景两个类别（Hopper 1982；Wallace 1982）。语篇的功能在于传递信息，所谓前景信息是指那些比较重要的时间、程序、中心观点、主要角色与实体等，背景信息则指相对不重要的事件、辅助的程序、次要的观点、描述、解释、题外话以及那些不重要的角色与事物（Wallace 1982：208－209）。Hopper（1982）指出，完整体主要用于叙述事件，非完整体用于提供一些背景信息。Li &Thompson（1981）也认为完整体小句表达故事的主线事件，按照时间顺序呈现出来，表示前一个事件结束后是一个非连续事件，从而成为前景，而非完整体小句则表示一些支持性、持续性、习惯性的事件，成为背景。Smith（2003：34）进一步指出，基于信息是否占有主要地位或辅助地位来区分的前景与背景，虽然前景比较容易理解，但背景却容易产生模糊性，因此她主张将情状实体与语篇推进等因素考虑在背景的概念界定中，认为如果一种信息不能推动语篇向前发展，那么这种信息就是背景化的信息，而前景化的语篇包含了推动语篇发展的情状，前景情状通常是指一些按时间序列排列的事件，通过完整体呈现出来，而未完整体与状态情状往往是背景信息。秦洪武（2005）指出，体是表达背景和前景信息的主要语法手段，如果完整体与非完整体分别对应于时间的有定与无定，且完整体事件具有内在终结点，未完整体事件不具有内在终结点，那么完整体通常构成故事的主线，未完整体则提供支持和辅助性的背景信息。可见，对于完整体与非完整体各自承担的前景与背景功能，国内外学者观点大同小异、趋于一致。由此看来，体具有语篇功能，主要通过配置前景与背景事件来实现对语篇的组织（鞠志勤 2014：27），进一步讲，不强调终结点的非完整体具有背景功能，包含终结点的完整体则具有前景功能。

汉语体由不同的标记形式体现出来，因此其语篇功能在不同的体标记上也有所差异。对于“过”而言，Wu（2008）指出其表示经验体意义，一般不能推动叙事时间的发展，对于“着”而言，Wu（2007）认为其只能当另外一个即将结束的情状嵌入在前一个情状中之时，“着”才能推动叙事时间的发展。可见“过”“着”都在一定限制条件下推动叙事时间发展。然而，对于“了”来说，只要语境中不存在其他的相关信息，它就会推动叙事时间的发展。徐晶凝（2014）指出，“了 1”与“了 2”在叙事性语篇中都具有语篇功能，前者用于叙述故事进展框架中的具体事件，还通常出现在点题和回应部分，而后者则通常用于叙述者对故事主要进展阶段的主观切分，与时间、空间、人物等其他指向成分一起共同设置故事推进的大框架。Ljungqvist（2007：215－217）也认为，位于句中的“了”可以视为一个能够引导听话人进入具体语境的句段标记，位于句尾的“了”则有时会起到语篇标记的作用，呈现话语的开始或一个篇章的高峰阶段。姜望琪（2011：211）对“了”“过”“着”等标记形式的语篇功能进行了对比，指出“了”标记事件的主体性，“着”标记事件的从属性，其他三个标记，介于两者之间，如图 4－22 所示。可见，汉语的体标记具有前后景程度的差异（屈承熹 2006：63）。总之，“着”具有较为典型的背景功能，“了”具有较为突出的前景功能，两者是体具有前景与背景功能的典型例证。因此，下文着重对这两个具有典型语篇功能的体标记进行阐释。

图 4－22　体标记的前后景功能

首先，“着”表达非完整体，具有持续性，这种持续性在于说话人观察的焦点不在于情状的终结点，而是在于情状内部续段阶段，也就是说“着”表达的事件在时间轴上具有一定长度，不具有内在终结点，这与英语中的“be+V-ing”表达的非完整体类似。Bache（1997：260－261）指出“celebrated”表达的完整体重在说话人向听话人传递信息，而“were celebrating”表达的非完整体除了传递关于情状的信息，更重要的是对情状进行详述，在下一话题出现之前起到评论作用或者只是对信息的进一步介绍。因此“着”的作用不在于推动事件向前发展，而是主要提供一种辅助性的背景信息。如（74）中的

“攥着”“赤裸着”“悬挂着”“挺着”“瞪着”都不存在终结点，它们每一个都在时间轴上占据一定时段，表达非完整体。该段语篇的主要信息是“卖唱，炫技”，而“着”表达的事件都是与“卖唱，炫技”有关的具体情景，是围绕参与者“你”从不同方面进行描写，给予“卖唱，炫技”一些辅助性信息，形成背景事件。

（74）你攥着牛胯骨的把柄，在我们西门屯逢五排十的集市上，粉墨了脸，赤裸着背，脖子上悬挂着一个布兜，挺着圆滚滚的肚子，赤足，光头，瞪着乌溜溜精光四射的大眼，站在迎宾楼饭庄前边那一片用白石铺了地面的空场上，卖唱，炫技。（莫言《生死疲劳》）

其次，“了”表达完整体，不具有持续性，说话人在观察情状时注重的是开始点或终结点，而不是其续段阶段。对此，Wu（2010）指出，完整体呈现情状的整体性，正是因为这种整体性，才会有下一个情状依据时间先后顺序跟在其后，也就是说，完整体在句子之间的时间关系中起到推动作用，主要促进叙事时间的向前发展，如“张三昨天吃了饭，看了电视，洗了澡，然后去睡觉”就是利用了完整体“了”的推动作用，因为“吃了饭”是完成的事件，“看了电视”才可以跟随其后，正因“看了电视”也是完成的事件，“洗了澡”才可以紧随其后，如果将这三个“了”去掉，这个语篇就极其不自然。可见，“了”表达一个完整的事件，由于一个事件必须在完成后才能继续另一个事件，因此完整体在语篇中推动语篇向前发展，主要提供的是前景信息。如（75）“摸出了”表明一个事件的完成，其后的“开了”引入另外一个事件，且这个事件也是完成的，从而进一步推动语篇继续增加新事件，从而出现“弹起”与“嵌在”两个事件。

（75）我探手从太师椅下摸出了一支左轮手枪，我对着青砖地面开了一枪，子弹弹起，嵌在墙壁上。（莫言《生死疲劳》）

（76）村长，你打伤了我的驴驹，要赔我药费！（同上）

（77）土地改革时，这棵树分到我的名下，但这棵树，自分到我的名下后，就没结过一颗杏子，我准备立刻杀了它！这棵树，与西门闹一样，与我们贫雇农是有仇的。（同上）

（78）过了十几分钟，全县城都被鸟叫声笼罩，月光渐渐黯淡，黎明悄然降临。（同上）

当然，对于完整体的前景功能与非完整体的背景功能，两者与前后景的语篇功能并非绝对的一一对应关系。Li（2014）就认识到了这一点，认为完整体不但具有前景功能，还可能具有背景功能，这由小句的及物性与语境决定。Wu（2010）在承认完整体推动叙事时间的作用的同时，也认为完整体具有提供更多信息的功能。因此，我们可以认为，完整体具有背景功能，这主要包括提供时间框架信息以及通过因果关系引出的阐述信息。如（76）中的“了”在表示实现类时相的谓体“打伤”后表示动作完成，这种动作的后果就是后面增加的信息，前后之间形成因果关系，从而引出更多的信息对前者进行阐述，从而起到提供和引出背景的功能。（77）中的“了”表示完成意义，“我准备立刻杀了他”就是指“杀”这个动作在不久之后就会完成，之所以做出这种决定，是因为“没结过一颗杏子”“与西门闹一样，与我们贫雇农是有仇的”。（78）不像前两句提供原因或结果信息，其中的“了”为接下来的叙述提供了一个时间框架，“全县城都被鸟叫声笼罩，月光渐渐黯淡，黎明悄然降临”正是基于这个时间框架而组织成语篇。

4.4 时相的意义

4.4.1 时相的经验意义

时相的经验性质主要表现在其对时间经验的切分上，即在及物系统内将时间经验识解为过程、参与者与环境成分。

过程是时相的核心部分，过程分为物质、关系、心理、行为、存在、言语等六大类别。何伟等（2015）指出，汉语的过程主要由谓体（及谓体延长成分）体现，谓体可以由动词直接说明，包括行为动词如“坐”“走”“看”“打”“批评”“学习”等，心理活动动词如“爱”“喜欢”“想念”“害怕”“（想）要”等，状态动词如“有”“存在”“出现”“消失”等，趋向动词如“上”“下”“去”“来”等，以及表达判断、所有、存在或确认意义的动词“是”。谓体还可由名词词组、性质词组与数量词组填充从而表达过程意义，或由小句填充。下文将结合说明与填充谓体的不同成分以及过程类型阐释时相的经验意义。

首先，由动词说明谓体时，过程本身具有的时间特征也会随之体现出来。当行为动词说明谓体时，表达行为、做或发生、言语等过程意义，如（79）中的“走”属于物质过程，“走”自身表达参与者所做的动作[①]，在时间轴上是非

① 下文仅分析小句中充当谓体的动词，不考虑其他影响因素。

匀质的，即具有动态性特征。（80）中的“嬉笑”属于行为过程，表示行为动作，在时间轴上是非匀质的，具有动态性特征。（81）中的“批评”属于言语过程，表示发出话语的行为，在时间轴上体现的特征是非匀质性的，因此也具有动态性特征。（82）中的“学习”属于认知心理过程，表示一种心理认知活动，因此在时间轴上也是非匀质的，也具有动态性。（83）中的“看”属于感知心理过程，表示感官活动，在时间轴上是非匀质的，具有动态性。再看心理活动动词，如（84）中的“喜欢”属于情感心理过程，表示参与者的情感状态，在时间轴上具有匀质特点，因此具有静态性。（85）中的“要”属于欲望心理过程，表示参与者的充满希望的心理状态，在时间轴上也是匀质的，因此具有静态性。状态动词如（86）、（87）中的“有”“存在”都表示存在过程，表示事物的存续状态，因此在时间轴上表现为匀质特点，具有静态性。趋向动词表达物质过程，一般表示动作意义，因此在时间轴上具有非匀质特点，具有动态性特征，如（88）中“上”表示去做某事的意义。（89）中的“是”表示关系过程，指对参与者身份状态的判断与确认，具有静态性，在时间轴上显示匀质状态。

（79）终于走出隧道，然后登上高台。（莫言《生死疲劳》）
（80）围观者嬉笑不止。（同上）
（81）我批评了他。（同上）
（82）（我们要）学习西门屯大队的先进经验。（同上）
（83）看电视吗？（CCL）
（84）莫言从小就喜欢妖言惑众。（莫言《生死疲劳》）
（85）什么都不要了。（同上）
（86）大好的月光，有几分癫狂。（同上）
（87）这个世界上，存在着许多神秘现象。（同上）
（88）胡，你上！（CCL）
（89）站在母驴后边那个满脸喜气的男人，是我的长工蓝脸。（莫言《生死疲劳》）

其次，由名词词组、性质词组、数量词组填充谓体时，过程一般具有静态性，在时间轴上呈匀质状态。如（90）的谓体由名词词组“礼拜天”填充，表示“今天”的性质属性，属于关系过程。（91）由性质词组“凉森森”填充，表示“地面”的性质状态，属于关系过程。（92）的谓体由性质词组“很多”填充，表示“街上的风景”的数量状态，属于关系过程。可见名词词组、性质词组、数量词组填充的谓体一般表示关系过程，在时间轴上是匀质的，具有静态性质。

（90）今天礼拜天。（CCL）
（91）地面凉森森的。（莫言《生死疲劳》）
（92）街上的风景很多。（同上）

再次，由小句填充谓体时形成主谓“谓语”句。主谓“谓语”句的分类有很多，对此研究者也持不同观点，对其分类不完全相同。朱德熙（1982）将主谓“谓语”句分为7种，而熊仲儒（2015）分出了施事性、受事性与领属性主谓“谓语”句3类，其中的领属性一类可进一步分为真领属性与准领属性主谓“谓语”句。依据何伟等（2015），小句填充谓体构成的主谓“谓语”句，比较典型的是表示领属关系与表示受事/关涉关系的两个类别，其中，“领属关系主谓‘谓语’句的主要语用功能就在于对人或事物本身从某一方面进行说明描写或评论判断”（寿永明、朱绍秦 2002：113），如（93）中的“嘴巴奇长”“尾巴拖地”“鬃毛密集而坚硬”“肩膀阔大”都是对“这家伙”的描写，对于受事关系的主谓“谓语”句也同理，如（94）中的“说话很快”是对“他”的评价。这两类主谓“谓语”句属于关系过程，（93）的“这家伙”是参与者即“载体”，“嘴巴奇长，尾巴拖地，鬃毛密集而坚硬，肩膀阔大”是4个并列的过程，同时这4个过程对参与者“这家伙”具有描述作用，因此还承担关系过程中的“属性”角色，同样（94）的“他”是“载体”，“说话很快”是对这个载体的评价，因此也承担关系过程中“属性”的角色。正因如此，这两类主谓“谓语”句的过程部分具有了静态性质。

（93）（这家伙）嘴巴奇长，尾巴拖地，鬃毛密集而坚硬，肩膀阔大。（莫言《生死疲劳》）
（94）他说话很快。（朱德熙 1982：107）

综上可见，一般情况下，多具动态性的过程包括物质过程、认知心理过程、感知心理过程、言语过程与行为过程，多具静态性的过程包括存在过程、情感心理过程、愿望心理过程与关系过程，它们在时间轴上呈现不同的时间特征，可见静态性与动态性是区分时相的一组主要标准，但仅依据静态与动态，尚不能对时相进行更为细致的分类（何伟、张存玉 2016b）。比如，在具有动态性的过程中，过程持续时间的长短可能不同，（95）的“写”具有动态性，是物质过程，（96）的“塌”也具有动态性，也是物质过程，但是两句的持续时间不同，前句中的“写”不具有自然的终结点，理论上可以无限持续，因此具有持续性与非完成性，而“塌”这个动作是从正常状态到塌掉的状态转变，具有瞬间性，因此不具有持续性，但由于“塌”的发生不仅仅表示了动作的发生，还表明一种结果立即产生，因此动作是完成的。可见，除动态性与静态性外，过程之间在时间结构上的不同还需要其他的标准来区分。

（95）爸爸一直在写论文。（龚千炎 1995：17）
（96）院子里那堵墙塌了。（同上：25）

对于分类标准，学界一般以动词为中心且观点基本一致，如 Smith（1997）依据[±动态]（±dynamic）、[±持续]（±durative）、[±完成]（completion/telic）与［±拆分性］（non-detachability）区分了汉语的情状类型。陈平（1988）确立了［±静态］、［±持续］和［±完成］三组语义特征，认为静态与动态相对，具有静态性的情状具有均质的特点，如“希望”“明白”“属于”“有”等，而具有动态性的情状则在持续性上存在差异，也就是说，有的动作在时间轴上占据较短的时间，如“炸”“塌”等，有的则占据的时间较长，如“写”“跳”等，完成与非完成取决于情状有无自然终结点及向终结点接近的过程。龚千炎（1995）在其［±静态］、［±持续］和［±完成］的基础上增加了另外一组语义特征，即［±动态］。［±动态］是以往研究中一个被研究者所公认的标准，与［±静态］相对，采用［±动态］或［±静态］的结果一致，因此本研究同意陈平（1988）的观点，主张选取［±静态］作为时相的分类标准之一。就［±持续］这一组语义特征而言，在 Comrie（1976：41－42）看来，[+持续]是指情状会在时间轴上延续一段时间，[－持续］则相反。也就是说，[±持续]表示过程在时间轴上占据一定时间长度或根本不会占据任何时间，具有前一特征的过程在时间轴上抽象为一个点，具有后一特征的过程则在时间轴上表示为一个较长时段，因此［±持续］　在时间轴上即［±时长］，或表示一定的时间长度，或表示不占据时间长度。［±完成］是指有的情状具有内在的终结点，而有的则没有内在的终结点，前者为[+完成]，后者为[－完成]（陈平 1988）。总之，［±静态］、［±时长］与［±完成］是动词时相的主要区分标准。按照学界的一致观点，对动词情状的分类也适用于句子层面的情状分类。Smith（1997）主张在小句层次上将时相分为状态、活动、终结、实现、一次性，龚千炎（1995）对小句时相的分类包括状态、活动、终结与实现，这种分类方法虽然提升至小句层次，但其分类仍然基于 Vendler（1967）的动词情状分类，因此可以认为动词的分类是动词“谓语”句中小句时相的核心基础，动词“谓语”句中动词以及小句层次上时相都可以依据［±静态］、[±时长]、[±完成]

分为状态、活动、终结、实现四个基本类别，见表 4－4。

表 4－4　　动词充当谓体时的时相

时相	语义特征		
	静态	时长	完成
实现	－	－	＋
活动	－	＋	－
终结	－	＋	＋
状态	＋	＋	－

状态是指一种静止不动的情状，该类过程在时间轴上具有持续性的时间长度，不强调开始点，也不强调终结点。于秀金、彭芳（2014）指出，汉语的状态情状还可进一步分为恒定状态和暂时状态两个类别，恒定状态在时间上是无限持续的，主观上无法改变状态，而暂时状态则在时间上可无限持续，也可暂时持续，用“过”可以区分两者，前者不可加“过”，后者则可以加“过”，如“认识”属于恒定状态情状，就不能加“过”，“认识过”显然是不合语法的，而“爱”则属于暂时状态情状，可以加“过”，“爱过”显然是合语法的。可见，状态内部的系统在［时长］这一语义特征上还存在长度的不同。那么依据这一特征，我们将状态进一步分为恒定状态与暂时状态。恒定状态的时长是最长的，沿着时间轴 t 无限发展，可用带箭头的直线表示，而相比之下，暂时状态的时长并不如恒定状态的时长长，在时间轴上是有限发展的，也就是说，这种状态会在某一个时间点终止，可用直线表示，如图 4－23 所示（q 表示性状轴）。

但是，该分类并不是绝对的，因为时相具有合成性，虽然充当谓体的动词具有核心地位，但其他成分也具有影响作用，因此一个动词到底表达何种状态，应该依据具体的语境而定。比如，“我将永远爱我的祖国”中的“爱”因“永远”的出现表现出了恒定性，而“我爱过他”中的“爱”因出现了“过”而具有了暂时性。

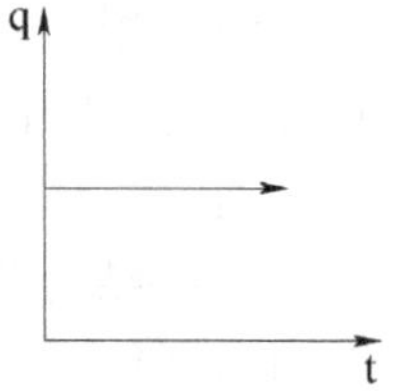

a 恒定性状态

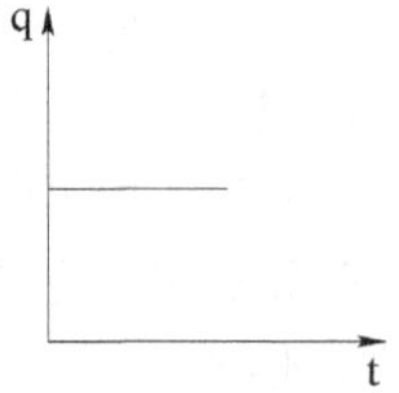

b 暂时性状态

图 4－23　恒定性状态与暂时性状态

活动是指具有动态性的动作，它在时间轴上具有持续性，会占据一定的时间长度，因此也就没有内在的终结点，依据时长长度，活动可以进一步分为一次性活动与反复性活动。Smith（1997）指出，活动的语义特征是［－静态］、［－完成］、［+持续］，如“笑”“在公园散步”等的时相意义，一次性情状则是［－静态］、［－完成］、［－持续］，如“敲”“拍”等的时相意义。可见两者都具有动态性与非完成性，其区别仅在于是不是持续的动作，也就是说，这里的活动与一次性情状都可以视为活动这个大类，从时长的角度看，两者的时长有所不同，“笑”“散步”必然是长时间的活动，时长长度较长，这是因为“笑”的活动需要几个小的动作连续而成，“散步”也需要动作者发出多个“走路”的动作后才能算是“散步”，而“敲”“拍”的时长则相对较短，因为只要“敲”一下，或者“拍”一下，这个活动就可以视为发生。因此，我们主张将“笑”“散步”等视为反复性活动，而“敲”“拍”等则视为一次性活动，反复性与一次性两类活动可表示为图 4－24。反复性活动用带箭头的曲线表示，表示该类活动是由一连串的动作组成的，在时间轴上具有无限的时长，而一次性活动只是无数次反复性活动中的一次，突显的是一次活动的发生，在时轴上仅占据一次活动发生的时间，因此可用反复性活动中的一条实线表示其突显性，这表示该类活动只发出一个动作就可以视为完成，在时轴上是有限的。

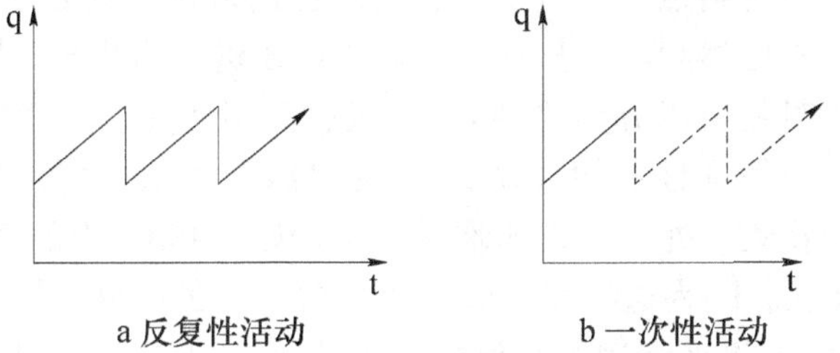

图 4－24　反复性活动与一次性活动

终结是指达到了动作的目标，具有动态性，动作过程本身会占用一段时间，但最终目标达到后就意味着完成。终结类动词具有时间长度，会在时间轴上持续一段时间，但是这种时长并不像状态那样无限持续下去，由于具有完成性，也就具有了终点，因此是有界的，也就是说，当持续一定时间长度后，在时间轴上的某个时间点上，这个动作就会停止，如图 4－25 所示。它与反复性活动的区别就在于在时间轴上的有界性，我们用不带箭头的直线表示这种有界性。

实现表明动作的发生具有瞬时性与动态性，且带有变化性质，因为一旦该类动作发生就意味着两种状态之间的相互转化，不占据时长，但具有内在的自然终结点。按发生的性质，实现可分为累积性和非累积性两类，累积性实现是指在发生之前有一个累积过程，如“到达”“赢”等，非累积性实现情状是指在发生之前没有任何累积过程，如“看见”“爆炸”（于秀金、彭芳 2014）。但是无论累积性还是非累积性的实现，其最主要的特点还是其瞬间性，因此突显的是动作或事件从开始到结束都不占据时长，只有性状的变化，如图 4－26 所示。

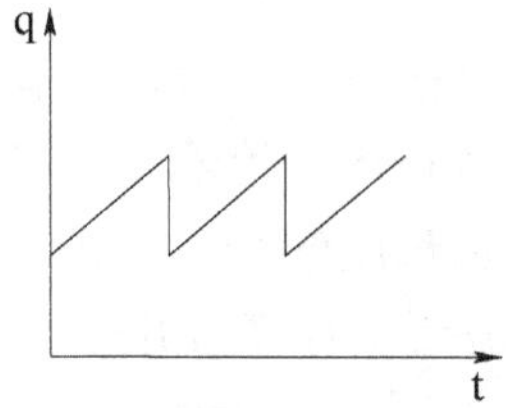

图 4－25 终结

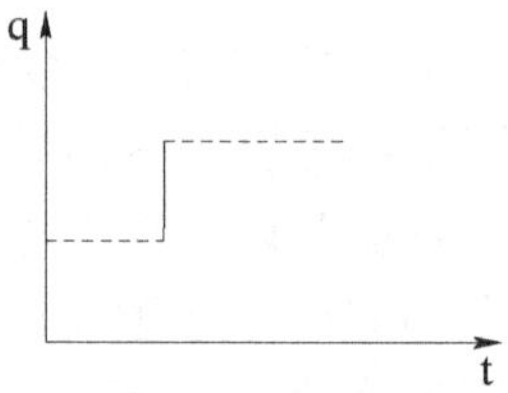

图 4－26 实现

除动词外，汉语中的性质词组、名词词组、数量词组、小句也可以表达过程意义，因此时相的分类不仅要考虑动词，还应考虑充当谓体的性质词组、名词词组、数量词组以及小句。说明谓体的性质词组相当于汉语传统语法中作为“谓语”的形容词，张国宪（1995）指出，现代汉语的形容词属于“谓词”范畴，自然也具有情状意义。张国宪（2006a，2006b）认为，依据［±静态］将形容词的时相意义分为静态与动态，静态的形容词具有均质的时间结构，不强调其内在起始点与终结点，但对于动态的形容词来说，其时间结构是异质的，一般会具有内在的自然起始点与终结点。研究还进一步指出，依据时间性的疏密度，形容词的时相可以分为“性质”“状态”与“变化”，“性质”与时间无缘，是指情状具有恒久性，如（96a）中的“凉”。“状态”是指一种情状存在于一定的时间为背景，处于静止的临时状态，如（96b）中的“冰凉”。“变化”则与时间密切相关，因为这种变化的完成需要一定的时间，如（96c）中的“凉（了）”，据此该研究将形容词的时相分为“性质”“状态”与“变化”。

（97）a. 井水凉，不像河水，不能冲澡。（张国宪 2006a：6）
b. 晚上井水冰凉的，我不敢冲（澡）。（同上）
c. 水凉了，可以冲澡了。（同上）

对此，何伟、张存玉（2016b）进一步指出，［±时间］这一语义特征与［±时长］并不完全相同，以［±时长］替代［±时间］更为合理。如（97a）虽然属于性质时相，这种时相具有恒定性，在时间轴上占据最长的时间，因此可用［++时长］描述该特征。对于（97b）来讲，这种状态受到了一定的时间限制，时间长度比（97a）要短，表示为［+时长］这种特征。相比之下，（97c）的时间长度最短，因为该句加上“了”后表明说话人的观察焦点在“凉”的结果上，即过程的终结点，因此时长可以忽略不计，表示为［－时长］，这说明该类时相的瞬间性特征。除［±静态］与［±时长］外，由于具有静态性的“性质”与“状态”时相都不存在内在的自然终结点，都不具有完成性，而是具有较长的时间长度，两者之间在时间长度上又存在区别，因此我们认为“性质”相当于动词时相分类中的恒定性状态（见图 4－23），“状态”则相当于暂时性状态，两者都是状态的一个次类。而具有动态性的“变化”情状因突显了结果状态，也就具有了有界性，即完成性，由于“变化”的最终实现往往在瞬间内发生，因此具有了瞬间性，时长可表示为隐性。“变化”情状与动词的实现类时相有类似之处，加之，由于具有结果性质，而结果的出现往往是情状的不断累积所致，因此可将其视为累积性实现情状。综上所述，依据［±静态］、［±时长］、［±完成］可对充当谓体的性质词组的时相进行分类，见表 4－5。

表 4－5　　性质词组充当谓体时的时相

	静态	完成	时长
“性质”（恒定性状态）	+	−	++
“状态”（暂时性状态）	+	−	+
“变化”（累积性实现）	−	+	−

基于以上对性质词组的时相的分类与语义特征的描述，我们也可以对数量词组、名词词组与小句充当谓体时表达的意义进行分类。数量词组、名词词组充当谓体时，形成传统语法中所说的“体词谓语句”。这种句型一般构成关系过程，表达关系意义，具有静态性。项开喜（2001）还注意到，一些体词性成分充当“谓语”时可以表达“变化”意义，“谓语”后可加上“了”表示完成，如（98），有时也会表达“状态”意义，不可以加“了”，如（99），还会表达“性质”意义，如（100）。我们认为，此处的“变化”与上文所指一致，但“性质”与“状态”与上文不同，因为项开喜（2001）在对其作出区分时，没有考虑时长因素，故未涉及时相。我们从时相角度分析这三个例句，（98）表示“变化”情状，也就是说，“教授了”蕴涵了一个从不是教授到变成为教授的过程，加上“了”以后，该句具有了完成意义，“教授了”突显的是过程的终结，焦点在于“成为教授”的结果，但从变成教授前到变成教授到底需要多长时间并不是本小句的焦点所在，因此时长可以忽略不计。（99）与（100）都具有静态性，时长长度较长。将两句与（98）对比时更容易理解，因为“清明节”的时长比（99）与（100）的时长持续都要短，但比（98）要长。相比较而言，（101）表示“状态”，即本研究中的暂时性状态，（99）与（100）表示“性质”，即本研究中的恒定性状态。可见，名词词组与数量词组充当谓体时表达的时相意

义与性质词组相同，都可以依据［±静态］、［±时长］、［±完成］分为暂时性状态、恒定性状态与累积性实现三类时相。

（98）他已经教授了。（项开喜 2001：14）
（99）老张南方人。（同上）
（100）他傻瓜一个。（同上）
（101）今天清明节。（CCL）

当小句充当谓体时，形成传统语法中所谓的主谓“谓语”句。李临定（1986：302）认为存在三种主谓“谓语”语句：即“名 1+（副）+名 2+形”“名 1+名 2+动”“名 1+名 2+名 3+形”三大类别。可见，这三类主谓“谓语”句中的“小谓语”由形容词与动词充当，如（102）～（103）。在系统功能语法框架下，动词、性质词组、数量词组充当主谓“谓语”句的小谓体。如此一来，主谓“谓语”句的时相意义主要来源于这些动词和这些词组，而且在不考虑其他影响因素的情况下，时相意义一般与其一致，如（102）的时相意义基于“很少”产生，表示恒定性状态情状，（103）的时相意义基于“去”产生，强调活动情状，（104）的时相意义基于“沉闷”产生，表示暂时性状态情状。

（102）第二类人数目很少。（李临定 1986：304）
（103）我们哪一个也没去过那里。（同上）
（104）屋里空气很沉闷。（同上）
（105）这几天身上不太舒服。（CCL）
（106）史学研究经常碰到另一个问题。（同上）

除过程之外，时相的经验性质还表现在参与者与环境成分的影响作用上。参与者一般由名词词组体现，在小句中做主语和补语。Xiao & McEnery（2004）的研究表明，主语不会影响时相。但“宾语”部分对时相会产生直接影响，从而使得情状发生迁移，这主要是因为名词词组的数量特征在起作用（张存玉、何伟 2015）。李明晶（2013：114）指出汉语中的名词虽然没有形态上单复数的区分，但名词“宾语”也可以用可数还是不可数来进行区分，如“吃”“写”“炒”作为活动动词其完成性并不明确，但加上论元后的“吃了三个苹果”“写了一封信”“炒了三个菜”的完成性很明显，这说明“三个苹果”“一封信”“三个菜”确定了一个终结点，使情状转移为完成情状。可见，当“宾语”出现表示具体的数量的参与者时会对事件的时间有所限制，即影响［完成］这一特征，使［－完成］迁移为［+完成］。综上所述，补语的单复数特征会对动词的时相意义具有直接的合成作用，一般情况下，会在［+完成］与［－完成］两者之间发生时相迁移。

环境成分存在诸多类别，包括持续与频率，其中的持续是指过程的持续时间，而频率是指过程发生次数的反复程度，如 stay for two hours、pause every ten minutes 都表示持续，而 knock three times 表示频率（Halliday & Matthiessen 2014：262）。这些环境成分在诸多时体研究中都与时相紧密相关。如 Dowty（1979）指出，英语中的 for an hour 与 in an hour 均表达体意义，何伟（2009a）认为时段、时频和时点都属于"广义词汇体"。可见，表示持续与频率的环境成分与时相有着密切联系。此类环境成分也广泛存在于汉语中，如（105）中的"这几天"表示"舒服"这个过程持续的时间，"舒服"本身的时间结构中不包含自然终结点，理论上可以无限地持续下去，在时间轴上占有较长的时长，具有非完成性，但由于"这几天"的出现，"舒服"被设定了一个外在的终结点[①]，因此整个小句的时相就带有了完成性。（106）中的"经常"表示过程"碰到"的发生频率，而"碰到"本身的时间结构中包含一个自然终结点，呈现完成性，具有较短时长，但由于环境成分"经常"的出现，致使"碰到"这个过程增加了反复次数，时长增加，从而增强了持续性，减弱了完成性。总之，表示持续的环境成分主要限定过程的最大持续时间，从而直接给予一个外在的时间界限，或者给予一个具体的外在终结点，而表示频率的环境成分则主要限定过程发生的次数，从而给予一个反复持续时间续段，可见两种环境成分的功能在于改变［时长］与［完成］两种语义特征，致使情状发生迁移。

综上所述，时相的经验意义主要表现在过程体现出的不同经验意义特征以及参与者与环境成分在时相意义上的合成性上。过程体现出［±静态］、［±时长］与［±完成］三组经验特征，沿着这三组精密阶，动词填充谓体时，时相的经验意义可以分为状态、活动、终结、实现；性质词组、名词词组、小句等其他成分说明谓体时，时相的经验意义可以分为恒定性状态、暂时性状态与实现。参与者的影响小句的时相意义，主要是指其单数与复数数量特征对时相的合成作用，环境成分对时相的经验意义也具有合成作用，主要体现在持续与频率两类环境成分对时相语义特征的影响上。总之，时相的经验意义系统涉及过程的核心经验意义、参与者与环境成分的合成经验意义，如图 4－27 所示。

---

① 外在终结点是相对于内部终结点而言，指现实事件发生的终结点，还可能是处于计划中、还未实际发生的终结点，内部终结点是过程内在的时间界限，详见陈前瑞（2008：66）对实际终结点的论述。

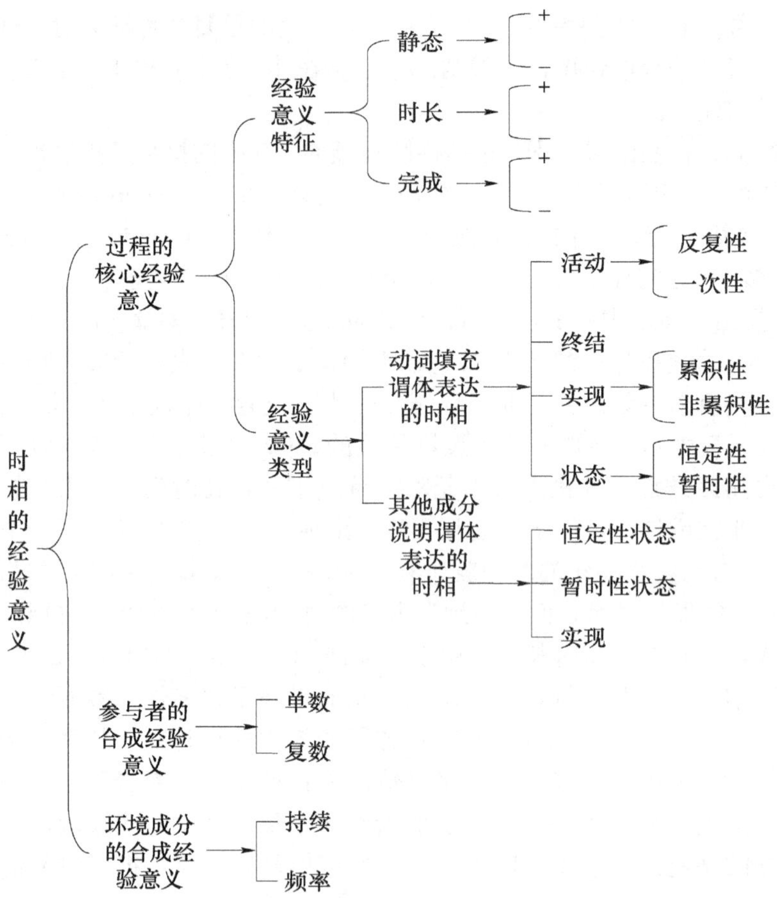

图 4-27　时相的经验意义

4.4.2　时相的逻辑意义

如前所述，时相与过程相关，由谓体体现。一般情况下，汉语的谓体都由一个语法单位充当，时相由这个语法单位体现，如（107）的谓体“是”表示状态情状。由于相互依存关系与逻辑语义关系是两个或两个以上语言单位之间的关系，而在（107）这个小句中，并不存在多个语言单位发生联系，且从小句层次看，该小句表达的时相与此一致，由于小句中除了参与者“这”与“两只饥饿的狼”，就只有一个过程“是”。可见，在这种只有一个语法单位充当谓体的小句中，时相的逻辑意义是隐性的。

（107）这是两只饥饿的狼。（莫言《生死疲劳》）

但是，汉语是复杂的语言，其谓体在实际语篇中也并非仅由一个语法单位充当。第一种情况就是汉语界所说的“述补结构”，该结构包括了谓体与谓体延长成分，两者作为一个整体表达过程，如“看清楚”“讲明白”等都是“述补结构”，“看”与“讲”作为过程时，“清楚”与“明白”则都是过程延长成分。对于此，Fawcett（2008）早就指出，英语小句中之所以出现延长成分，是因为主要动词不能单独完成过程的全部意义，延长成分可以使过程意义更加完整。同理，汉语的谓体有时也不能完全表达过程意义，因此就出现了一些成分来补充一些意义，以完整地表达过程意义，这些成分在汉语界被称为补语。补语是动词或形容词后的补充说明成分，有的补语与主要动词结合紧密，如“看清楚”，有的不但结合紧密，还必须要加上“了”，如“糊涂透了”，有的要用“得”或者“不”将主要动词与补语分开，如“听得见”“听不见”，从而构成可能补语，还有一部分只能在述语与补语之间加上“得”才能成立，如“感动得热泪盈眶”。从意义上看，所有的补语都是这种“述补”结构的重心，依据意义可以分为结果补语、可能补语与趋向补语，其中的结果补语就是指动词或形容词跟在动词后表示动作行为的结果，趋向词充任的补语则是趋向补语，一些结果补语或趋向补语的结构中能够插入“得”或“不”则表示有无能力实现动作的结果或趋向，即可能补语，而有一部分结果补语和趋向补语表现出了虚化特点，有的甚至成为体标记（房玉清，2008）。如“掉”“着（zháo）”“上”“上来”“下”“下来”“起”“起来”“到”等都具有一定的虚化程度。由于时相源于词汇意义，因此下文仅就词汇意义较为明显的结构进行分析，如（108）中的“说清楚”与（109）中的“哭肿”。朱德熙（1982）指出，补语是在动词之后的谓词性成分，具有对主要“谓语”动词进行补充的作用，用于表示动作的结果或状态。由于（108）与（109）中的“清楚”与“肿”都是前面动作的结果，因此可视为结果补语，构成“述补结构”。该结构具有整体性，即不可分离的特点，因此“说清楚”中的“说”与“清楚”不能分开，它们作为一个整体表达过程，“哭肿”中的“哭”与“肿”不能分开，其作为一个整体表达，“清楚”与“肿”都是前面动词造成的结果状态。因此结果补语本身具有状态意义。因此，我们认为这种结构表达的是复合时相，一般是“动作”与“状态”的复合，类似的结构还有“打扫干净”“打听明白”“考虑成熟”“染红”等。总之，从句法上看，这类结构包含了谓体与谓体延长成分，两者都是过程意义表达中必需的成分，缺一不可，因此两者处于并列关系；从逻辑语义看，这类结构包含了两种时相，即动作与状态，动作是原因，状态是结果，但意义中心重在结果，因此状态是对动作的进一步延伸和补充，构成延展关系。

（108）这个问题先说清楚。（CCL）

（109）我们奶奶昨天哭了一晚上，眼睛都哭肿了。（同上）

另外，有时汉语的小句中会出现多个词语共同体现过程的情况，如（110）由“悲叹揭穿甚至诅咒”三个并列动词共同体现小句的话语过程。从词汇意义看，从悲叹到诅咒这是参与者情感的负面程度的不断加深；从时相角度看，“悲叹”表达活动，“揭穿”表达终结，“诅咒”表达活动，三个时相复合在一起，从活动再到活动，这与词汇意义本身同样呈现增强趋势，因此该句三个时相通过并列关系复合在一起，表达的逻辑语义关系是增强关系。（111）中的“平凡而伟大”共同体现一个过程，“平凡”与“伟大”都表达状态，两个状态首先通过并列关系复合在一起。从词汇意义看，“平凡”是参与者的一种属性，“伟大”是另一个属性，两者分别从不同角度对参与者进行评价，两个状态复合在一起形成的是增强关系。（112）的过程由“开始”与“散发”共同体现，从而形成汉语的“开始+V”结构，陈明舒（2010）指出这种由动词“开始”与另外一个动词在一起形成的“开始+V”结构与“V+起来”一样，也表示起始义。依据该观点，（112）中的“开始”是动词，其结构的起始义主要来源于“开始”的词汇意义。何伟、付丽（2015）认为“开始”的词汇意义未完全虚化，是一种准语法手段。因此我们认为“开始”保留了部分词汇意义，具有一定的时相意义。（112）中的“开始”所表达的过程意义还较为笼统，需要“散发”具体阐释过程意义，从而完善该小句的过程意义，因此两者共同体现过程时，“开始+V”该类结构与 Halliday & Matthiessen（2014）所描述的动词词组复合体 begins to do 或 begins doing 类似，构成主从关系，其中的第二个动词是对第一个动词的具体阐释，因此表达阐释逻辑语义。总之，这些小句主要通过并列与主从关系连接形成，表达阐释与增强两种逻辑语义关系。

（110）许多文人骚客悲叹揭穿甚至诅咒人生的消极面。（胡壮麟等 2008：271）

（111）他的一生平凡而伟大。（CCL）

（112）我的断腿开始散发臭气。（莫言《生死疲劳》）

综上所述，时相在小句中的逻辑意义可能是隐性的，也可能是显性的。表达显性的逻辑意义时，形成复合情状，这主要通过并列关系与主从关系连接形成，表达阐释、延展、增强三种逻辑语义关系，如图 4－28 所示。

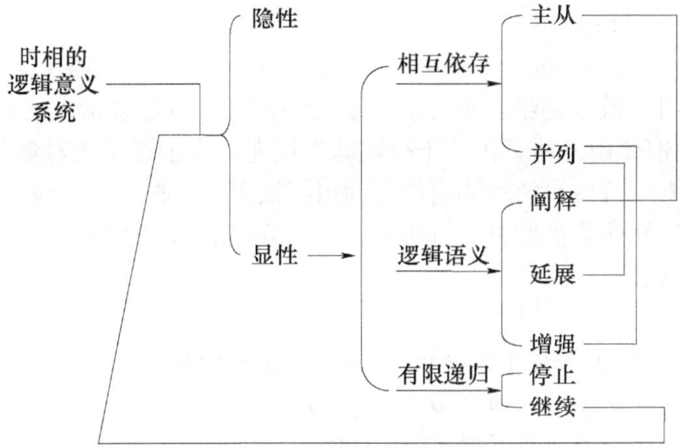

图 4－28　时相的逻辑意义

4.4.3　时相的人际意义

时相的意义来源于词汇本身，具有客观性，因此时相本身并不具有显性的人际意义。但是，汉语中体现时相的谓体本身可以表达人际意义，也就是说，本研究中的时相的人际意义主要是指谓体本身的人际意义。

汉语的谓体可以由不同类别的动词直接说明，还可由性质词组、名词词组、小句来填充（何伟等 2015），因为汉语中不但存在动词“谓语”句，还存在非动词“谓语”句，如形容词“谓语”句、名词“谓语”句、主谓“谓语”句（丁声树等 1999）。这些谓体具有评价意义。评价的中心是态度，态度可进一步细化，态度中的情感包括意愿性、愉悦性、满意性与安全性，其中的意愿性与愉悦性是中心，态度中的判断分为态势性、能力性、可靠性、真诚性与恰当性，其中的能力性与可靠性是中心，态度中的鉴赏包括反应性、构成性与估值性，其中的反应性为中心（彭宣维 2015）。如（113）～（116）的谓体由动词说明，谓体都表达了情感人际意义，其中（113）的谓体“希望”体现参与者的意愿性，（114）的谓体“庆祝”体现参与者“我们”的愉悦心情。（115）中的谓体“得到”体现了参与者“它”的能力性。（116）中的“撑着”与“关上”是参与者“金凯”的临时行为，通过这些行为表明金凯在交往中是一个可靠的人，从而体现了说话人（即叙述者）对金凯可靠性的认可。

（113）他们希望中国地方官吏不拒绝与外国公使领事往来。（CCL）

（114）在那（我们）庆祝我 16 岁生日。（同上）

（115）它第一个得到新草。（莫言《生死疲劳》）

（116）金凯推开后廊的门，给她撑着，然后跟在她后面走出去，轻轻关上

门。（彭宣维 2015：339）

性质词组、数量词组、小句填充小句谓体时，包含说话人的判断与鉴赏，如（117）的谓体由性质词组“十分暧昧”填充，表示说话人对参与者“立场”的反应性鉴赏。（118）的谓体由数量词组“很多”填充，表示说话人对“用熊胆治病的事”的估值性鉴赏。（119）由小句填充谓体，体现了说话人对参与者的反应性鉴赏。

（117）（她的）立场十分暧昧。（莫言《生死疲劳》）
（118）用熊胆治病的事很多。（同上）
（119）他的排长性格暴躁。（CCL）

可见，谓体表达丰富的人际意义，涉及情感、判断与鉴赏三大范畴，进一步讲，主要涉及情感上的意愿性与愉悦性、判断上的能力性与可靠性、鉴赏中的反应性与估值性。我们认为，正是由于谓体本身已经足以表达丰富的人际意义，因此时相的人际意义才被压制下去，这符合时相的客观性特质。

4.4.4 时相的语篇意义

对于时相的语篇功能，学界已有研究对此展开过讨论，一般涉及前景与背景（也称后景）两种功能。如 Chvany（1990：217－224）认为时相具有不同的突显度等级，呈现出从终结、实现、活动、惯常、状态依次下降的特征，如表 4－6 所示。前景化小句具有主动性、有界性、实现性或终结性，而背景化的小句通常是带有无定的参与者与持续性或状态性的动词。从叙述标准之内看，前景化涉及序列性、致使性、重要性，还涉及完整体与其他的高突显度特征。Wallace（1982：212）也持类似观点，他将语言范畴的突显度分为高突显度与低突显度两个类别，指出前景化的语篇、动作性动词都具有高突显度，背景化语篇、状态性动词都具有低突显度。基于 Chvany 与 Wallace 的观点，我们认为，时相也具有前景与背景功能，实现与终结类时相趋向于将小句背景化，状态时相趋向于将小句前景化，而且前景化小句具有高突显度这一特征，各类时相的前景化功能也随突显度的下降而下降，因此终结类时相的前景化功能最强，状态类时相不具有前景化功能，而是转为背景化功能，其他的时相居于两者之间。依据系统功能语言学的连续统思想，我们可以将时相的前景与背景功能视为一个连续统：完成类时相与状态类时相位于两端，而实现与活动居于两者之间，相比之下，实现更加靠近前景化，而活动更加靠近背景化，如图 4－29 所示。由于在这个连续统中，终结类与状态类最具有典型的语篇功能，因此下文就以此为例对时相的前景与背景功能进行说明。

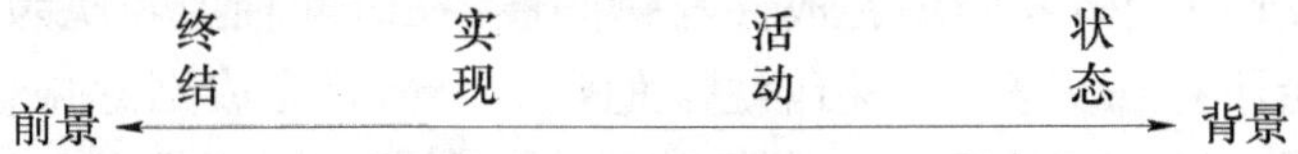

图 4－29　时相的语篇意义连续统

首先，在连续统一端的终结类时相的语义特征是［－静态］、［+时长］、［+完成］，可见该类时相是具有动态性与完成性，并且因占据一定时长具有了持续性。时相的这种完成性导致了下一个事件的引入，从而推动语篇的发展，反映出该类时相的一种前景功能，由于事件往往按照时间顺序向前发展，因此这类前景功能是顺序性的。如（120）中①由于“爬”与“起来”的共同作用，小句的时相由活动类迁移为终结类，②中的“抱”与“住”共同作用，小句的时相也由活动类迁移为终结类，同理，③与④ 中的“搬离”与“按在”也都使得小句的时相由活动类迁移为终结类。正因每个小句中出现了具有完成性的终结类情状，才使得每一个小句表达的事件具有了完成性，一旦前面一个事件完成，后面的情状就按照时间顺序出现，从而不断引出新的事件，最终推动了语篇向前发展。

其次，在连续统的另外一端，状态类时相的语义特征可概括为［+静态］、［+时长］、［－完成］，可见该类时相具有静态性与持续性，但并不具有终结点。该类时相一般从多角度对语篇进行描述与铺垫，具有背景功能。如（121）的①句中的“赤”表明了该句中参与者的现行状态，②～⑥都是对周围环境的具体描写，为后文语篇提供了环境信息。

（120）① 我爬起来，② 从后边抱住他的腰，③ 将他的脚搬离地面，④ 将他按在地上。（莫言《生死疲劳》）

（121）① 我赤着脚，② 地面凉森森的，③ 但并不冷。④ 院子里月光更浓，⑤ 那棵大杏树银光闪闪，⑥ 地上有一片暗淡的树影。（同上）

表 4－6　　时相的突显度

例　　句	情状类型	突显度
He reached the summit/drew a circle	终结	4
She arrived/he fainted	事件/实现	3
I was working	活动	2
They worked at MIT	习惯	1
Boris knew Ivan	状态	0

与体相同，时相的背景与前景功能并非绝对地一一对应。以实现类时相来说，因为实现类时相本身强调完成性与瞬间性，在时间轴上表现为一个终结点，这个终结点上不存在更多的时相信息，但是一个情状完成则意味着经历开始与中间过程阶段，因此有时语篇中就会出现对实现类时相完成点之前的阶段进行的细节介绍（Wu 2010），如（122）中的“抵达”表示实现类时相，虽然“抵达”是指一个终结点，由于具有瞬时性而不具备太多信息，但是该语篇中的②～④都是对这个实现时相出现以前的准备阶段所做出的详细描述，因此是实现时相本身具有的结果性质蕴涵了一个动作的发展过程，才使得其他信息可以作为背景信息跟在其后，实现时相因此具有了引入背景信息的功能。诸如此类的还有“死”“赢”等，因为一个人或动物在“死”最终实现之前，都需要经历疾病或一个受伤过程，在最终“赢”之前，也都需要准备阶段与练习阶段，也就是说，虽然实现类时相本身不强调这些前期准备过程，但在语篇中实现的准备过程有时会通过增加语篇信息而体现出来，通过表达这个准备阶段，实现时相具备了提供背景信息的功能。

（122）① 他终于抵达了这次铁人三项的终点。② 他在水里被水母叮咬，③ 路跑时被狗追，④ 他都咬牙撑过来了。（Wu 2010：76）

综上所述，时相具有语篇功能，其表达的语篇意义具有连续性，形成一个连续统。终结类时相主要承担前景功能，而状态类时相具有背景功能，两者位于连续统的两端，在这个连续统内，活动类与实现类时相居于两者之间。

4.5 结语

本章主要基于元功能维度“自上至下”俯视汉语的时间系统，具体阐述了时态、体与时相的潜势意义，包括概念意义、人际意义与语篇意义。

首先探讨的是时态的潜势意义。时态的经验意义反映的是过程在时间轴上的时间定位，通过定位过程，参与者与环境成分也被间接地定位于过程所在的时域里。时态的人际意义主要体现为构建的人际关系，是说话人与受话人通过求取与给予来交换现在、过去与将来这三个时域信息。时态的逻辑意义则主要涉及并列与主从两种相互依赖关系以及增强、延展与投射三种逻辑语义关系。时态可以连贯并发展语篇，时态的这种功能建立在说话者对单一过程进行时间定位以及构建多个过程之间的时间关系基础上，主要体现为时态在语篇层次上建构的线性时态序列关系与同步时态序列关系，前者可分为前进式与后退式两个类别。

然后探讨的是体的潜势意义。体的经验意义主要表现在说话人对过程的不同观察方式上，依据这些观察方式，体表现出两大类经验意义，即完整与非完整意义，在精密度阶上，完整意义又次系统化为包括开始、完成、经历与将行意义，非完整意义次系统化为惯常、进行、持续、继续意义；体的人际意义与时态类似，不但建构人际关系，还衍生情态意义，但与时态不同的是，在人际关系建构中，通过体所涉及的交换信息不是时域信息，而是有关过程所处不同阶段的信息。在情态意义中，虽然也分为情态与意态，但情态中的频率较为复杂，包含了一次性、多次性与惯常性，意态也主要涉及意愿性；体的逻辑意义主要是指主从增强关系，这种关系可进一步分为开始性增强、延续性增强与终结性增强；体的语篇意义主要包括前景与背景两种功能，一般意义上讲，完整体主要承担前景功能，非完整体承担背景功能。

最后探讨的是时相的潜势意义。时相的经验意义主要体现在过程内，在时间结构的分类以及参与者与环境成分在时相形成过程中的合成作用上，其中过程内在时间结构的类型决定了小句层次上时相的分类。当动词充当谓体时，时相可以分为活动、状态、终结、实现，而当其他非动词充当谓体时时相则可以分为恒定性状态、暂时性状态与实现。参与者对时相的影响主要在于补语的单复数对动词情状的直接影响，发生作用时，［完成］这一语义特征会发生改变，环境成分的功能在于改变［时长］与［完成］两种语义特征，参与者致使情状发生迁移。从人际意义看，由于时相是情状本身固有的内部结构，具有客观性，不涉及主观性，因此时相的这种固有属性与人际意义体现出的主观性产生冲突对立，故而时相也就无法表达人际意义。或者说，与时相联系密切的谓体，其词汇本身就蕴涵了丰富的人际意义，因此时相的人际意义便被由谓体词汇本身蕴涵的人际意义而压制，从而呈现出隐性特征，谓体词汇蕴涵的人际意义主要涉及情感上的意愿性与愉悦性、判断上的能力性与可靠性、鉴赏中的反应性与估值性等。时相的逻辑意义可以是隐性的，也可以是显性的。表达显性的逻辑意义时，形成复合时相，主要通过并列关系与主从关系连接形成，表达阐释、延展、增强三种逻辑语义关系。就时相的语篇功能来看，时相中的终结类主要承担前景功能，而状态类具有背景功能，两者位于连续统的两端，在这个连续统内，活动类与实现类的时相居于两者之间。

第5章

现代汉语时间系统的体现形式

5.1 引言

本章基于层次维度“自下至上”描述时间系统的体现形式。我们首先依据系统功能语言学的连续统思想确立一个包括语法形式、准语法形式、词汇形式的连续统，然后确立判断时间系统体现形式归属类别的标准。基于连续统的分类与划分标准，最后分别对时态的体现形式、体的体现形式与时相的体现形式进行分析。

5.2 体现形式的连续统

关于时间系统的体现形式，学界著述颇丰。综观这些研究，学界一般将体现形式分为词汇手段与语法手段这两个截然不同的类型。如龚千炎（1995）指出，汉语的时间系统既包括词汇因素，也包括语法因素，其中时相属于词汇范畴，体属于语法范畴，表达时态意义时多使用词汇手段，有时也使用语法手段。同样，李铁根（2002：6）也认为，时态既可以由词汇手段表达，又可以由语法手段表达，词汇手段如时间名词、时间副词、表时间的方位短语、介词短语以及某些特定句式，语法手段如“了”“着”“过”“来着”等，两种手段有时还相互配合表达时态意义。可见，上述研究都将时间系统或时态的体现形式分成了词汇形式与语法形式两个类别。从两种形式的特征看，这两种形式分别属于系统功能语言学所说的连续统内的词汇与语法端，但遗憾的是，他们并没有意识到这些形式的连续性。

体现形式的连续性主要是指在词汇语法层上，所有的形式共同构成一个连续统，其中每一类形式都具有各自的特点，且在连续统内渐变分布。在本研究看来，这种连续性特征反映的正是系统功能语言学的连续统思想。系统功能语言学指出，对于一个语言建筑来说，意义需要通过词汇语法层上的语法手段、准语法手段与词汇手段共同建构，如果仅仅依靠词汇手段建构意义，那么就会造成一种语言会需要更多的词汇去表达，这就意味着语言就不可能被看作一个系统，也不可能发展为一个语篇。因此，在语言中，必然存在语法手段与词汇手段，两者分别位于一个连续统的两端，同为体现意义的资源。另外，在这个连续统内还存在介于词汇与语法之间的第三种形式即准语法手段，准语法手段兼有语法手段与词汇手段的特点，如 Halliday & Matthiessen（2004：5）指出的，英语中的介词、时间副词以及各种类型的连接词都可归为准语法手段。总之，在系统功能语言学看来，语法手段、准语法手段与词汇手段这三种形式构成了一个词汇－语法连续统，这是词汇语法层上语言的并协互补性的具体体现，是语言的根本性质（Halliday 2008）。换言之，按照连续统思想将时间体现形式进行分类能够反映语言的性质。

词汇语法层的连续统被 Hopper & Traugott（1993：6－7）应用于语法化连续统研究中，并指出 cline 包含了历时与共时两种意义：从历时角度看，cline 是指语言形式进化的自然路径；从共时角度看，cline 可以视为一端是语法手段、另一端是词汇手段的连续统。这个语法化连续统可表示为实词＞语法词＞黏着语素＞屈折词缀，从左至右语法化程度越来越高，而词汇化程度越来越低。由此可见，系统功能语言学中的词汇－语法连续统主要涉及共时角度，而且语法化程度在连续统内由词汇手段至语法化手段逐渐升高。

正是基于连续统这一思想，系统功能语言学学者对英汉语时间系统的体现形式的研究都倾向于将体现形式分为语法手段、准语法手段与词汇手段。如何伟（2009a）指出，英语中存在多种表示时间意义的语言手段，时态与语法体（即体）是语法手段，而狭义的词汇体（即时相）是词汇手段，在其构建的英语时体系统内还存在时相，时相由 begin to do、stop doing、cease to do 等体现，其中的 begin、stop、cease 等在一定意义上还是词汇动词，但应看成是助动词，因此是半语法化标记形式，也就是本研究中所说的准语法形式。这样一来，英语中体的体现形式就被分为语法、词汇与准语法化手段。鞠志勤（2015）在对体的体现形式分类时，也采用了这种连续性分类方式，将体的体现形式分为这三种类型。何伟、吕怡（2015）在对汉语时态的体现形式进行描述时，也持有类似观点，指出：有标记时态的体现形式存在语法手段、准语法手段与词汇手段，其中的语法手段是虚化程度较高的时态助词，准语法手段是丧失了一定的词汇意义、正在虚化的能够表达时间意义的一些时间副词，词汇手段就是表达时间意义的时间名词、方位名词、时间短语、方位短语、介词短语等。何伟、付丽（2015）直接依据这些体现形式的性质特点将汉语的体分为语法体、准语法体与词汇体。相比之下，其他研究并没有将这些体现形式置于连续统内，但也在一定程度上承认了连续统两端形式的存在。如龚千炎（1995）认为，汉语时间系统的三个构成部分中的时相属于词汇范畴，体属于语法范畴，而时态多使用词汇手段，但也使用语法手段。李铁根（2002）指出，汉语的时态既可以由词汇手段表达，也可以由语法手段表达，前者如时间名词、时间副词、表时间的方位短语、介词短语以及某些特定句式等，后者如用“了”“着”“过”“来着”等，有时两种手段会相互配合表达时态意义。基于以上研究，我们认为体现时间意义的形式应至少分为语法形式与词汇形式，依据连续统思想与语法化思想，有一些词汇形式正处于语法化过程中，在连续统内兼有语法形式与词汇形式两者的特点，即准语法形式。由于人类语言的时－情态－体三个范畴在语言编码上总体而言没有明显界限，这尤其表现在类似汉语的孤立语中（Dahl 1985）。换句话说，我们可以从宏观上将汉语时间系统的体现形式作为一个整体进行分类，即将汉语时间系统的体现形式分为语法形式、准语法形式与词汇形式，如图 5－1 所示。

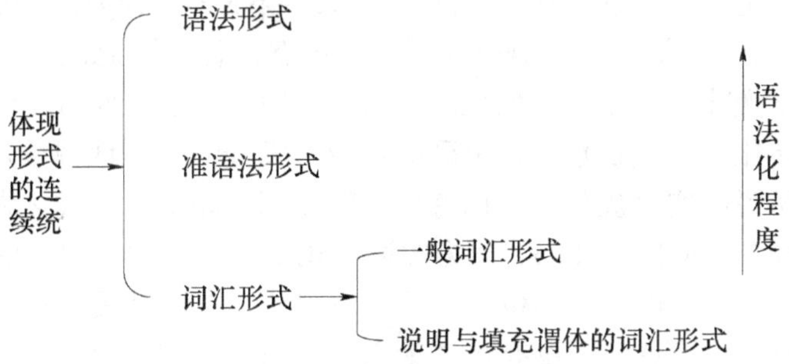

图 5－1　体现形式的连续统

需要指出的是，词汇形式应进一步分为一般的词汇形式与用于说明或填充谓体的词汇形式，这是因为：一般的词汇形式即学界以往论及的时态的词汇形式，包括时间副词、时间名词等，如“今天”“明天”“即将”“马上”“曾经”。然而，对于时相来说，其体现形式虽然也属于词汇手段，但与时态的体现形式有所差别。如 Smith（1994：107）指出汉语的时相由动词结构及其论元表达。尚新（2004）认为动词是表达时相意义的核心。Smith 与尚新的观点强调了动词这一词汇手段的重要性，但这仅适用于动词“谓语”句。汉语中还存在非动词“谓语”句，除动词外，其他语法单位也可以说明汉语小句的谓体，也就是说，汉语小句中表达时相意义的核心不限于动词，将时相的主要体现形式仅限于动词也就不准确。我们认为，更准确地说，汉语的时相应该是由说明或填充谓体的词汇形式体现。如（1）中的“有”是动词，表示状态意义，

（2）中的“山东人”是名词词组，也表示状态意义。这两句的时相意义主要由说明谓体的动词与填充谓体的名词词组体现出来，这些形式均位于词汇语法层的连续统内的词汇端上，属于词汇手段。可见，从时态与时相的角度来说，我们将词汇形式分为两个子类别是符合汉语的语言现实的。

（1）闽江上游的南平地区有7个县市。（语料库在线）

（2）杜锡才，山东人。（同上）

5.3 体现形式的划分标准

既然体现时间意义的形式都存在于一个连续统内，且这些体现形式的语法化程度不同。那么，我们应该可以基于语法化程度对这些形式进行区分。首先要明确什么是语法化程度，这需要从学界对于语法化的定义谈起。

语法化就是指在语言语境中的一些词汇形式与结构具有语法功能的过程，一旦语法化发生，就会承担新的语法功能（Hopper & Traugott 1993）。储泽祥、谢晓明（2002：5）指出，汉语中并不存在形态变化，因此汉语语法化的主要内容不是形态变化，而是实词虚化。沈家煊（1994）也认为语法化是指具有实在意义的词转化为无实在意义、表语法功能的成分的过程或现象，也就是中国传统语言学所说的实词虚化，虚化有程度的差别，如实词可虚化为虚词，虚词变为更虚的成分。刘坚（2005）认为实词虚化是指一个词汇单位的词汇意义发生弱化或完全丧失，由词汇单位变成了语法单位，实词是具有实实在在意义的词，而虚词没有词汇意义而仅有语法意义并在语句中起到一定的语法作用。可见，汉语的语法化程度主要是指实词意义的虚化程度。

正是基于以上原因，汉语学界在对时态与体的体现形式进行分类时，通常依据意义虚化程度来判别体现形式的性质。如龚千炎（1995）依据意义虚化程度的高低，将表达体意义的助词分为“时态助词”与“准时态助词”，前者如“着”“了”“过”，这些助词已经成为纯语法标记，虚化得最彻底。后者如“起来”“下去”，这些助词虚化程度不如“了”“着”“过”高，有时仍然具有表示趋向的实际词汇意义，属于趋向动词。再如，何伟、吕怡（2015）认为语法手段是虚化程度较高的时态助词，准语法手段是丧失了一定的词汇意义、正在虚化的能够表达时间意义的一些时间副词，词汇手段就是表达时间意义的时间名词、方位名词、时间短语、方位短语、介词短语等。

需要指出的是，语法化的范围比意义虚化要广（沈家煊 1994），因此语法化程度的评判并不能仅限于一个意义标准。诸多研究也表明，除语义标准外，语法结构及语音等也是评判语法化程度的重要标准之一。如梅祖麟（1998）认为，没有完全虚化的实词可以与同义词互换。这说明可以用词汇之间是否能够互换来测量某个语言成分的语法化程度。Heine & Kuteva（2007：34）认为语法化涉及四个参数，即扩展（extension）、去语义化（desemanticization）、去范畴化（decategorialization）与语音消减（erosion），扩展是指表达手段在新的语境中产生新的语法意义，去语义化是指意义的消亡，去范畴化是指词汇手段或其他语法化的形式失去原来具有的形态句法属性，如失去作为自由形式的地位而更加依赖其他形式等，语音消减则是指语音的弱化。吴福祥（2006：25－26）的观点与之颇为相似，并对于这些方面进行了细化。他将语法化程度与语义－语用、形态－句法、语音－音系三个方面联系起来。

语义－语用

抽象性逐渐增加：具体义＞较少抽象义＞更多抽象义

主观性逐渐增加：客观性＞较少主观性＞更多主观性

形态－句法

黏着性逐渐增加：自由＞较少黏着＞较多黏着

强制性逐渐增加：可选性＞较少强制性＞强制性

范畴特征逐渐减少：多范畴特征＞较少范畴特征＞完全丧失范畴特征

语音－音系

音系形式的逐渐减少或弱化：完整的音系形式＞弱化的音系形式

沈家煊（1994）也提出了 5 个判断标准：（1）与人有关的低于与人无关的；（2）表空间的语法成分是语法成分中虚化程度最低的；（3）空间低于时间，时间低于原因、方式等；（4）特殊低于一般；（5）与名词有关的低于与小句有关的。并且他指出这些标准只是大概，至于还有哪一些标准或标准是否准确，都有待进一步研究。这说明，虽然目前学界已经存在一些标准可以依据，但还不能说哪一些标准更加全面或准确。

本研究是在系统功能语言学视角下对时间意义体现形式进行划分，因此在选择评测语法化程度的标准时，我们主要基于系统功能语言学的主要思想进行。系统功能语言学认为语言具有层次性，因此我们从语言的音系、词汇－语法、语义及语言系统之外的语境这四个层次分别对时间意义体现形式进行语法化程度的判断并对其进行归类。鞠志勤（2015）在对体的体标记进行语法化程度测评时就给出了一个反映语言层次性的标准，如图 5－2 所示。在音系层面，体标记会从完整的语音形式弱化为轻声，在词汇－语法层面，存在范畴残留与强制性两个次标准。范畴残留是衡量去范畴化的结果，去范畴化是指词类从开放到封闭、从自由到黏着的演化趋势。已经虚化的词类还可以进一步虚化，语法化程度低的体标记会发生在实词与仍具有某些实在意义的范畴之间，语法化程度高的体标记可能出现高度虚化，可能会发生在较低级别的词类与更低级别的词类之间。汉语的体标记不具有强制性，但对于语法化程度较高的体标记而言，在典型环境下的使用具有相对的强制性。在语义层面，体标记的语法化过程就是一个去动态性的过程，体标记在语法化过程中，实词原有的语义残留会随着语法程度的提高而减少；在语境层面，体标记首先经历主观化过程，体标记的主观化程度越高，语言编码就越少，听话人理解话语时就越需要依赖语境。

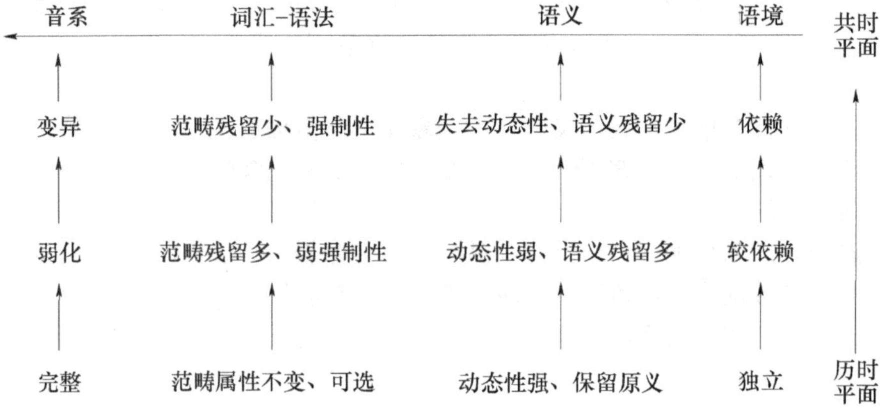

图 5-2　评测体标记语法化程度的标准①

在这个模式下，可以从语言的不同层次对体标记的语法化程度进行评测。由于体标记也表达时态意义（何伟 2010），因此这个模式也适用于时态的体现形式。但是，对于体的体现形式而言，学界公认汉语的体标记与时态标记不具有强制性，如果只因一些特定情况显示出了一定的不可替代性，这并不意味在词汇语法层上可以采用强制性这个参数对整个时间意义体现形式系统进行评测。比如说，用强制性这个参数评测（3），该小句中并没有任何的明显体现时态意义和体意义的形式，但其整个小句体现了现在时意义与状态意义，但当表达过去时态意义时，我们往往需要加上“以前”“曾经”等明确表示时间意义的词语，因此在（3a）中不存在强制性或不强制性的体现形式，（3a’）中的“曾经”与“以前”都可以互相替换，因此也不存在强制性。在汉语中这样的情况很多，像“是”字句或非动词“谓语”句中都不存在明显的体现形式，也就无所谓强制或不强制，可见所谓的强制性，或者相对的强制性在评测时是一个不具有普遍适用性的参数，因此是无效的。

① 该图引自鞠志勤（2015：135）。

（3）a. 我是老师。（CCL）

a'. 我以前/曾经是老师。

在词汇语法层上，这个模式中的“范畴残留”主要是指自由还是黏着，也就是主要是看体现形式的黏着度。但是，时体的体现形式大都源于动词（张国宪 1998），也就是说，范畴残留主要是指动词范畴特征的残留，是看体现形式是否经历了从自由到黏着的过程，看其在现代汉语中是否具有黏着性，但是值得注意的是，汉语并非形态语言，动词不具有形态变化，因此有时在黏着性方面并不如英语那样明显。关于动词范畴的特征，李临定（1990）指出了汉语动词具有的一些特点，如在语义上表示动作、行为、变化、状态、关系等，在句法上占据中心地位，其他成分如主语、“宾语”、状语都是围绕动词起作用，动词前后可加上“在”“要”“了”等表示时、体与量。刘月华等（2001/2014）总结了大多数动词的语法特征：主要作“谓语”；加“不”或“没”表示否定；后可加“了”“着”“过”；可带“宾语”。房玉清（2008）将动词的特点概括为 6 条：可受“不”修饰，但大多数不受“很”修饰；都能做“谓语”；都能以“V 不 V”的形式表示疑问；大多数能在后加上“了”“着”“起来”等；一般都能带“宾语”或类似“宾语”的名词性成分；大多数动作动词都能重叠使用。可见，判断汉语时体体现形式的语法化程度，还需结合汉语实际，不但要考虑其黏着性，还要考虑其句法上的特点。

另外一个参数即动态性也无效。因为时间系统的体现形式无非就是体现时间意义，而时间意义识解的是人类的时间经验，与动态性没有关系，如当“起来”“下去”在体现时间意义时主要表达的是动作开始和继续，根本无法判断其动态性是强还是弱。

综上所述，我们认为可以从音系、词汇－语法、语义三个语言层次判断体现形式的语法化程度的高低。对于位于连续统两端的语法化手段与词汇手段，可以从音系层面看体现形式的发音是重音还是弱化，从词汇－语法层看体现形式是否具有原有的范畴特征，即黏着度与动词范畴特征，从语义层看体现形式具有的词汇本身的意义是否已经虚化为其他意义。除去这两种体现形式外，在三个语言层次上呈现出兼具两个极端特征的体现形式就是语法化程度居中的准语法化手段。由于系统功能语言学以意义为中心，因此我们认为，在对体现形式进行分类时，语义标准是最为核心的标准，其他两种标准居于辅助地位。

下文将依据以上三个标准，基于学界在时态、体与时相的体现形式方面的研究成果，通过举例分析的方法，对其中较为典型的体现形式进行历时与共时阐释。

5.4 时态的体现形式

汉语的时态并非是一个语法化的范畴，其时间参照依赖的不是动词的语法形式而是语境或具有时间定位功能的副词或副词短语（Meisterernst 2015：39），因此如龚千炎（1995）所说，汉语时态的体现形式是词汇手段。换言之，词汇形式是时态最主要的体现形式。词汇形式是没有经历语法化过程、完全承担语义负荷的词语，其表达的时间意义来源于词汇本身的意义。正因如此，词汇形式也就没有像语法形式一样经历去语义化、去范畴化以及语音弱化等过程。依据连续统思想，表达时体意义的词汇形式具有开放性、具体性的特征。基于此，下文在对词汇形式进行论述时，主要从共时角度看词汇形式所表达的意义是否与时体意义相关，不涉及历时考察与其他语法化标准。

那么体现时态的词汇形式包括什么呢？事实上，吕叔湘（1942/1956）早就注意到了汉语中表达时态手段的词汇形式。他将汉语时态分为基点时、基点前时与基点后时这三种，基点又可分为绝对基点与相对基点，汉语中的时间词表示这三时。“现在”“此刻”“如今”“这会子”等表示绝对基点时，“这时候”“那时候”“当时”“那时”等表示相对基点时，“前”“后”等表示相对基点前时与相对基点后时，“从前”“当初”“方才”“昔日”等都表示绝对基点前，“以前”“早先”等表示相对基点前时，“将来”“改日”“明儿”“日后”等表示绝对基点后时，“第二日”“后来”等表示相对基点后时，可见时间词是时态的主要体现形式。后来龚千炎（1995）对整个汉语时间系统的体现形式进行了论述，指出汉语的“时制”由时间词语表达，“时态”由虚化的“时态”助词、半虚化的准“时态”助词以及“时态”副词表达，“谓语”动词是决定“时相”的主要因素。房玉清（2008）也认为汉语的动词没有形态变化，时间不能由动词本身表达，而是由副词、时间词语或上下文表示，其中的时间副词则主要跟动态助词配合，表示动作是否将要发生还是已经实现，状态仍在持续还是已经终止，动作是突发还是缓慢的，是经常的还是偶然的，而时间词语主要表示动作和事情发生的具体时间。我们对时态与体定义时指出，汉语的时态具有对过程进行时间定位的功能，也就是表示动作和事情发生的时间，体是对过程的观察方式，其观察的结果就是过程处于未然还是已然，是持续还是进行，是惯常的还是一次性的，是开始的还是完成的。可见，房玉清（2008）的观点是副词主要表达体意义，时间词语主要表达时态意义。但实际上，一些时间副词仍然能够非常明显地对过程进行定位，也就具有能够直接表达时态意义的能力，“他曾经是一个老师”中的“曾经”是时间副词，能够单独表达过去时态意义，“他马上成为一名教师”中的“马上”作为时间副词也能够表达将来时态意义。综上所述，我们可以将汉语时间系统的词汇体现形式归为三类：时间副词、其他时间词语与小句的谓体，其中时间副词与其他时间词语主要表达时态意义，小句的谓体主要表达时相。

由于词汇形式具有开放性，数量庞大，我们不可能穷尽所有的词汇形式，因此本研究中仅探讨以往研究中经常涉及的典型性的词汇形式。

5.4.1　时间副词

对于时间副词的具体数量，学界尚无定论。如陆俭明、马真（1999）认为时间副词总计约 130 个左右，而据张谊生（2000：21）统计，现代汉语中的时间副词约 84 个，如下：

正、便、才、刚、已、在、就、永、将、曾、要、先、初、从、顿、乍、快、即、且、暂、时、本、姑、久、方、突、都、马上、顷刻、顿时、稍倾、立刻、永远、登时、然后、旋即、然而、早就、暂且、已经、曾经、早已、将要、行将、新近、一向、一直、起先、起初、向来、历来、从来、随即、终于、业已、迟早、早晚、霎时、刚刚、猛然、陡然、老早、原来、当即、正在、立即、立时、即刻、快要、从此、先后、平时、应时、自来、至今、随后、将次、就要、仍然、仍旧、一朝、一度、一旦、早早

学界对时间副词的研究表明，时间副词不但表达时态意义，还表达体意义。如黎锦熙（1924/1998）指出时间副词可表达时态意义，他按照时间副词的表时特点将它分为过去时、现在时、未来时、不定时四种类型，于秀金、金立鑫（2015）也认为时间副词表达时态与体意义。陆俭明、马真（1999：98）将时间副词依据时态与体意义分为两个类别，认为存在 130 个时间副词，约占副词的 30%左右，可分为 27 个定时时间副词与 104 个不定时时间副词（详见附录）。27 个定时时间副词“重在时，不在态”，依据其表达的时态意义可分为去时、来时与在时三大类别，表示去时的定时时间副词可以分为 5 类：“曾经”“曾”表示某种行为动作或情况在说话之前存在或发生过；“业已”“业经”表示某种行为动作或情况在说话之前已经完成或出现；“一直”表示某种状态或情况从过去到说话时为止一直是这样；“终于”“毕竟”“到底”表示所预料、期望或肯定要发生的情况，在经历了一个过程之后，在说话之前的某时最终发生；“一度”表示某种行为动作或情况只是在说话之前的某一时间里进行或发生过。表示在时的定时时间副词是“至今”，表示某事情、现象到说话时还这样。表示来时的定时时间副词分为 3 类：“早日”“及早”“趁早”表示说话人希望某种行为动作或情况在说话之后尽快进行、完成或发生；“终将”“终久”“总归”“终归”“必将”“迟早”“早晚”表示某种行为动作或情况虽不会马上发生、进

行或完成，但是最后一定会发生、进行或完成；“先行”表示某种行为动作或事情将要先于其他动作或事情而进行。27 个定时时间副词表达时态意义，也同样表达体意义，如（4）中不存在任何语法形式表达体意义，但是整个小句仍然表达完成意义，这是因为其中的“业已”不但可以表示“形成”这个过程发生在过去时域中，还表示这个过程已经完成，属于完成体。（5）表达将来未发生的事情，也蕴涵了一种未然意义，即将行体。该句中的成分除了参与者“房子”与“你的（房子）”、过程“是”，剩下的成分只有表示时间的环境成分“迟早”。由于参与者表达事物，过程表达事件意义，可见该句的未然意义只能由“迟早”来表达，因此“迟早”表达将行体意义。

（4）产品或服务有一定的差异化或领先优势，业已形成一定范围的品牌黏性。（CCL）

（5）房子迟早是你的。（同上）

其余的 104 个不定时时间副词“重在态，不在时”。依据不定时时间副词所表示的“态”的不同，可将其分为 18 小类，可以看出，这 18 类时间副词分别表示 18 类体意义。但我们认为，这存在两个方面的问题。首先，该研究忽略了时间副词“已经”“即将”“将要”“刚刚”“刚才”表达的时态意义，只将其视为体意义的体现形式。但是，这些时间副词在语篇中确实具有表时态的功能，如（6）中的“将要”表示“检验”在未来某一时间发生，表达将来时态意义，（7）中的“刚刚”表示“刊登”发生在过去某一个时域里，表达过去时态意义。其次，目前学界对体的分类一般只涉及表 “已然”“未然”“进行”“短时”“常偶”“延续”的时间副词，而表“先后”“兼表永常”“同时”的时间副词看上去与时态意义更加接近。

（6）我们将要检验资本的机会成本效应。（CCL）

（7）文章刚刚刊登完，读者反应如何目前还不清楚。（同上）

因此，无论定时时间副词，还是不定时时间副词，都可能既表达时态意义又表达体意义，也就是说，时间副词表达的意义与时间副词是有定时间副词还是无定时间副词没有对应性关系。张谊生（2004：172）对这个问题作出了较为详细与合理的解释。他将时间副词分为表频副词、表时副词与表序副词。表频副词是指单位时间内发生的交替变化和次数频率，如“总是”“总”“老”“老是”“往往”“不断”“一向”“常常”等。表时副词是指事件在时轴一维性中的长短先后和过程状态。他指出，现代汉语副词的语法化程度不高，在很大程度上，其表达的时态与体意义还不能算是严格意义上的范畴义或语法义，还只是一种词汇意义与语法意义的混合体，所以汉语的表时副词大多既表达时态意义又表达体意义，只是各有不同的语义侧重，有的以表示时态意义为主，兼顾体意义，有的则以表示体意义为主，兼顾时态意义。依据表示事件所涉及的具有指示性的具体时间，或表示事件在特定时间内的进程或性状的变化，表时副词分为“时制”副词与“时体”副词，“时制”副词又分成了时点与时段，“时体”副词分为有定与无定两个类别。

除了表时副词可表达时体意义外，我们认为表频副词与陆俭明、马真（1999）所归类的表达过去时态的与兼表永常的一部分时间副词相当，也可以表达时体意义。我们认为，不但表时副词可以表达时态与体意义，表频副词也可以表达这两种时间意义。如（8）中的“一向”是指将“乐观”定位在过去直到现在的时域里，是“我”一直以来的性格特点，具有惯常性，即表达惯常体意义。（9）中的“总是”将“逢迎上峰”“唱高调”定位在了过去时域，一直到现在，表示“他们”长期的特点，带有惯常性，即表达惯常体意义。

（8）我一向乐观，没哪件事难得倒我。（CCL）
（9）他们总是逢迎上峰的意旨，唱高调。（同上）

基于对以上研究的分析可知，准确地讲，能够表达时态与体意义的时间副词是表时副词与表频副词两类时间副词，其中的表时副词主要表达的是时态意义，体意义并非表时副词的主要功能，而表频副词则主要突显体意义，时态意义被压制，甚至呈隐性。因此，主要表达时态的副词是表时副词。我们同意张谊生（2004）的分类方法，将表时副词进一步分为时态副词与时体副词，时态副词又分成了时点与时段，时体副词可再进一步分为有定与无定两个类别。

5.4.2　其他时间词语

除了时间副词，汉语中还存在一些其他的时间词语也可以表达时态意义。龚千炎（1995）将这些时间词语分为时间名词、方位名词、时间短语、方位短语、介词短语等，将其统称为“时间词语”。可见，龚文中的“时间词语”没有包括时间副词。陆俭明（1991）将这些时间词语称为“时间词”，指出这些手段是表示时间的词语，包括表示时量的词语，如“一天”“一年”“三个月”“一会儿”“一分钟”“一个星期”；还包括时间名词，如“今天”“明天”“过去”“未来”“从前”“星期一”“上月”“下星期”“刚才”；也包括表示年份、月份、日期的词语，如“一九九〇年”“光绪六年”“正月”“三月”“初一”“初二”

等；同时包括表时间的方位词语，如“以前”“以后”“会前”“放学后”“两年前”等。除此之外，由“时候”或“时”构成的偏正结构，如“这个时候”“那个时候”等；由动词短语与“时候”或“时”构成的偏正结构，如“上课时”“开会时”“我回来的时候”等，以及由“这”“那”与表时量的词语构成的偏正结构，如“这一天”“那三天”“这三个星期”“那一会儿”等都属于“时间词”。基于以上研究，本研究主张将时间词语与时间副词区分开来，本小节所述的“其他时间词语”包括时间副词以外的所有表达时间意义的词汇手段。

表达时间意义的词汇手段具有多种功能，如胡培安（2006）认为时间词语具有计量、定位与本体性这三种功能，据此可将其分为三个类别，即计量性时间词语、定位性时间词语与本体性时间词语，计量性时间词语功能在于对事物的运动或存在进行时间计量，如“二十六天”“六个多小时”“几十年”等，定位性时间词语是对存在于时间之流的事物或事件进行时间定位或时间参照，如“三小时后”“三十岁以前”“捏肚的时候”等，本体性的时间词语是指表达者把时间词语本身当成描述对象，如（10）中的“明天”被描述为“礼拜天”，（11）中“大三的暑假”被描述为“我最忙碌的一个夏天”。

（10）明天好像是礼拜天。（CCL）

（11）大三的暑假，也许是我最忙碌的一个夏天。（同上）

我们认为，计量时间词语也就是陆俭明（1991）所指的表示时量的时间词语，定位性时间词语基本涵盖了陆俭明（1991）所说其他类的时间词语，而本体性时间词语则可以是任何类别的时间词语，主要依赖具体语境而突显其描述功能。就时量时间词语来看，龚千炎（1995）认为状态动词后带该类短语表示持续时间，行为动词后带该类短语表示动作行为的持续时间或动作行为结束后延续的时间，终结类动词后带该类短语则表示动作结束后的结果状态的持续时间等。这说明，一般而言，时量时间词语主要具体测量动作或状态的持续时间量，并不表达体意义与时相意义。然而，定位性时间词语与之不同，主要表达时态意义，还间接表达体意义。

定位时间词语起到对过程进行时间定位的功能，因此表达时态意义。以时间名词“昨天”为例，在没有任何语法形式与准语法形式的小句中，“昨天”即可单独表达时态意义，如（12）中的“昨天”以说话时刻为时间参照，通过“昨天”这个时间名词，“开心”表达状态时相被限定在过去时域中。表示年份、月份、日期的词语也同样表达时态意义，如（13）中的“1776 年”表示时间在说话时间之前，将“开讲教育学”这个情状定位在了过去时域内。表时间的方位词语也表达时态意义，如（14）中的“以前”表达过去时态意义，将“存在”定位在过去时域内。由“时候”或“时”构成的偏正结构也表达时态意义，如（15）“那时”将“对于法权并不看重”定位在“那时”，发生在说话时间前，是过去时态。由动词短语与“时候”或“时”构成的偏正结构也表达时态意义，如（16）中的“他们到郊外去玩的时候”表示“杀”这个动作发生在过去时域内，而且具体定位在了“他们到郊外去玩的时候”，将“杀”与“玩”这两个动作联系在一起，构成了同时关系。由“这”“那”与表时量的词语构成的偏正结构也表达时态意义，如（17）中的“那一会儿”将“烦”定位在了过去时域中的一个时点上，表示过去时态意义。

（12）昨天（我）很开心。（CCL）
（13）他于 1776 年在德国柯尼斯堡大学哲学讲座中开讲教育学。（同上）
（14）以前，在一些地区存在着投入以县为主的做法。（同上）
（15）中国那时对于法权并不看重。（同上）
（16）他们到郊外去玩的时候，乡民出其不意，就把他们杀了。（同上）
（17）那一会儿，我烦死了。（同上）

当然，时间词语虽然表达时态意义，但并不能否定其表达的体意义，两者并不矛盾。系统功能语言学认为一个小句可以承载三种元功能意义，因此体现形式既体现时态意义也体现体意义的现象是符合系统功能语言学基本思想的，正如黄国文（1998：5）所说的，“一种形式可以表示一种以上的意义”。正因如此，何伟（2009b）认为英语的时态体现形式也可以体现体意义。汉语的时间词语也存在这种情况。我们可以从实际语料中得到证明，如（18a）中的“九年来”表明，“心像平静的湖泊”这种状态是从九年前持续到了现在，因此该句的时间定位主要在过去，也包括说话时的现在，“像”本身作为关系动词表达状态意义，因此这种情状类型决定了该句具有持续性，“九年来”对这种持续性在时长上也起到了修饰与限定作用。将（18b）与之对比来看，时间词语的这种作用会更加突显。如果将（18a）中的“九年来”换成“此时此刻”，那么“心像平静的湖泊”这种状态是在“现在”这个时间范围内的正在进行，可见两句因时间词语的变换，体意义发生了变化。如此看来，时间词语的第一功能就在于时间定位，表达时态意义，虽然不突显体意义，但是蕴涵了体意义。

（18）a. 九年来，他的心好像一个平静的湖泊。（王蒙《在伊犁—淡灰色的眼珠》）
b. 此时此刻，他的心好像一个平静的湖泊。

综上所述，时间词语特别是定位类时间词语，是表达时态意义的重要词汇形式，也蕴涵体意义。

5.5 体的体现形式

体现汉语体意义的形式在连续统内分别位于语法形式与准语法形式这两端，具体来讲，体现体的语法形式主要是指体标记，体现体的准语法形式主要是指准体标记，其中“了”“着”“过”“来着”“在”“正在”“正”等形式都是较为常见的体标记形式，“起来”“下去”是最具代表性的准体标记形式。鉴于此，下文将对体标记与准体标记进行界定，在此基础上，再以一些较为常见的、具有代表性的体标记与准体标记为例探讨体的体现形式。

5.5.1 体标记

1. 体标记的界定

所谓体标记，就是那些在连续统内语法化程度最高、主要突显体意义的形式。对于体标记，学界的研究一般集中在“了”“着”“过”“来着”等形式上，这些形式通常在不同的研究中被冠以不同的名称。如 Comrie（1976：3）指出“着”是词缀，表达进行体。吕叔湘（1942/1956）、高名凯（1948/1986）、王力（1943/2011）、张秀（1957）、赵元任（1968/2012）把表达体意义的“着”“了”“过”等称为“词尾”“后缀”“尾部”或“情貌记号”。胡裕树、范晓（1995）指出“了”是动词的后缀，是完成体的语法标记，“着”是持续体的形式标记，“过”是经历体的形式标记。陈立民（2002：6）认为“着”“了”“过”“来着”都是语法成分。除了对“了”“着”“过”“来着”等形式的讨论，学界一部分研究还注意到了“在”“正在”“正”这些形式也能体现体意义，如龚千炎（1995：93）指出“在”“正在”“正”都表示进行意义，Yang（2007）认为“在”表示持续－进行体，而“正在”与“正”表示进行体。本研究也同意该观点，将这三种形式视为体标记形式。基于上述研究，我们认为“了”“着”“过”“来着”“在”“正在”与“正”等都是较为常见的体标记。同时，我们也认为这些语言资源也表达时间的指示意义，即也体现时态意义。下面主要聚焦其体意义的表达。

2. 体标记举例——“了”

关于“了”，学界一般将其分为“了 1”与“了 2”，认为前者跟在动词后，表示体意义，后者跟在句子后，表示语气（如吕叔湘 1980；房玉清 1992）。曹广顺（1995）指出，“了 1”与“了 2”是由充当“谓语”的“了”分化而成的，蒋绍愚（2005）也认为“了1”与“了2”是同一来源，本研究的讨论重点是与时间意义相关的“了1”。

龚千炎（1995：52）指出自汉朝开始“了”就作动词，意义为“完结”“完毕”“终结”，魏晋时代开始在动词后作表示完成意义的结果补语，到了中晚唐才逐渐虚化，开始表示抽象的体意义，宋代以来，“了”的这种意义才获得广泛使用。这一点与曹广顺（1995）的观点基本一致。曹广顺（1995）认为“了”的虚化始于中晚唐，其大量出现始于北宋时期。

基于以上有关“了”的语法化过程再观察现代汉语中的“了”，可以从共时角度描述现代汉语中的“了”在语义、词汇语法与音系层上表现出的特点。在语义层面上，现代汉语的“了”并不沿袭其本来的动词词汇意义，如果不将其放在小句中而孤立地去看这一词语，我们无法理解其本身意义，而相比之下，一些词汇形式如“昨天”“八月”“周日”等即使不出现在小句中，仅词汇本身就含有丰富的时间意义，这说明“了”意义已经虚化，没有任何关于动词“了”的语义残留。这种去语义化主要反映在“了”与不同情状类型动词的结合状况中；在词汇语法层上判断“了“的语法化程度主要看其范畴特征，“了”表示“完结”意义时属于动词范畴，而如今其表达时间意义时承担的范畴是唯一的，即助词，其特点就是只能跟在小句谓体后，对谓体具有相当大程度的依赖性；从音系层看，无论“了1”还是“了2”都发le音，是弱化音。但我们知道，在汉语中如“没完没了”“了结”仍然在语篇中使用，这里的“了”表示“完结”的意义，其发音是liao而不是le，并没有被弱化。可见，在现代汉语中，“了”在表达时间意义时是实词虚化的结果，其发音也随之弱化。

综上所述，从历时角度看，“了”经历了虚化过程，从共时角度看，“了”的语义已经完全虚化，语音也随之弱化，在词汇语法层上已经失去了原本的动词范畴特征，可见“了”是高度语法化的体现形式，位于连续统的语法端，属于语法形式。

同时，我们需要指出，“了”也体现时态意义，表示过去时。

3. 体标记举例——“着”

关于“着（zhe）”，一些学者认为它可表示动作正在进行和持续（吕叔湘1980；房玉清1992），但有些研究持反对意见，认为“着”并不表示进行，而只表示持续（戴耀晶1991），还有的学者提出它还表达存续、实现（钱乃荣2000）、情状（费春元1992）等意义。费春元（1992）指出，所有的“着”都应是一个统一的整体。因此不论“着”表达何种意义，“着”的源头不变，因此我们对“着”的以下相关论述将不区分这些研究中所说的“着1”“着2”等。

高名凯（1948/1986：190－199）指出，“了”“着”等这些虚词由实词转化而来，意义与发音都发生了改变。Sun（1998：171）更加明确地指出，从“着”

的演变路径看，“着”最早由动词发展而来。曹广顺（1995）、蒋绍愚（2005）的历时研究也印证了这一点。“着”原本作为动词，有“附着”之义，最早书写为“著”，后来写作“着”。张爱民、王媛媛（2004：79）发现，到了东汉时期，“附着”义的“著”可用在连动式的后一动词的位置上，形成连动式“V+着”格式，由于“着”出现在这种格式中，“着”对前面动词的依附性和与前面动词词义的重合减弱了它的动词性。南北朝时“着”开始虚化，常置于动词后，其后接表示处所的词。到了唐代，带“着”的动词后面开始带有“宾语”，“着”字表示“到”的意义。蒋绍愚（2005：159－160）也持类似观点。他指出，魏晋南北朝时期的“着”是补语，前面的动词表示空间运动，构成两种结构，在两种结构中分别表示“在”和“到”两种意义。到了隋唐，“着”前面的动词，已经不限于表示物体的空间运动，“着”后面可以是处所名词，也可以是表示动作对象的实体名词，此时的“着”已经完全失去了“附着”的意义，由空间关系而变为时间关系，进一步语法化为动态助词。可见，“着”字虚化的起点是表“附着”义的动词，“着”进入偏正式的连动式，作为非中心动词成分，处于第二动词位置的“着”在结构和语义上依附于其前的中心动词，这种处境和地位导致动词“着”的动词性减弱，最终到了唐代完全虚化为时体助词。

从共时角度看，现代汉语中的“着”被学界认为可表达进行与持续，还有的学者提出它还表达存续、情状等意义，显然这些意义都与“着”最初作为动词时的“附着”义毫无关系。也就是说，在现代汉语中，“着”在语义层面上已经完全失去了原有的动词意义，这主要表现在“着”的语义泛化上，如当“着”作为动词表示“附着”意义时其时相应属于终结类。这种情状往往包含一个内在的自然终结点，“持续的时间具有某种规定的界限，较难容纳一个稳定的持续阶段”（龚千炎 1995：19）。经历了去语义化过程后的“着”在现代汉语中虚化为助词，它可与状态、活动类的动词结合，表达语言使用者的观察焦点在于过程内部的持续阶段上，如（19）的“着”跟在状态动词“有”后表达状态的持续，（20）中的“着”则跟在活动动词“敲”后表达动作的反复进行。但是“着”却无法与终结类与成就类的动词结合，如（21b）、（22b）都不成立。戴耀晶（1991）指出“着”具有时间上的广延性，而“取消”“死”等动词具有瞬间性，显然与持续性在语义上不相容，这就是二者不能在句子中同现的原因。甚至可以说，由于动词“着”属于终结类，较难容纳一个稳定的持续阶段，这与现代汉语中的“着”完全不相同，因此“着”在语法化过程中在语义层上从一面演化为相反的另一面。

（19）不同社会，有着不同性质、不同特点的教育。（CCL）

（20）手指还会轻轻地敲着桌面，好像弹钢琴一样。（同上）

（21）a. 本世纪 30 年代以后，各国逐渐取消金本位制。（同上）
b.* 本世纪 30 年代以后，各国逐渐取消着金本位制。
（22）a. 第六日戊子日，子弓支死了。（同上）
b.* 第六日戊子日，子弓支死着。

从词汇语法层上看，“着”原先属于表示“附着”意义的动词范畴，后来成为补语，一直语法化为助词表达时间意义，现代汉语中作为时体助词的“着”已经完全不具有原来作为动词的范畴特征，这可以从“着”如今的用法中看出。依据吕叔湘（1980：581－595，619），“着”读作 zhe 时是表示动态的助词，有时还读 zhao，作动词，表示接触、感受、燃烧，或作为动结式中的第二成分，表示达到目的、造成的结果或构成固定词语，有时还读作 zhuo，也可作动词的一部分。如（23）～（26）中的“着”都读作 zhao，（27）中的“着”读作 zhuo，虽然这些“着”也可以作为动词出现，但这种动词出现在一些固定的词语或结构中。

（23）手脚着地，挺直背部。（CCL）
（24）这样干了半年，我开始着急。（同上）
（25）亲妈妈知道他的性子，一点就着。（同上）
（26）我有些失眠，直到天快亮时才迷迷糊糊睡着。（同上）
（27）为健康着想，饮酒一定要适量。（同上）

从音系层角度，基于吕叔湘（1980）与上述例句可以看出，作为实义动词或在动结式中的“着”读作 zhao 或 zhuo，仍然是重读。但是虚词“着”来源于表“附着”义“著”，“著”的发音为古去声和古入声两种发音，而作为虚词的“着”则源于古入声，变为阳平之后，又变为轻声（阮咏梅、王文斌 2015：77）。吴福祥（2005b：245）也发现，当“着”跟在小句的谓体后表达时间意义时，“着”没有完整的音段结构和韵律结构，总是念轻声，而且元音弱化。因此，“着”存在一定程度的语音减损。

总之，从历时角度看，“着”经历了语法化过程，从共时角度看，“着”在语义上已经完全失去原有的动词意义，不具有动词范畴的特征，在语音上被弱化。“着”与“了”一样已经完全虚化为语法形式，位于连续统的语法端。

同时，我们需要指出，“着”也体现时态意义，表示现在时态。

4. 体标记举例——“过”

关于“过”，吕叔湘（1980：214－216）认为它既可以作动词，也可以与“了”“着”一样作动态助词。当作动词时，“过”表示“经过”“超过”“度过”

“胜过”等意义；当作动态助词时，其发音弱化，依据其表达的不同意义，可以分为助词“过1”与“过2”，前者表示动作完毕，后者表示事情曾经发生。但刘月华等（2001/2014）指出，表示“完结”的“过”是结果补语，因为从结构上看，结果补语“过”后可以再加上动态助词“了”，而动态助词“过”后是不可以直接加任何助词的，包含动态助词“过”的句子，只能在句末加上语气助词“了”。从与动词的结合情况看，动态助词“过”可以结合的动词非常广，而结果补语“过”则只能与表示动作的动词相结合，但不能与关系动词（如“是”“像”等）、心理状态动词（如“害怕”“感动”等）、认知意义动词（如“认识”“明白”等）、具有反复持续活动性的动词（如“依靠”“培养”“驾驶”“侵略”“教学”“毕业”“前进”等）、非自主动作动词（如“塌”“上冻”“出现”“失火”等）相结合，因此与动态助词“过”完全不同。我们同意这种区分，认为表达“完结”的“过”一般跟在动作类动词后作结果补语，与动结式“打开”“吃完”“看穿”“扔掉”“抓住”等类似。关于这类形式是否作为时体的体现形式，学界一直有争议，如李临定（1990）主张把“动＋开”“动＋完”“动＋穿”“动＋掉”“动＋住”等看成是完成体的表达形式。但杨国文（2011）则认为这些结果补语具有词汇意义，正是通过结果补语的词汇意义来表示情状的结果，使情状具有了内在的终结点，但这并不表示完全“时态”（即体）意义。总之，结果补语和“时态”属于两个不同的语义范畴，结果补语通过词汇意义表示动作行为的结果，使情状具有内部自然终结点，“时态”在语境中作用于情状。在句法上，结果补语和“时态”标记处于不同的层次，结果补语依附于动词，属于动词词组，使用中在很大程度上受到动词意义与类型的制约，而时态不依附于动词，属于整个句子，如表达“完全”意义的“了”在使用中并不明显受动词意义的制约。综上所述，我们认为表达“完结”意义的“过”是结果补语，还具有词汇意义并通过词汇意义影响和制约小句的谓体，兼有语法形式与词汇形式的特点，属于准语法形式。因此，本研究仅将表达“曾经发生”的动态助词“过”视为表达时体意义的语法形式。

从历时角度看，表达“曾经发生”的动态助词“过”晚于表示“完结”的“过”，这说明动态助词“过”的语法化程度比表示“完结”的“过”语法化程度要高。吴福祥（1996）指出作为动态助词的“过”由表示“经过”意义的动词虚化而来，最早出现在连动结构中，魏晋前后虚化为“谓语”动词的趋向补语，到了唐代才演变为动态助词。这一点也得到了曹广顺（1995）的认可，他也认为动态助词“过”最早出现于唐朝，一般出现在“动＋过”与“动＋过＋宾”这两种格式中，但唐代以前一种格式为主，后一种格式很少见，其原因可能在于，助词“过”由动词发展而来，作为动词的“过”主要表达空间的运动，因此应该与表示处所的词搭配使用，但是发展为助词后的“过”不再表示空间，转而表示运动状态，因此也就无法与表处所的"宾语"一起组合。在唐代，"过"主要表示完成与结束，这是因为助词"过"还处于萌芽时期，较少使用，还因为唐代还存在一个助词"来"表示"曾经"。到了宋代，助词"过"的使用仍不太多，仍以"动+过"为主，表示"曾经"的"过"形成一类。元代以后，表示"曾经"与"完结"的"过"继续使用，此类用例增多，且由"动+过"为主转变为"动+过+宾"为主的格式。明代以后，"过"的这种用法与功能继续使用，而且与元代相比，明代使用动态助词"过"的文献不断增多。

从共时角度看，我们也要从语义、词汇语法、音系三个层面来对"过"的语法化程度进行判断。在语义层面上，"过"由具有"经过"意义的趋向动词演化而来，这种动词在现代汉语中也经常出现，如"过桥""过河""走过去"。但在当"过"在小句中表达时间意义时，它已经完全不具备这种动词功能与"逾越"的意义，如（28）中的"过"是对"提出"这个过程的限制，是指这个过程的曾经发生，与"越过"意义毫无关系。（29）中的"过"是对"吃"这个过程的限制，是指这个过程的"完结"，与"越过"意义也没有关系。因此，作为时体助词的"过"已经褪去了动词的原有意义，只是依据具体语境对过程进行时间上的修饰与限制。

（28）资产阶级教育家洛克提出过培养"绅士"的教育目的。（CCL）

（29）大家吃过饭，喝了水，又骑上马，继续奔驰。（同上）

在词汇语法层上，现代汉语中做时体助词的"过"已经不具备原来的动词范畴特征。（28）、（29）中的"过"不表示任何动作、行为、变化、状态等意义，在句中占有中心位置的是它们前面的"提出"和"吃"，而且"过"的前后都不能直接加上表示时体意义的词，虽然"已经"这类时间副词可以与"过"一起出现在句中，但是"已经"必须加在动词"提出"与"吃"前才成立，"已经"的作用并不在于修饰"过"。从这两个例句可以看出，作为时体助词的"过"经历了去范畴化的过程，褪去了动词的范畴特征。

再从音系层看"过"的变化。如上文所述，"了""着"在作为动词和时体助词时发音发生了分化与弱化：动词"了"读作 liao，助词"了"弱化为 le，"着"作为动词时读作 zhao，作为时体助词时弱化为 zhe。但是，"过"与两者不同，"过"在作动词时与作时体助词时的发音并没有发生分化，同样都读作 guo。但是据吕叔湘（1980）对"过"的分类标示，动词"过"的发音是重读，作为时体助词的"过"的发音标示为 guo，这表示读音是轻读。可见在语音层上，作为时体助词的"过"读音发生了弱化。

综上所述，现代汉语中表达时间意义的"过"已经从原来的动词虚化为时体助词，主要表现在语义层上失去动词意义，在词汇语法层上失去动词范畴特征，在音系层上读音发生了弱化。

同时，我们需要指出，“过”也体现时态意义，表示过去时态。

5. 体标记举例——“来着”

对于“来着”，学界一般存在四种观点：一是主张其表达时态意义，如曹广顺（1995）将其视为事态助词，表示短时过去；二是主张其表示体意义，如王力（1943/2011）认为“来着”表示近过去貌，是指事情过去不久，吕叔湘（1942/1956）认为“来着”表示后事相，陈前瑞（2005a）将其视为体貌标记；三是认为它表达句子语气，如朱德熙（1982）将“来着”看作合成语气词，熊仲儒（2003）认为“来着”只是一个语气词，与时体均无关系，“近过去”只是其语义选择，干红梅（2004）认为“来着”是一个语气助词，在陈述句中表陈述语气，相当于“了”“啦”“的”等，在疑问句中表示疑问语气，相当于“吗”“呢”等；四是认为“来着”既表示语气也表示时体意义，如张谊生（2000）指出将“来着”分为“来着 1”与“来着 2”，“来着 1”是表示过去时间的时制成分，“来着 2”则是语气词。由于本研究旨在考察时间系统的体现形式，因此本研究要讨论的“来着”只与时体意义有关，不涉及语气词。

从历时角度看，“来着”是从助词“来”发展而来的，并且助词“来”是由动词“来”虚化的结果。大约在初唐时期，“来”发展出了动态助词的用法，表示“曾经”。曹广顺（1995）指出，到了清代，“来”的用例大幅减少，此时“来”与“着”结合构成了“来着”，但是在“来着”产生之初，其意义仍表示“曾经”，与“来”相同，因此在《老乞大谚解》中出现了“来着”。在《红楼梦》中，“来着”表过去的用法基本固定下来。陈前瑞（2005b）从《红楼梦》中检索出 24 例有效的“来着”，其中有 22 例是明确表示过去发生的事情，其他 2 例表示过去现在均可。通过对比不同时期语料中的“来着”，陈文认为“来着”表近过去的用法在清代逐渐发展，在当代得到突显，“来着”经历了主观化过程，并由体貌标记发展出语气或情态标记功能。

从共时角度看，现代汉语中的“来着”表示的时间意义已经与动词“来”的意义毫无关系，如（30）中的“来”是表示趋向的动词，（31）中的“着地”是“落地”的意思，该处的“着”保留了一定的“附着”意义，（32）中的“来着”既不表示趋向也不表示“附着”，是指“想说”这个动作在过去时间内发生。从目前学界的研究看，学者认为“来着”可表示体意义、时态意义、语气等多种意义，可见“来着”丢失了“来”与“着”作为动词的意义，衍生出了新的意义，经历了去语义化的过程。

（30）阎王爷欠着咱家的债呢，他不敢来咱家。（莫言《生死疲劳》）

（31）但当我的断腿一着地，便剧痛难挨。（同上）

（32）你想说什么来着？（CCL）

从词汇语法层看，“来着”从动词“来”演变而来，在现代汉语中已经完全失去动词范畴的特征，即“来着”不能充当句中谓体，一般位于句末，其后不能再加上“着”“了”“过”等表示时间意义的形式去修饰或限制它，因此“来着”的去语义化程度较高。从音系层上看，“来”作为动词时是重读，但自从“来着”替代了“来”表示“曾经”以来就不存在重读的“来着”，在现代汉语中，它作为时体助词，也是轻读，将其与源头上的动词“来”进行对比可见“来着”的发音发生了弱化。

综上所述，“来着”经历了一个历时的语法化过程，在语义层上丢失了动词的意义，在词汇语法层上丢失了作为动词范畴的一些特征，在音系层上语音发生了弱化，因此“来着”是连续统内的语法形式。

同时，我们需要指出，“来着”与“了”和“过”一样，也表示过去时态。

6. 体标记举例——“正”“正在”与“在”

对于“正”，陈前瑞（2008）认为它表达进行体意义，而李明晶（2013：144）则指出它并不像“在”一样是体貌标记，而是一个表示同时性的时态标记。我们认为，两种观点都只顾及了“正”所表示的时间意义的一个方面，“正”应该不但表达体意义，还表达时态意义，对于“正在”与“在”，也是同理。这是因为在系统功能视角下，一种形式可以表达多种意义（黄国文 1998）。从历时角度看，“正”是指端正、不偏不倚，相当于形容词，由此还引申为“恰好”“恰巧”的意义，这两种用法一直延续至今，但都与时间意义无关。“正”正是从“恰好”意义发展出了表示动作行为进行中的时点意义，这成为现代汉语中“正”的主要用法（张亚军 2002）。

关于“在”，学界一般认为其在现代汉语中表示动作的进行（如 Li & Thompson 1981；Smith 1997；Xiao & McEnery 2004）。张亚军（2002）指出，明清以前，“在”单独修饰动词性成分表示进行的现象极少见，早期现代汉语中虽然能见到“在”表达进行的用例，但使用频率极低，他通过整理《冰心文集》发现，在冰心早期的作品中，几乎少见“在”的使用。20 年代后，表示动作行为进行的时间副词“在”才大量出现，因此他认为时间副词“在”是在现代汉语中形成的，远远晚于“正”与“正在”。但张劼（2011）指出副词“在”的出现并不晚于“正在 ”，因为敦煌变文中就已经初见“在+动”式。可见，张亚军（2002）关于“在”来源于“正在”的观点与文献事实矛盾。高增霞（2006）指出，古代汉语中的“在”主要表示“存在”之义。鞠志勤（2015）也认同此文观点，通过在 CCL 古代汉语语料库的调查，她认为“在”的本源是动词，在《尔雅》中是“存在”的意思，先秦时期的“在”可单独使用，表示“活着”或表示主语的存在位置。在现代汉语中，作为动词表示“存在”的“在”仍然在使用，如（33），但是这种用法不如表示处所的“在”那么常见。表示处所的词，也就是刘月华等（2001/2014）所指的介词“在”，用以表示空间，如（34），他们认为现代汉语中还存在表示时间的介词“在”，如（35），以及表示时间的副词“在”，如（36）。但是我们认为，虽然（35）“在社会主义现代化建设的初期”表示时间，但是时间意义来源于“社会主义现代化建设的初期”这个名词词组，从而将该句定位在了一个相对“过去”的时域内，可见起到时间定位作用的是词汇手段，而不是“在”，因此显然只有（36）中的“在”表示动作正在进行，同时也间接反映了说话时间就是现在，即间接表达了时态意义。因此，本研究中讨论的“在”不包括表示存在意义的动词“在”，也不包括表示处所的介词“在”，而是表示时体意义的时间副词。

在现代汉语中“在”一般被认为是时间副词，与“着”相比，其语法化程度要低，因为“着”已经后缀化且语义更虚化，且被视为时体助词，而且“在”在现代汉语中看不出有语音减损的迹象，即使方言中相当于“在”的“来”“嘞”“是”等都是语法化过程中语音减损的结果，但“它们的自主性尚未彻底消失，更谈不上形态化”（阮咏梅、王文斌 2015：77）。从句法上看，“在”与动词的距离可近可远，有时可放在动词前面，如“我在吃饭”，有时还可以在其与动词之间插入其他成分，如“她在和我们谈话”中的“和我们”，这是作为实词的“在”的部分意义在现代汉语中的滞留。

（33）苹果花还在，却等不见蜜蜂们来。（CCL）

（34）我的身体滴油淅沥，落在台阶上。（莫言《生死疲劳》）

（35）在社会主义现代化建设的初期，邓小平同志就指出，实现现代化，关键是……（CCL）

（36）“你在干什么呢？”白厨子说。（同上）

关于“正在”，在其形成问题上，学界一般存在两种观点。一种观点认为“正在”从某些结构中脱落而成，如伊原大策（1986）通过调查《西游记》《金瓶梅》等作品中的“正在”，认为“正在V”经历了从“正V之间”至“正在V之间”再到“正在V”的演变过程，因此可以看出“正在”来源于“正V之间”中“之间”的脱落，付义琴、赵家栋（2007）认为时间副词“正在”更可能源于“正+在+VP+之时”结构脱落了“之时”，张亚军（2002）不但同意付义琴、赵家栋（2007）的观点，还认为明清白话中“正在+述补”这种结构可能来源于介词“在”后“宾语”的脱落；第二种观点虽然也赞成第一种观点，但认为时间副词“正在”是“正+在这里/那里+VP”结构强化更新的结果，形成过程可以概括为：首先是“在这里/那里”虚化为进行体标记，然后表示时点的时间副词“正”与进行体标记“在这里/那里”强化连用，在韵律作用下，“正+在这里/那里”重新分析成“正在+这里/那里”，最后“这里/那里”虚化成为羡余成分而脱落，导致时间副词“正在”产生（雷冬平、胡丽珍 2010）。可见，无论哪一种观点，都说明现代汉语中的“正在”经历了一个语法化过程，是语法化的产物，且其形成离不开“正”与“在”的语法化，“正在”表达的意义可以看作是“正”与“在”的合成。“在”侧重动作进行呈现的状态，而“正”则强调动作进行的时间，“正在”则既表示动作的时间，也表示动作进行时表现出的状态（潘文娱 1980）。如（37）的“正在”表示“吃饭”动作发生在“一大早”“莫言的爹就急急忙忙地跑到我家”这个时间，也表示“吃饭”这个动作还在进行过程中，并没有完成。

（37）一大早，莫言的爹就急急忙忙地跑到我家，见到我家主人……我家男女主人正在吃饭。（莫言《生死疲劳》）

从共时角度看，现代汉语中的“正”“正在”“在”可以表达时间意义，在语义层上，“正”在语法化过程中由“端正”“恰好”发展为“正在进行”意义以及“当时”或“现在时”意义，由此可见，现代汉语中“正”的意义已经与原来的意义大相径庭，发生了去语义化。“在”原本是表示“存在”的处所动词，而在现代汉语中却表示进行意义、当时或现在时态意义，发生了去语义化。“正在”的语法化过程与“正”与“在”的语法化关系密切，可以看成“正”与“在”意义的合成，因此伴随着两者的去语义化，“正在”必然也经历了去语义化。在词汇语法层上，“正”失去了作为形容词的范畴特征，“在”失去了作为动词的范畴特征，带有复合特征的“正在”也不具有两者任何的原有特征，因此也随两者发生了去范畴化。但在音系层上，三者并没有发生明显的语音弱化现象或者语音分化。总之，如陈前瑞（2008）指出的，“在”“正”“正在”的语法化程度比“了”“着”略低。更重要的是，我们在系统功能视角下坚持以意义为中心标准，由于这些形式本身的词汇意义已经完全消失，因此它们是体标记，在连续统内位于语法形式这一端。

5.5.2 准体标记

1. 准体标记的界定

所谓准体标记，是指那些处于语法化过程之中且还未彻底虚化、保留了一定的词汇意义的形式，属于连续统内位于语法形式与词汇形式之间的准语法形式。关于准体标记，学界早有相关论述，如李临定（1990）将体的体现形式分为表体助词与准表体助词，表体助词是“了”与“着”，即本研究中的体标记，属于连续统内的语法形式。准表体助词比表体助词的虚化程度低，但是和作补语的趋向动词或其他动词相比，则丧失了一部分词汇意义，如“住”“开”“穿”“破”“掉”“到”“起来”“下去”“下来”“下”“来”“上”“过来”“过去”。可见，准表体助词已经开始虚化，但并没有完全彻底地虚化，相当于本研究中的准体标记，属于连续统内的准语法形式。需要指出的是，依据学界的现有研究，并非所有的准表体助词都属于准体标记。为了便于下文讨论，我们可依据以往研究将李临定（1990）所说的准表体助词分为两大类别：一般来讲，“住”“开”“穿”“破”“掉”“到”等表达结果意义，称为结果补语，还可称为动结补语、动结式等；剩余的“起来”“下去”“下来”“下”“来”“上”“过来”“过去”等一般跟在动词后表示趋向意义，称为趋向补语（如房玉清 2008；刘月华等 2001/2014）。

对于结果补语，一些研究认为它们表达体意义，倾向于将这些形式归属为体的体现形式，称之为结果体（如 Xiao & McEnery 2004；陈前瑞 2008）。但是也有研究持反对意见，如杨国文（2011）指出，这些形式都应该是表结果意义的补语，属于动词词组，不具有体的性质，即使像“喝醉”“梦见”“碰到”“逮着”等中的“醉”“见”“到”“着”这些结果补语也一样，主要通过词汇意义表示动作行为的结果，从而使情状具有内部自然终结点。从句法层次看，它们依附于动词，属于动词词组。也许正因两种成分同属于一个动词词组，李明晶（2013）才没有像陈前瑞（2008）和 Xiao & McEnery（2004）那样将动词加上“开”“破”“穿”“掉”“住”等类似的形式视为体的体现形式，而是将其归属为动貌的表达形式。这说明，结果补语与谓体的其他成分之间关系相当紧密。有关这一点的有力证明，可见刘虹（2012）对结果补语与趋向补语的区分。她以“上”“下”为例进行分析，认为没有虚化的趋向补语不能去掉，因为趋向补语的词汇意义对前面动词的意义具有改变或削弱的作用，而那些半虚化的趋向补语可以表示明显的结果义，由于补语前的动词本身就有固定的逻辑上的方向性，因此补语去掉后不影响语义的表达。而完全虚化的趋向补语去掉后也不影响动词义，更不限制动词的方向，动作性极弱，偏向状态义，表示进行、经历或完成等意义。该研究表明，没有虚化的趋向补语对动词义具有明显的改变或削弱作用，不能去掉，而半虚化或完全虚化的趋向补语去掉后不会影响动词的语义表达。我们认为，采用类似做法可以对结果补语的性质做出初步判断。以动词说明谓体的小句为例，如果将主要动词与这些所谓的补语成分分开后，再看情状意义是否会发生变化。例如，假设去掉“认出朋友”的“出”，这就由原来的“认出朋友”变为“交朋友”，可以看出，“认”与“出”应视为一个不可分割整体，两者构成动词词组来填充谓体。也就是说，所谓的结果补语实际上可以看成是谓体必不可少的一部分。因此，我们同意杨国文（2011）与李明晶（2013）的观点，将“开”“完”“见”等这些结果补语视为谓体的一部分，这些形式处于词组层次上，表达词组层次上的时相意义，由于它们表达的结果意义是通过自身蕴涵的词汇意义而实现，因此结果补语并不像李临定（1990）所说的那样属于准表体助词表达体，而是词汇形式。

对于趋向补语，刘月华等（2001/2014：546）认为共计 28 个，包括简单趋向补语和复合趋向补语，简单趋向补语包括“上”“下”“进”“出”“回”“过”“起”“开”“到”，复合趋向补语有“上来”“上去”“下来”“下去”“进来”“进去”“出来”“出去”“回来”“回去”“过来”“过去”“起来”“开来”“开去”“到……来”“到……去”，趋向补语表达的意义分为趋向意义、结果意义与状态意义三个类别，其中趋向意义是趋向补语的基本意义，是由趋向动词本身所表示的意义，也就是方向意义；大部分趋向补语表示结果意义；状态意义是趋向补语表达的比结果意义更加虚化的意义，是由空间意义引申来的时间意义，如动作状态的开始、继续、停止等，只有“上”“下”“下来”“下去”“起来”“起”“开”等具有状态意义。龚千炎（1995）认为“起来”“下去”是趋向补语中虚化程度最高的，认为其虚化程度仅次于“着”“了”“过”。因此我们又可将趋向补语分成两小类，即“起来”“下去”为一类，其他的为另一类。由于“起来”“下去”的虚化程度高于其他的趋向补语，但低于“着”“了”等体标记，因此“起来”“下去”是更具典型性的准体标记。

2. 准体标记举例——“起来”

一般认为，“起来”原为动作动词，表示由躺而坐，由坐而站，是一种向上的动作，是趋向动词。邢福义（2015）将趋向动词分为单音趋向动词与双音趋向动词，“起来”“下去”属于双趋向动词，双趋向动词对动词的直接后附和加字后附，显现了趋向动词语法化的共同检测标准。也就是说，当趋向动词在动词后充当后置成分时，说明趋向动词已经开始语法化。趋向动词的语法化经历了文言文与白话文两大历史阶段，白话文阶段包括现代汉语阶段和近古白话阶段，文言文阶段中，单音趋向动词既可以是动词，也可以作为后置成分，已经开始语法化，但是双趋向动词充当后置成分的现象极为罕见。鞠志勤（2015）经过在 CCL 中对“起来”的搜索，认为“起来”的使用始于唐代，且都是作为动词使用，五代时期“起来”的数量大增，并且出现了“起来”用于动词后充当趋向补语的用法。我们在“语料库在线”中搜索后也发现唐诗中已经大量出现“起来”，如（38）出自韦应物的《园林晏起，寄昭应韩明府、卢主簿》与（39）出自齐己的《病起二首》，都表示由躺而坐或起床的动作意义。但我们也发现了跟在动词后的“起来”，表示趋向意义和结果意义，如（40）出自《祖唐集》，其中的“夹起来”表示“夹”的对象“星火”的位移方向以及“夹”的结果。可见，隋唐时期虚化的“起来”开始萌芽，此时的“起来”已经可以跟在动词后表示位移意义和结果意义。到了宋代，“起来”可以表示动作意义，在苏轼《四时词》中“起来”就表达这种动作意义，如（41）。还可表示时间意义，指动作的开始与持续，如（42）～（44）出自宋代的《三言二拍·宋四公大闹禁魂张》，（45）出自宋代《朱子语类》，这些“起来”与（41）的动作意义已经完全不同。通过搜索可以发现，表达时体意义的“起来”在《三言二拍》《朱子语类》中被大量使用。

（38）不觉朝已晏，起来望青天。（语料库在线）
（39）一卧四十日，起来秋气深。（同上）
（40）见一星火，夹起来云：“这个不是火是什摩？”（同上）
（41）起来呵手画双鸦，醉脸轻匀衬眼霞（同上）
（42）宋四公忍气吞声走起来，唤渡般过来，过了渡，上了岸。（同上）
（43）侯兴老婆看见了，动心起来。（同上）
（44）两夫妻号天洒地哭起来。（同上）
（45）他说到那险处时，又却不说破，却又将那虚处说起来。（同上）

从共时角度看，在语义方面，现代汉语中的“起来”已经不限于其原始的动词意义，意义已经出现分化。依据吕叔湘（1980：391），现代汉语中的“起来”仍然可以作为动词，在句中作谓体，表示最初的动作意义，如（46），还表示积极行动，如（47）。齐沪扬、曾传禄（2009）认为“起来”的意义经历了一个由实到虚的过程，可表示为：趋向义（趋向动词）—完成义（趋向动词）—起始态（时态助词）—泛时态（时态助词/词内成分）。贺阳（2004）指出“V+起来”可表示三种意义：表示右下向上的位置移动（位移义）；动作达到一定目的，取得一定的结果（结果义）；表示动作开始进行并继续下去（体义）。第一种位移意义是“起来”作为趋向动词的词汇意义，如（48），当然（48）不但具有位移义，还具有结果义，（49）表示结果义，（50）表示体意义。“起来”的体标记地位目前得到了学界的普遍认可，如王力（1943/2011）认为“起来”是表达开始貌的形式，指事情的开始，吕叔湘（1942/1956）指出“起来”表示动作的开始与继续，为起事相，龚千炎（1995）认为“起来”是表示起始时态的形式，是指事件处于起始状态或阶段，该形式虚化程度远不及“了”“着”等。戴耀晶（1997）指出“起来”表示起始体的独立的形态标记，表示事件起始并将延续，仍处于语法化过程中，保留了一定的词汇意义。张国宪（1998）

指出“起来”没有完全语法化，将其称为非典型形态形式。可见，在现代汉语中，“起来”作为动词的动作意义并没有消失，反而在很多情况下保留下来，同时还分化出了结果意义与体意义；在词汇–语法层上，“起来”还保留有趋向动词的某些范畴特征，如“起来”的前后都可以继续加上虚词“了”，如（51）与（52），有时“起来”可以发生非连续现象（何伟等 2015），如（51）中的“起……来”，中间还可以加入名词“益虫”作为“吃”的“宾语”；从音系层上看，赵元任（1968/2012）认为趋向补语应该读轻声，吕叔湘（1980）则指出，作为趋向动词“起来”中的“起”重读，“来”轻读，而表达时间意义的“起来”发音全部轻读。可见，当“起来”跟在动词后表达体意义时的读音与最初作为动词的“起来”相比已经弱化。总之，正如胡裕树、范晓（1995：114）总结的，虚化后“起来”具备了动态助词的特征，主要体现在三个方面：不具有独立的词汇意义，只表示语法意义上的动作进程或情态，附在动词或形容词后，念轻声。

（46）人们早上起来，房上地上树上，到处是一片雪白。（CCL）
（47）只要人们起来，就会有武器。（同上）
（48）她没有站起来，而是坐着。（同上）
（49）我就脱下棉袍，将他包裹起来。（莫言《生死疲劳》）
（50）大家也都随声附和地大吃起来了。（CCL）
（51）它们便开始吃起益虫来了。（同上）
（52）楚王听了这番话，嚷了起来。（同上）

综上所述，从历时角度看，“起来”经历了一个从实到虚的过程，从共时角度看，“起来”经历了去语义化、去范畴化以及语音消减的过程，但由于其在语法化过程中，还保留有词汇意义，还保留了一定的动词范畴特征，因此“起来”与“了”“着”等不同，还处于语法化过程之中，语法化程度略低，故我们认为该形式为准体标记，在连续统内位于语法形式与词汇形式之间，属于准语法形式。

同时，“起来”也蕴涵了一定的时间指示意义，其解读依赖于语境。

3. 准体标记举例——“下去”

关于“下去”的性质，一些研究将其界定为未完全语法化的形式。如张国宪（1998）认为表达体意义的“下去”是没有完全语法化的形式，是非典型的体的形态形式，高顺全（2001）则认为“下去”本来是表示空间位移的方向，动词后的“下去”更像一个趋向补语，尚未也不可能完全虚化成表示时间意义的体标记。我们同意该类观点，下文将从历时与共时两个角度对“下去”的这种性质进行论述。

从历时角度看“下去”的发展，卢英顺（2007）指出体标记“下去”继承的是动词“下去”语义特征，认为现代汉语的“下去”可作为动词，也能作为体助词，体助词“下去”是动词“下去”功能扩大的结果，由于动词“下去”具有“由上而下”的语义特征，因此派生了“延续”这一特征，体助词“下去”将这一特征保留了下来。高顺全（2001）指出，原先“下去”的基本意义是空间位置的移动，随着语法化的发展，“下去”由表示空间转喻为表示时间，由一个独立的动作动词虚化为补语。王林哲（2011）认为“下去”经历了从趋向动词到延续体标记语法化过程，其语法化路径可概括为“位移→内部动作持续→内部状态持续→外部状态持续→外部事件持续”，而且这一语法化过程目前仍在进行当中。可见，“下去”最早作动词用，表示“由上而下”的位移意义，经历了一个历时的语法化过程才开始表达时间意义。鉴于学界对“下去”的历时研究并不多见，为了提供更多的文献事实，我们利用“语料库在线”中的语料资源，在其古代汉语语料库中以“下去”为关键词进行了搜索，搜索后发现，汉代已经出现了“下去”作为独立动词使用的用法，如（53）出自《汉书》，其中的“下去”是“下行离去”的意思，表示“由下而上”的位移意义，作动词独立使用。唐代“下去”仍然是表示位移意义的动词，如出自白居易《白云泉》的诗句（54）。到了宋代，“下去”可以作为动词使用，表示“离开”，如出自《五灯会元》的句子（55），也可以表示位移意义，如出自《朱子语类》的句子（56），但此时的“下去”是跟在动词后作补语，与表达位移意义的“下去”相比，已经开始虚化。到了宋代，“下去”的意义更加泛化，除了可以作为动词表达“由下而上”，如《二刻拍案惊奇》中的句子（57），跟在动词后表示位移趋向意义的补语“下去”大量出现，如（58）～（61），也出现了少量的表示动作持续的“下去”，如（62）。

（53）后太白出西方，下行一舍，复上行二舍而下去。（语料库在线）

（54）何必奔冲山下去，更添波浪向人间。（同上）

（55）新到参，才上法堂，师举拂子却掷下，其僧珍重，便下去。（同上）

（56）谓如今日戌时，从此推上去，至未有天地之始；从此推下去，至人消物尽之时。（同上）

（57）赵申道：“我溜撒些，等我下去。”（同上）

（58）官人即烫其酒来吃，箧内取出金杯一只，满斟一杯，叫茶童送下去。（同上）

（59）拿些姜汤灌他，他微微开口，咽下去了。（同上）

（60）二人进到堂前，歇下担子，看着赛儿跪将下去。（同上）

（61）见了郑生，吃了一惊，缩了下去。（同上）

（62）晚生被打也罢了，公子如何受得下去？（同上）

从共时角度看，学界一般认为现代汉语中的“下去”可以表示动作的趋向意义，还可以表示时间意义，如吕叔湘（1980）指出“下去”可作为动词表示趋向意义，也可作为趋向补语表示趋向意义，还表示动作仍然继续进行。刘月华等（2001/2014）指出，“下去”表示趋向意义、结果意义与状态意义。房玉清（2008）认为“下去”跟在持续性动词后表示动作继续进行或状态继续持续，在“保持”“坚持”“排列”等动词后表示动作从现在到将来的连续，附在一些形容词后表示状态的存在和程度不断增加。如（63）中的“下去”是动词，在祈使句中单独作谓体，表示离开，是位移意义的引申。（64）中的“下去”与具有位移方向性的动词“蹲”连用，表示身体由高到低的位移变化。（65）中的“下去”与具有持续性的动词“生存”连用，表示动作的持续。可见，“下去”的意义得到了很大程度上的泛化，原本的动词意义已经虚化。但依据卢英顺（2007），表达体意义时所指的动作在时间上的持续性是由其作为动词时的“由上而下”派生而来的。总之，从语义层上看现代汉语的“下去”，“下去”已经经历了语义泛化的过程。但是，由于表达体意义的“下去”也一定程度上延续了动词的位移意义，与“了”“着”比较，还没有完全去语义化；从词汇语法层看，表达体意义的“下去”已经不具备动词范畴的一些特征，主要表现在表达体意义的“下去”不能单独作小句谓体，也不能直接加上“宾语”。“下去”还可以与“了”连用，如（64），只是表示时间意义的“了”一般位于“下去”前，“了”出现在“下去”后面，往往是语气词，不表达时间意义，如（66）；从音系层看，表达体意义的“下去”语音发生弱化（吕叔湘 1980）。

（63）“下去吧。”（语料库在线）

（64）突然他唉哟一声蹲了下去，原来一脚踢在一块石头上，鞋子张了“嘴”。（同上）

（65）在这一点上，人和动物一样，有种种强烈的欲望需要求得满足，才能生存下去。（同上）

（66）说着说着，宋子文不禁哽咽，说不下去了。（同上）

综上所述，从历时角度看，“下去”由动词发展而来，后来作为趋向补语表达体意义。从共时角度看，“下去”的语义发生泛化，但表达时间意义时其持续性特征一定程度上来源于动词的词汇意义，在词汇–语法层上已经不具有动词范畴的主要特征，但仍可以与“了”连用。与“了”“着”相比，“下去”

和“起来”一样语法化程度相对较低，还处于语法化过程中，是准体标记，在连续统内介于语法形式与词汇形式之间，属于准语法形式。

除了表示体意义以外，“下去”与“起来”一样，也可蕴涵一定的时间指示意义。

5.6 时相的体现形式

时相的体现形式主要涉及小句中的谓体与补语（即传统上讲的宾语），其中谓体是最主要的体现形式，对整个小句的时相意义起到核心作用，补语作为体现形式之一则对时相具有合成作用。从词汇一语法层看，谓体一般由动词、名词词组、性质词组、数量词组与小句来体现，补语一般由名词词组体现。需要指出的是，用于填充大谓体的小句中还存在小谓体，这个小谓体最终还是由动词、名词词组、性质词组、数量词组充当。总之，时相的体现形式主要包括名词词组、动词、性质词组、数量词组这些词汇形式。

5.6.1 名词词组

名词词组作为时相的体现形式之一，在句法结构中充当补语时，对时相意义产生合成作用。依据 Mourelatos（1981）、Olsen（1997）、李明晶（2013），名词词组之所以能对时相的形成起到一定的合成作用，是因为在充当参与者时呈现了一定的数量特征。众所周知，在英语中，名词的数量特征主要体现在名词的单数与复数的区别上，单复数名词会通过数量特征影响时相的界性特征。关于时相的界性特征，Declerck（1991：119）指出，如果一个情状被表示为达到一个终点，那么这个情状就具有有界性，否则它就具有无界性。如 a picture 与 pictures 的不同之处在于前者是有定的数量，而后者则是不定的数量，两个名词词组分别充当小句的 he painted a picture 与 he painted pictures 的参与者，前者情状是有界的，而后者情状则是无界的。除了单数与复数名词，集合名词与个体名词也同样通过词汇本身所具有的数量特征对时相起到影响作用，如 a poem 与 poetry 分别在两个小句 he wrote a poem 与 he wrote poetry 中充当参与者，“a poem 表示一个确定的数量，完成这个数量之后，情状即达到终点”，因此表示一个有界情状，而后者由于 poetry 没有表示确定的数量，因此情状未达到终点，也就形成一个无界情状（谢应光 2000：34）。汉语的名词词组虽然不像英语一样具有形式上明显的单复数的数量变化，但也呈现出一定的数量特征，从而影响时相的合成。如（67）中的“一个苹果”是确定的数量，是指“吃”的目标仅限于“一个苹果”，因此是有界的，（68）中的“苹果”数量不确定，用于表达一种爱好，因此没有设定情状的具体终结点，是无界的。

（67）我吃了一个苹果。（CCL）
（68）温都太太爱吃苹果，还是香蕉？（同上）

可见，汉语的名词词组在数量上是否具有确定性（或是单数的与复数的）与情状的界性有关，从而进一步影响小句时相的形成。从根本上讲，这是因为名词词组本身就具有界性。这正如沈家煊（1995）所说，事物存在有界与无界之分，有界事物的内部是异质的、不伸缩的、可重复的，无界事物的内部是同质的、可伸缩的、不可重复的，指称有界事物的名词性成分是“有界名词”，指称无界事物的名词性成分是“无界名词”。据此，我们把在补语位置上制约时相意义的名词词组分为有界与无界两个类别，有界名词词组在小句中作为补语出现时，意味着小句中需要传递的动作量较少，较短时间内容易终结，而无界名词在小句中作为补语出现时，意味着小句中需要传递的动作量较多，较长时间内都不容易终结。前者一般带有表示数量的成分修饰名词中心语，如“两条鱼”“一辆车”“三座大山”，还可以在此类名词中心语前加上指示词“这”“那”等，如“这个人”“那种植物”。总之，体现时相的名词词组可分为有界与无界两个类别，有界名词词组的特征在数量上一般是有定的、少量的、个体的，而无界的名词词组在数量上一般呈现出无定性、多量性、集合性。

名词词组作为时相的体现形式之一，也可以在汉语的小句中充当谓体，形成所谓的名词“谓语”句。刘月华等（2001/2014）认为汉语中存在体词性词语作“谓语”的句子，体词是指名词、名词短语、代词、数词、数量短语和“的”短语，这种句子就是名词“谓语”句。汉语中存在两种类型的名词“谓语”句，一类是“谓语”只由一个名词构成，如（69）中的“阴天”，另外一类则是“谓语”由“名词短语”“数量词短语”“的”短语构成，如（70）～（72）。概括起来，依据加的夫语法，这两种名词“谓语”句都属于名词词组充当谓体的情况。

（69）今天阴天。（CCL）
（70）这个人圆脸，大眼睛。（同上）
（71）这个多少？（同上）
（72）他新来的。（同上）

但是，以上对名词“谓语”句的分类未免过于简单。刘顺（2001）认为，可以依据构成名词“谓语”句的两部分名词词组来对其进行更为详尽的分类。

该句型的主语部分可以是一个名词词组，也可以是一个小句，前者如（69）～（72），后者如（73）。我们同意将（69）～（72）视为名词“谓语”句，但是（73）则存在多种分析方法，如将“他”视为主题，则“学日语才一周”是陈述这个主题的部分，或者还可以将“他学日语”视为小句主干，将“才一周”视为描述持续时间的成分。本研究重在分析名词词组如何体现时相，鉴于（73）这类句型在分析方式上尚存争议性，因此下文不再讨论（73）这类句型。

基于以上分析，我们认为名词“谓语”句的主语应该是名词性成分，这类句型可分为四种情况：第一，主语是表示时间的名词词组，谓体部分通常表示日期、节令、天气等，如（69）、（74）与（75）。第二，主语是表示处所方位的名词词组，谓体部分通常是地名或事物，如（76）。第三，主语是表示某个人的名词词组，谓体部分通常表示人的名字、职务、籍贯、亲属关系等，如（77）～（80）。第四，主语是表示某个人的名词词组，谓体表示主语所具有的特征或性状，如（81）。这些名词“谓语”句的共同特征是都具有静态性，表达状态时相，其中（77）、（79）、（80）、（81）的谓体表示的属性、特点、身份等都具有一定的恒定性特征，因此可以视为恒定性状态，而（74）、（75）、（76）则不具有这种恒定性，可视为暂时性状态。

（73）他学日语才一周。（CCL）
（74）今天冬至。（同上）
（75）明天大雨。（同上）
（76）天上一片乌云。（同上）
（77）我，李明啊！（同上）
（78）他，刚来的教授。（同上）
（79）老舍北京人。（同上）
（80）赵尧舜，我的老师。（同上）
（81）这个孩子黄头发。（同上）

综上所述，名词词组充当小句谓体，或是对小句主语的进一步修饰，或是对主语角色的判断性描写，一般表达状态时相，包括暂时性状态与恒定性状态。

5.6.2 动词

无论在外语界还是在汉语界，以往研究大部分都侧重对动词层面时相的研究，这意味着动词在时相研究中作为体现形式的地位是相当重要的。对于汉语动词，学界存在多种分类方式。沈家煊（1995）依据动作在时间轴上的特点，将动词分为“有界”与“无界”两类，这是因为动作本身具有“有界”与“无界”之分，有界的动作有一个起始点和一个终止点，而无界的动作则没有起始点和终止点，或只有起始点没有终止点。刘月华等（2001/2014）认为可以依据多个标准对动词进行多种分类，可以按照动词后能不能跟名词词组作“宾语”，将动词分为及物与非及物两个类别，前者如“看”“挖”“打”“发动”等，后者如“来”“蹲”“躺”“毕业”“休息”“送行”等，还可以依据动词本身的词汇意义将动词分为动作动词、状态动词、关系动词与能愿动词，动作动词如“看”“听”“说”“辩论”“表演”“吃”等，状态动词如“爱”“恨”“喜欢”“讨厌”“饿”“醉”“希望”“想念”等，关系动词如“是”“叫”“姓”“当作”“成为”“像”“等于”等，能愿动词如“要”“肯”“敢”“能够”“可以”等，或者依据动词本身是否具有持续性的时间特征则将其分为持续动词与非持续动词，前者如具有反复性的“看”“听”“说”“跳”“拍”“敲”“批评”“挂”“放”“租”等，后者如“死”“懂”“完”“出现”“消失”“成立”等，依据动词表达的意义是否具有可控性将其分为自主动作动词与非自主动作动词，前者如“学”“唱”“买”“打”“骂”“帮助“吃”“喝”等，后者如“病”“死”“漏”“塌”等。税昌锡（2005）主张基于界性特征对汉语动词进行分类，可分为起始动词、持续动词、活动动词、活动–事件动词、事件动词、达成动词和终结动词这七类，这些动词的界性特征从“无界”到“有界”形成一个连续统。可见，基于不同的标准，动词就可以有不同的分类。

一些研究将时相与动词联系起来，基于时相类型对动词分类，如 Vendler（1967）采用时间图示方法对动词分类，这就将时相与动词联系起来。后来学界诸多时相研究都基于该分类方式，如陈平（1988）借鉴动词的情状分类方法将汉语动词分为状态动词、活动动词、结束动词、复变动词和单变动词五类，状态动词如“等于”“值得”“喜欢”“失望”“爱”“嫌”等，活动动词如“走”“听”“猜”“琢磨”“读书”等，结束动词如“写（一个字）”“抽（一支烟）”，复变动词如“减少”“拿开”“跑来”等，单变动词如“死”“跨”“发现”“忘记”“打破”“切碎”“躲”“跪”。左思民（2009，2015）依据“动相”将汉语动词分为单相动词与兼相动词，单相动词包括强活动动词、弱活动动词、瞬间活动动词、心理动词、关系动词，兼相动词包括活动兼结果动词、活动–结果动词、强活动–状态动词、弱活动–状态动词，关系状态动词。如第 4 章所述，我们也主张以同样的方式即依据时相特征对汉语动词进行分类，把汉语动词分为状态类、活动类、终结类与实现类基本类别。

状态分为恒定性和暂时性两种，恒定性状态动词如“姓”“等于”“叫”“是”等，如（82）～（84）。恒定性状态动词不具有终止点，具有无界性，“了”的完成性特征与其不能兼容，也就是说，恒定性状态动词一般不加“了”，也不能与“正”“在”“着”兼容。暂时性状态动词如“喜欢”“后悔”“害怕”等，其持续性与恒定性状态类动词相比要弱一些，因此这类动词能够带“了”，如（85）～（86），该类动词与恒定性状态类动词一样，也一般不加“正”“在”“着”等。依据沈家煊（1995），具有持续性的动词在时间上是无界的，本身已有持续或正在进行的意思，就没有必要再加上表示进行的“着”等，否则就是多余的，也就形成同性相斥。

（82）我姓张。（CCL）
（83）什么叫义务教育？（同上）
（84）教育是一种社会现象。（同上）
（85）我喜欢了他的女儿。（同上）
（86）老百姓更加喜欢了，谁还来砍？（同上）

活动动词可分为反复性与一次性两类，如“笑”“散步”等可视为反复性活动，而“敲”“拍”等则可视为一次性活动。这类动词数量庞大，活动性非常强，呈现强动态性，在该类动词前可以加“正”“在”，后面可以加“着”“了”，如（87）～（90）。在时间界性特征上，这类动词仍然是无界的，但是税昌锡（2005）指出，在界性连续统上，该类动词的无界性还是要弱于表示心理持续状态的动词，如“明白”“知道”“喜欢”等。

（87）他正敲着墓门。（CCL）
（88）那明摆着是在敲咱的竹杠子。（同上）
（89）他的儿子敲着手鼓给他伴奏。（同上）
（90）墙上的自鸣钟已敲了10下。（同上）

终结动词如“改良”“缩短”“消耗”“理顺”等。从语义结构来看，这类动词包含了动作的行为，也包含了动作行为的最后状态，它可以处于进行状态之中，前加“在”，这体现了其活动性的一面，这种特性与活动动词类似，如（91）～（93）。另一方面看，这种动词还具有一定的有界性，它表示的动作一旦开始，便朝着它的终结点逼近，动作的必然结果就是某个明确的情状变化。因此，这种动词很难容纳一个相对稳定的持续状态，这导致它一般不与“着”连用。

（91）所谓科学改良，又在改良什么玩意儿？（CCL）
（92）西藏与世界的距离正在缩短。（同上）
（93）整个有形的世界都在消耗，更新。（同上）

实现动词表示的动作从发生到结束仅仅是瞬间的事，从动作的过程来看，其起始点和终结点几乎重叠在一起。从性状维度上可以分为累积性与非累积性两种，累积性实现动词如“赢”等，非累积性实现动词如“爆炸”“塌”“死”等。由于这类动词的瞬间变化性质，在时间轴上持续时间几乎可以忽略不计，因此可以与表示终结性的“了”连用，如（94）～（96），但与表示进行、持续的“着”“正”“在”在语义上相互冲突，因此无法与这些体标记连用。

（94）你赢了。（CCL）
（95）炸药爆炸了。（同上）
（96）王冕死了父亲。（同上）

总之，汉语的动词在充当小句谓体时，是小句时相意义的重要体现形式。我们依据时相特征将动词分为状态、活动、终结与实现四个基本类别，其中状态类动词可分为暂时性与恒定性两个次类，活动动词可分为反复性与一次性两个次类，实现动词可分为累积性与非累积性两个次类。每一种类别的动词在表达时相时，都呈现出不同的句法特征。

5.6.3　性质词组

性质词组可以充当小句谓体，核心成分是中心词，当重在描述“事物”的属性特征时，中心词由形容词说明，当性质词组重在描述“情形”时，中心词则由副词说明（何伟等 2015：127）。本研究重在探讨形容词作为中心词描述“事物”的情况，可依据悉尼语法模式称之为“形容词词组”。

形容词词组可在汉语小句中充当谓体，这就形成了汉语学界所说的“形容词谓语句”。所谓“形容词谓语句”，就是指单个形容词作“谓语”或者在“谓语”形容词前后再加上其他成分的句型，如“她非常漂亮”，这种句型一般表示程度、比较、变化（李临定 1986；丁声树等 1961/1999；刘月华等 2001/2014）。学界对形容词的类别问题进行过诸多讨论，也包括形容词充当小句谓体的情况。如吕叔湘（1980）认为，并不是所有的形容词都能作“谓语”，形容词应该分为可以作“谓语”的一般形容词与不能作“谓语”的非谓形容词。朱德熙（1982：73）主张将汉语的形容词分为性质形容词和状态形容词两个类别，从语法意义上看，性质形容词单纯表示属性，状态形容词则带有明显的描写性。从语法结构看，前者包括单音节形容词，如“大”“红”“快”“好”，一般的双音节形容词，如“大方”“干净”“规矩”“伟大”，后者包括单音节形容词重叠式，如“小小（的）”，双音节形容词重叠式，如“干干净净（的）”，一类特殊的双音节形容词，即“煞白”“冰凉”“通红”“喷香”“粉碎”“稀烂”“精光”

等，还有一类是带后缀的形容词，包括 ABB 式，如“黑乎乎”“绿油油”，A 里 BC 式，如“脏里呱唧”，A 不 BC 式，如“灰不溜秋”，带后缀的双音节形容词，如“老实巴交”，最后一类是“f+形容词+的”形式的合成词，f 是指“很”“挺”一类的程度副词，如“很小的”“挺好的”“怪可怜的”。韩玉国（2001）对此进一步指出，有一些性质形容词不能作定语，只能作“谓语”，称之为“唯谓形容词”，如“吃香”“起劲”“广”“过瘾”“昏”“好受”“滥”“久”“齐心”“累赘”等，状态形容词中的加后缀的形容词这一类，如“白茫茫”“赤裸裸”“沉甸甸”等，必须加“的”才能作“谓语”，形容词重叠式也是一样，加“的”后可以作“谓语”，而“煞白”“冰凉”“通红”“喷香”“粉碎”等形容词则可直接作主谓“谓语”句中的小“谓语”，如“他脸色惨白”“今年夏天天气酷热”等，双音节非谓颜色词，如“灰白”“草绿”等作为非谓形容词，它们不出现在“谓语”位置上。韩文进一步总结出了作“谓语”的形容词：第一类是不需程度副词而直接作“谓语”的形容词，包括“滔滔”类（如“闪闪”“炎炎”“皑皑”）、“雪白”类（如“金黄”“火红”“花白”）、文言连绵式（如“鼎盛”“磅礴”）、文言动宾式（如“无穷”）、6 个一级性质形容词（如“大好”）、28 个二级性质形容词（如“惨重”），第二大类就是可直接作小“谓语”的形容词。但是，韩文认为“f+形容词+的”是词组或短语，不是形容词，因此就没有讨论这种短语充当谓体的情况。经语料库查询我们发现，“f+形容词+的”这种短语作谓体的小句在汉语中很常见，如（97）～（100）。综上所述，我们认为汉语中的形容词在小句中充当谓体时分为两种情况，即形容词单独作谓体与形容词短语或词组作谓体，后者还可以进一步分为形容词前加其他成分作谓体、形容词后加其他成分作谓体与形容词前后都加其他成分作谓体。形容词单独作小句谓体时独立表达时相意义，如（101）的时相意义由形容词“年轻”“英俊”“潇洒”体现。当形容词前加上诸如程度副词之类的成分时，表达时相意义的仍然是形容词本身，如（102）的时相由“美丽”体现，“很”只是对“美丽”词汇意义的程度修饰，与时相无关。当形容词后加上“的”时，时相仍由“形容词”体现，“的”结构保证小句合法。如（103）的时相意义由“白茫茫”体现，“的”的作用只在于使之在句法结构上成立。当形容词前后都加了其他成分时，时相意义也由形容词本身体现，如（97）～（100）。总之，无论形容词前后有无其他成分，时相意义都主要由形容词本身体现。

（97）声音也很可怜的。（CCL）

（98）我挺好的，你呢？（同上）

（99）美白效果很不错的。（同上）

（100）我以前很厉害的。（同上）

（101）他年轻、英俊、潇洒。（同上）

（102）花很美丽。（同上）

（103）天空白茫茫的。（同上）

可见，形容词词组充当谓体时，小句主要表达状态和实现两类时相。然而，在词组层次上，依据［静态］这一组区别性语义特征，形容词可分为静态形容词语与动态形容词两大类型。静态形容词的特征主要是情状的时间结构是均质的，缺乏内在的自然起始点和终结点，一般不能与表示进行持续的“着”与具有完成特征的“了”直接连用，如“普通”“广泛”“漫长”“浪漫”“安静”“勤劳”“笨重”“便宜”“优秀”“壮丽”“巍峨”“美丽”“雪白”“迟钝”“聪明”“刻薄”“悠久”“灿烂”“清脆”“鲜艳”等。动态形容词的最大特征则表现在其情状的时间结构是异质的，可以有内在的自然起始点和终结点，有些变化形容词还可以容纳续段，一般需要带“了”“着”等体标记，如“坏”“好”“老”“亮”，这种动态与静态的区分还是依赖于具体的语境的，两种类型的形容词有时并不具有绝对的区分界限，大多数情况下，它们是兼具两种特征的，如“酸”“臭”“红”（张国宪 2006b）。我们认为，形容词重在描述事物的属性特征，静态性是其根本属性，张国宪（2006b）所说“动态形容词”的动态性实际上是从语境中获得的，如他举例说“老”与“了”结合后获得变化意义，“亮”与“起来”结合后就获得了变化意义。但是，如果不加其他成分，单单考虑形容词本身的词汇意义，“老”就是描述事物的“老”的属性特征，与“新”“年轻”这种状态相对，而“亮”本身描述的是事物“亮”的属性特征，与“暗”这种状态相对。这一点可以从张伯江（2011）对性质形容词的讨论中得到证实。他指出，性质形容词表示恒定的属性意义，做“谓语”时，不管加何种句法标记，陈述恒定的属性这一意义都是基本意义，如果所在句子表达“变化”意义，那肯定是体标记把“变化”意义带给了“谓语”，因为无论何种成分充当“谓语”都是如此。也就是说，名词成分充当谓体时，如“他都教授了”的变化意义来自“了”而非名词“教授”，动词成分充当谓体时，如“我明白了”的变化意义来自“了”而非动词“明白”，形容词充当谓体时，如“他高兴了”的变化意义来自“了”而非“高兴”，所有这些都是由于“了”的出现才在原本意义基础上增加了变化义。据此，我们认为，无论如何对形容词分类，在没有其他句法成分影响制约的条件下，形容词本身表达的都是状态类时相，具有静态性特征，而当其在句中与其他成分结合后，受到这些成分的影响，小句层面的时相才会有可能带有动态性特征。

综上所述，当形容词词组充当小句谓体时，形容词本身就成为时相的主要体现形式，时相一般呈现出静态性的语义特征。

5.6.4 数量词组

在加的夫语法中，数量词组的名称来自它所实现的数量这一语义单位，这里的“数量”不仅可以描述物的数量，还可以描述情形、性质以及数量的数量（Fawcett 2008）。对于汉语的数量词组，何伟等（2015）指出，其组成成分包括量额与调节项，量额如数词“五”“七”“二十”“多”“少”“久”“全部”“部分”“两万”“四十”“一半”等，调节项如“大概”“几乎”“差不多”“以上”“左右”“出头”等。数量词组可在小句中填充谓体，如“这人四十出头”，其中“四十出头”是谓体，这个谓体包含了量额“四十”与调节项“出头”。需要指出的是，加的夫语法中充当谓体的数量词组与其他学者所说的数量词组或数量短语有所差别。如杨壮春、龚志维（1999）指出，汉语“数量词组”的结构总是遵循“数词+量词”的原则，如“一群”“三本”“六只”等。可见，这里的“数量词组”仅包含了量额，没有调节项，这在加的夫语法中是属于表示数量意义的名词词组一类。如此一来，也就不难理解刘月华等（2001/2014）将这种结构称为“数量短语”，当其作为句子“谓语”时，则会形成名词“谓语”句，如（104）与（105）中的“十一岁”“九岁”“十六公斤”“四公斤”。总之，本研究中作为体现形式的数量词组是指在加的夫语法框架下的数量词组，一般包括量额与调节项两部分，如“大约三万”“两倍左右”“很多”等。

（104）龙梅十一岁，玉荣九岁。（刘月华等 2001/2014：670）
（105）这个书箱十六公斤，那个旅行袋四公斤。（同上）

依据加的夫语法有关数量词组的观点，汉语数量词组可作小句谓体，仅表示数量意义，如（106）中的“一米四九”是数量词组，“九十九公斤”则是名词词组，（107）中的“八十有六”是数量词组，（108）中的“很少”也是数量词组，“很”是调节项，“少”是量额。依据刘月华等（2001/2014），数量词组充当小句谓体时重在表达主语在数量方面的特征。从及物性系统看，该类谓体描述的是主语的数量属性特征，构成的都是属性关系过程类型，因此具有静态的语义特征，表达状态类时相。

（106）身高一米四九，体重九十九公斤。（CCL）
（107）董老今年八十有六了。（同上）
（108）硕、博以上能来的很少。（同上）

综上所述，数量词组在充当小句谓体时就成为小句时相意义的体现形式，由于其数量意义涉及事物或情形的特征或属性，数量词组体现的时相主要是状态意义。

5.7 结语

本章主要讨论了现代汉语时间系统的体现形式。首先，我们依据系统功能语言学的连续统思想确立了时间系统体现形式的连续统。其次，基于目前已有研究确立出划分连续统内三种形式的主要依据，涉及语义、词汇－语法与音系三个层次。最后，依据这些标准对时态的体现形式、体的体现形式以及时相的体现形式分别进行了讨论。

时间系统的体现形式形成一个连续统，在这个连续统内，语法形式与词汇形式各位于连续统的一端，语法形式具有封闭性，词汇形式具有开放性，准语法形式介于两者之间，兼有两者的特点。对连续统内的形式进行划分需要依据一定的标准。研究基于系统功能语言学对语言层次的划分，并结合语法化研究的主要成果，认为这些标准涉及语言的三个层面，即语义层上的去语义化程度、词汇－语法层上的去范畴化程度、音系层上语音的消蚀程度。具体来讲，要判断一种形式属于词汇－语法连续统内的哪个类别，就要在语义层上看现代汉语时间系统的体现形式是否还保留原范畴的语义，在词汇－语法层上主要看这些形式是否保留了原范畴的一些句法特征，鉴于现代汉语时间系统的体现形式一般来源于动词，因此主要看动词范畴的一些特征是否还存在，包括是否充当小句谓体、是否能加上“了”“着”等、是否能加补语等，在音系层上主要看语音是否发生弱化、变异或消失。

时态的主要体现形式是词汇手段，主要包括时间副词与其他一些时间词语。这些形式完全没有语法化，没有在语义、词汇语法与语音上发生变化，也就无法基于本研究的标准进行历时探讨，因此我们对时态体现形式的分析主要是对相关形式的分类。

体的体现形式主要是语法形式与准语法形式，具体分别是体标记与准体标记。体标记处于连续统内的语法端，语法化程度最高，以“了”“着”“过”“在”等形式为代表，这些形式主要源于动词，但已经不具有动词的主要特征，作为动词的语义也发生了弱化或变异。准体标记的语法化程度不及体标记的语法化程度高，但是语义已经完全虚化，因此准体标记介于语法形式与词汇形式之间，属于准语法形式这一部分，如“起来”“下去”等。它们虽然褪去了动词范畴的一些主要特征，但是还保留了一部分特征，并保留了一定的动词词汇意义，从音系层次上看，其语音虽有弱化，但没有变异。

对于时相来说，体现形式主要是词汇形式，包括小句的谓体与补语。小句的谓体由名词词组、动词、性质词组、数量词组填充或说明，谓体对时相意义起到核心决定作用；由于时相具有合成性，小句中的补语会制约时相的形成，名词词组是这种小句成分的主要体现形式。

另外，需要指出，我们在本章主要探讨的是突显某种时间意义的主要手段，并不是说其他手段就不表达或蕴涵这种时间意义。比如表达时态意义的，也蕴涵体意义；表达体意义的，也往往蕴涵时态意义。

第6章

现代汉语时间系统内部的关系

6.1 引言

本章主要采取“自同一层面”的观察方式环视汉语时间系统内部成分之间的关系。时间系统的并协与互补主要体现在时态与体之间、体与时相之间的关系上。如前所述，并协与互补关系蕴涵了两个方面的内容，一是两者之间的对立性，二是两者之间的统一性，其中统一性是并协与互补关系的重点所在，下文将从这两个方面阐释时间系统内部的关系。

6.2 时态与体之间的关系

6.2.1 时态与体之间的并协关系

1. 在功能方面的并协性

时态与体在功能方面存在并协关系，即两者是各自独立的两个范畴，承担不同的功能，回答现实经验世界的不同问题。

关于时态，Comrie（1985）认为它是时间定位的语法化表达，且具有时间指示性，Halliday & Matthiessen（2004：178－179）指出，时态用以将小句体现的过程定位在一定的时间里。Bache（2008：109）认为时态是说话者对过程进行时间定位的元功能范畴。顾阳（2007：29）认为时态与“定指词十分相似，其核心功能是将实体在时空中定位”。郭锐（2015：446）在讨论“了 1”时指出，“了 1”可以作为过去时态的标记使用，由于其时间参照为内部时间参照，因此具有时间定位的作用。从以上研究来看，时态的功能是将某一情状定位在一定的时间里。另有研究者指出，时态还建构一定的时间关系，如易仲良（1999：8）指出，时态是“借助语法手段表示动作或状态与说话时刻关系的动词语法范畴”，李铁根（2002：1）认为“时制是事件发生时间与说话时间或与另外一个参照时间在时轴上的相互关系”，何伟（2005：54）认为时态是“建构话语发出时间‘现在’与小句过程作为时间参照与事件发生之时‘那时’之间时间关系的一种语法结构”。可见，时态的功能包括时间定位与时间关系建构。

时态的两种功能分别体现在绝对时态与相对时态之中，其中的时间定位功能，主要从绝对时态中体现出来。所谓绝对时态就是指以说话时间“现在”为参照点而划分的时态，一般分为现在、过去与将来，现在时态是指说话时间与情状的发生时间同步，过去时态是指情状发生在说话时间之前，将来时态是指情状发生在说话时间以后（Comrie 1985）。与绝对时态相对应的就是相对时态，因为目前学界多采取 Comrie 的观点，将时态分出绝对时态与相对时态，如 Bhat（1999）在跨语言研究中也主张将时态分为这两种，分别将它们称为指示时态与非指示时态，前者以说话时间为参照，分为现在、过去与将来，后者以其他时间为参照，分为同时、先时与后时。国内学者对现代汉语时态的分类也受到了绝对与相对时态分类的影响，如吕叔湘（1942/1956：220）指出时间的参照点有相对基点与绝对基点之分，绝对基点就是指以说话时间为基点，据此时态可以分为现在、过去与将来，而相对基点就是指不包括说话时间的基点，据此可以分为基点时、基点前时与基点后时。陈立民（2002）也认为应该将汉语的时态分为两个大类别，指出如果把说话时刻作为参照点，“现在”表示说话时刻，那么，现在时域之前的时段属于过去时域，后于现在时域的时段属于将来时域；如果以某个事件发生的时间作为参照点，这个事件发生的时间为现在时域，先于这个事件发生的时间为过去时域，过去时域又可以以某个特定时点为界分为过去 1 和过去 2，后于这个事件发生的时间为将来时域。李铁根（2002）也同意将汉语的时态分为绝对时态和相对时态，绝对时态是指说话时间与事件发生时间之间形成的时间关系，相对时态指说话时间以外的某个参照时间与事件发生时间之间形成的时间关系。可见，从学界对时态的两种分类来看，绝对时态体现了时间定位功能，如（1）～（3）均为绝对时态，（1）中的“了”将“知道”这个过程定位在了过去某一个时间点上，因为说话人在向听话人说话的时候，从“不知道”到“知道”的状态已经转变完成，在说话的时候，已经是“知道”状态的延续。（2）中的“今天晚上”说明与说话时间是同步的，“是天底下最不幸的人”这个属性就是这个时间内实现的，因此“是”这个过程就被定位在现在时域内。（3）中的“到时候”与“会”都指示时间不是过去也不是现在，而是在一个不确定的未来，因此“告诉”这个过程就被定位在了将来时域内。

（1）你和合作闹离婚的事，大家都知道了。（莫言《生死疲劳》）
（2）今天晚上，你是天底下最不幸的人。（同上）
（3）到时候狗会告诉你的。（同上）

时态构建时间关系的功能则主要体现在相对时态这一类别中。如上文所述，相对时态是与绝对时态对应的另一类别，该类别的时态不以说话时间“现在”为时间参照点，而以其他时间为参照的时态（Comrie 1985）。李铁根（2002）认为可将汉语的相对时态以指定的某一具体时间或某一事件发生时间为参照时间，如果事件与这个参照时间同步，则形成同时时态，如果事件发生先于或后于该参照时间，则形成异时时态。异时可进一步分为先时与后时：事件先于参照时间发生则形成先时，事件后于参照时间发生则形成后时。概括起来，相对时态分为同时、先时与后时。以（4）～（6）为例，（4）中的“狼吞虎咽”的参照时间是说话时间，可以视为绝对时态中的现在时态，但后一小句中的“进了门”的参照时间并不是说话时间，而是基于前一个小句发生以后奠定的时间范围，由于“……时”这一结构的出现，表明“进了门”与“狼吞虎咽”可以视为同步进行，因此两者之间建构了同时的时间关系。（5）中“参加工作”的参照时间是说话时间，但“读书”参照的则不是说话时间，而是由“参加工作”这个过程发生所奠定的时间范围，因此“读书”先于“参加工作”，构成先时关系。（6）中的“扎”这个过程的参照时间是说话时间，“拖”的参照时间则并非说话时间，而是“扎”这个过程发生所奠定的时间范围，“……后”这一结构表明前后两个过程之间存在先后关系，就后一个过程“拖”来说，它发生在“扎”之后，因而表达的是后时时间意义。可见，相对时态主要体现的是建构时间关系的功能。

但是，追根溯源，通过建构时间关系，相对时态最终还是回归到时间定位的功能上。如（4）建构同时时间关系后，仍然还是将“狼吞虎咽”与“进了门”两个过程定位在了同一个时域内，（5）建构了先时关系后，仍将“读书”定位在“参加工作之前”的时域里，（6）建构了后时时间关系，最终将“拖”定位在“扎好了鼻环”以后的某个时域里。可见，无论绝对时态还是相对时态，其最基本功能就是对过程的时间定位功能。

（4）我哥狼吞虎咽时，黄互助羞羞答答地进了门。（莫言《生死疲劳》）
（5）参加工作之前，我一直在学校读书。（CCL）
（6）扎好了鼻环后，他们把你拖到了田野里。（莫言《生死疲劳》）

在探论了时态的功能之后，我们来分析体的功能。这需要从学界对体的界定或认识谈起。关于体，学界一般将其与情状的所处阶段或状态联系起来，如吕叔湘（1942/1956）认为“动相”是指动作的不同阶段，高名凯（1948/1986）指出体着重于动作或历程在绵延的段落中的状态。Bhat（1999：43）认为“时态”是事件发生的方式，即事件是进行的或者完成的，是开始的、继续的或者结束的，是反复的还是一次性的等等。还有一些研究将其与说话人的认知联系在一起，如 Comrie（1976）认为体是对情状内部时间结构的不同观察方式，Smith（1986，1997）的研究更突出说话人的重要作用，指出通过说话人的认知作用，事件才体现出不同的状态或处于某个阶段。基于这些研究，我们总结出体的功能：体主要描述情状是否开始、结束、进行或持续，与外部客观的时间无关。如（7）中的“起来”表示开始体，强调“联合”这个过程从没有开始转变到了开始，强调其开始阶段，这是因为《马关条约》的签订属于历史事实，故表达的是过去时态中的开始体。（8）中的“起来”也表示开始意义，但其所处的时域则是将来的某个时间，因为“要”在该句中表达将来时态意义。再如（9）中的“了”表示完成体，由于《学记》这一古代著作的出现，“总结”是发生在过去的一个情状，则该句表达过去时态意义。然而，（10）中的“了”虽然也表示情状的完成，但“明天”表示这个情状在将来时域才可能发生。可见，无论外部时间如何变化，体的意义都是一样的，因为体的功能在于描述情状的状态。

（7）《马关条约》一签字，俄、德、法三国就联合起来。（CCL）

（8）我们要把他们的话语跟他们的行为联系起来，从中找到一定的规律。（同上）

（9）特别是我国古代的《学记》，系统地总结了古代如家的教育经验。（同上）

（10）明天我告诉你哪一队赢了，好不好？（同上）

基于时态与体的功能，我们再将两者进行对比。时态表示时间指示意义，即表示动作或状态在时间轴上的定位，而体表示动作或状态是正在进行，还是已经完成，或是习惯的、重复的、瞬间的等（赵永峰 2013）。Dahl（1985：25）认为体是非时间指示性范畴，时态则是典型的时间指示性范畴。也就是说，体与时态的最大不同就是是否具有时间指示性。时间指示性意味着参照时间的设定，因此张济卿（1998a：17）认为时态总会以某一时间为参照，但体不同，它只跟“事态过程”中的内部时间有关，跟这以外的时间（如发生时间）并没关系。何伟（2010：47）也表示赞同，指出“语法体关注的是事件内部时间意义，不涉及事件的实际发生时间”，因此“与时态不同”。于秀金（2013：33）也持类似观点，指出“时是基于说话者时间的外在时间定位，体是情状的内在化时间表达”。也就是说，时态与外在时间相关，体与内在时间相关，两者涉及了一组处于对立面的时间。关于这两组时间，尚新（2004：53）指出，一个事件以说话时间作为绝对参照点，反映的是“外部时间”，另一个层次的时间特征就是情状的内在时间特征，即不论以哪个时间为参照点，动作所经历的时间不会发生变化，这种时间即“内部时间”。也就是说，时态与客观世界中的时间联系密切，无论何种时态，总会指示一定的参照时间，这种参照时间与交际活动中实际发生的说话时间或与交际活动中的真实或非真实情状的发生时间有关。体则与谓体本身固有的内在时间结构联系密切，是说话人对这种内在时间结构的观察，与时间指示性无关。这种区别通过问句能够非常明确地体现出来，如我们对（11）提的问题应该是“你什么时候给我办（这事）？”，因此（11）中的“明天”回答的是情状发生的时间。再看（12），我们可以用“奶牛在干什么？”去提问，因此（12）的语义焦点也就不在于时间本身，而在于情状本身正处于进行当中。可见，时态最终回答的是“事情发生在什么时间”的问题，而体解决的是“事情处于哪种状态之中”的问题。

（11）我明天到办公室给你办。（语料库在线）

（12）两头膘壮的奶牛，正在静静地嚼食。（同上）

从历时角度看，时态与体的这种差异是“与生俱来”的。依据 Binnick（1991：135－136），tense 源于古希腊时期学者们对时间的讨论，他们一般将时间分为现在、过去与将来，时态与这一逻辑范畴有着密不可分的联系，因此直到现在，大部分研究在对时态分类时仍然将时态至少分为现在、过去与将来三种。aspect 首次出现在 1853 年的《牛津英语词典》之中，是斯拉夫语 *vid* 的译名，*vid* 意义上相当于英语中的 view 与 vision，表示“视角“或“视野”，而 aspect 的词根是 spect－，表示“看”的意义。可见，从两者的发展源头看，时态与自然时间密不可分，往往涉及时间是过去的、现在的或是将来的，而体与观察视角相关，与自然时间本身并没有直接的关系。

综上所述，时态与体的功能不同，前者在于将事情定位在一定时间，回答“事情发生在什么时间”的问题，后者则在于体现说话人对事情所处阶段的观察结果，解决的是“事情处于哪种状态之中”的问题，这体现了时态与体的并协关系。

2. 在意义突显上的并协性

目前学界一些研究主张将汉语归属于体突显语言（如尚新 2004），其依据是突显理论。有关时态、体、情态的突显理论由 Bhat（1999）提出，其核心思想是：不同语言通常侧重于时态、体、情态中的某一范畴而非平等视之，其中被突显的范畴为基本范畴，并且语言会使用一些边缘系统或其他间接手段来体现另外两个未被选择的范畴，一旦某范畴被突显，意味着另外两个范畴需要依赖该范畴表达，判断范畴是否突显的标准包括语法化、强制性、系统性与遍布性特征。例如，一种语言选择了突显体范畴，则意味着体在语法化、强制性、系统性与遍布性方面超越其他两个范畴，并蕴涵这两个范畴的意义。尚新（2004）在分析汉语“了 1”时提到，以往研究往往将“了 1”视为过去时态的标记，但是分析后发现，其实“了 1”不一定表达过去时态，过去时间概念的表达也不一定必须用“了 1”，于是他认为“了 1”一般是不具有强制性的，只是在其原型用法中才具有强制性。可见，这里所谓的强制性就是指过去时态标记必须只表达过去时态意义，且过去时态意义必须由这一种形式表达，如果出现了其他的形式，就不具有强制性，或者强制性是相对的。但是系统功能语言学并不认为形式与意义之间是一一对应的，Saussure（1959）也认为语言符号是任意的，因此这种强制性对于汉语来说是不适用的。那么问题是，如果不用强制性来解释，应该如何理解汉语的时态与体之间的关系？我们认为，突显理论的主要目的是将世界语言进行类型学分类，其核心思想也可以借鉴到汉语中来。比如，汉语的体意义有时是突显的，特别是在使用了“了”“着”“过”“起来”“下去”等显性的标记形式后，但同时也蕴涵了时态意义。当一些时间词语、时间副词等形式出现时，时态意义就被突显出来，这些形式同时也可能蕴涵体意义。可见，当一方被突显时，必然有一方受到相对地压制①，因此在一种形式可以表达多种意义的原则下，意义的突显必然伴随着对其他意义的压制。

接下来我们就以“了 1”为例，分析时态与体意义的突显与压制。首先，（13）是“了 1”作为体标记的原型用法，即结构为 V+了+数量+“宾语”，表达有界。该句的“了”重在强调“在狱中经历的苦难”，表达结果意义，但是结果的出现肯定是基于事件的完成，因此该句重在表达“完成”的体意义。既然“吃苦头”这个动作是完成的，那么说明这不是现在时刻正在发生的，也不是将来发生的，于是就只能是过去发生的，因此该句的时态意义基于体意义衍生而出。也就是说，体意义在体标记原型用法中得到突显，而时态意义被相对压制。（14）是一个虚拟句，句中的“明天”为该句设定了虚拟的时域，即“将来”，因此不需要“了”来表达时态意义，“了”的功能只在于表示完成意义，可以说这是“了”的时态意义被压制、体意义被突显的结果。（15）中没有出现“了”，但小句也表达了过去时态意义，这是因为该句中的“鸦片

---

① 此处的术语“压制”借自构式语法中的构式压制（construction coercion），但内涵不完全相同。本研究中的压制是指两种意义中的一种意义被抑制。

战争以前”设定了具体的时域，即“过去”，且该结构作为小句的时间状语出现在句首，强调了这种过去时间意义，因此突显的是时态意义，然而，由于没有明显的体标记形式，体意义就被隐含于句中，因此体意义成为被压制的意义。

（13）在狱中，你也吃了不少苦头。（CCL）
（14）明天死了我也不后悔。（同上）
（15）鸦片战争以前，我们不肯给外国平等待遇。（同上）

通过对（13）～（15）的分析，我们认为，“了”是主要突显体意义的形式，通过“了”，体意义会得到突显。那么，这就涉及另外一个问题：其他形式的时态与体意义都是如何在语篇中受到突显与压制的呢？为了系统地回答这一问题，我们就对连续统内的语法形式、准语法形式与词汇形式表达时体意义时的突显与压制情况进行一一分析。

首先探讨的是语法形式中的“过”“着”“正在”“来着”与准语法化形式“起来”“下去”表达的时体意义。如（16）的经验结构是“动作者＋物质过程＋目标”，从这个结构看，该句并没有强调“吃饭”时间的成分，唯一与时间意义相关的是“过”，但是由于“过”本身并不像明显表达时间意义的时间词语一样具有鲜明的时间指示性，因此它更多表达的是一种过往经历，重在强调经验。只有依据“经历是过去发生的事情”这种概念常识，我们才能引申出过去时态意义。可见，该句突显的是体意义，过去的时态意义被相对压制。（17）中的“着”表示“影响”一直会持续，这与“依然”在语义上一致，虽然依据“着”，我们一般情况下可以将其推断为现在时态，但由于“依然”的存在，我们也可以推断该句表示的是从过去一直持续到现在，因此与体意义相比，时态意义相对模糊一些，也就是说，体意义在该句中被突显，时态意义则被压制，变得相对隐性。我们的这一分析结果可以在张济卿（1998a）的观点中找到依据。张文指出，汉语中只有将来时的句子才一定有时间标志，过去时和现在时的句子则不一定有时间标志，反复性动作的过去时也需要时间标志。依据这一观点，我们可以确定的是（17）应该是非将来时，同时由于“影响”具有持续性，是反复持续的动作，而反复性动作的过去时态需要有时间标志，但句中的“着”并不是时态标记，而且除“着”之外，该句中不存在其他时间标记，由此可以继续推断：该句不是过去时态，只能是现在时态。可见，该句的时态意义并不像体意义一样突显，而是需要基于体与句中其他成分逐渐推断出来，这说明该句中的体对时态进行了压制并完成了自我突显。我们再按照类似的思路分析其他例句，如（18）中的“正在”强调“闹离婚”正在进行中，而不是强调“闹离婚”发生的时间，因此该句突显了体意义，压制了时态意义。（19）的“来着”说明“炒他”是过去发生的，首先强调的是时态意义，而有关完成或经历的意义在该句中并不明显，因此该句突显的是时态意义，压制的是体意义。(20)中的“起来”主要表示“风”开始“吹”，而不表示哪个时间“吹”，如果判断时态，则需要上下文提供时间参照，在这种条件下，突显的只能是体，压制的则是时态。(21)中的“下去”强调的是动作开始以后的持续阶段，基于这个持续意义衍生出将来意义，因此相对来讲，体意义被突显，时态意义被压制。通过对这些例句的分析，我们认为，就语法形式与准语法化形式来讲，在没有其他任何明显的具有时间指示性的形式出现的情况下，“了”“着”“过”“起来”“下去”等形式主要突显体意义，时态意义基于体意义而衍生，因此时态意义是被体相对压制的。

(16) 我跟尤清吃过一次饭，他是一个天真而单纯的人。(CCL)
(17) 这样的思维和焦虑依然影响着整个西方的学界和文化。(同上)
(18) 我父母正在闹离婚，我不希望这样。(同上)
(19) 谁让你炒他来着？(同上)
(20) 风吹起来，有种种不同声音，各有特点。(同上)
(21) 惟有学会了这套方式才能在人群中生活下去。(同上)

关于词汇手段，我们可从两个方面进行讨论。首先，具有明显时间指示性的时间词语出现在小句中时，时态意义一般会被突显，相应地，体意义受到压制。如(22)中的“今天”具有明显的时间指示性，直接将过程定位在现在时域，因此主要表达时态意义，而要获得该句的体意义，则需要通过完全理解小句的全部成分之后才能确定，因此相对于“显而易见”的时态意义来讲，该句的体意义是被压制的。(23)中“这位领导讲了这件事以后”为“成了一个传奇人物”奠定了过去时间范围，“马上”就是指从“这位领导讲了这件事”这个时间开始，因此“马上”主要突显将来意义，相应地，其体意义被压制。其次，不具有明显时间指示性的时间词语往往不强调时态意义，如表示频率的时间副词“常常”“经常”“时常”“时时”等。邹海清(2006)指出，频率副词表动作行为等的重复量，“常常”属于判断性频率副词，表示动作行为重复的次数较多。据此，(24)的“常常”表示行为的量，即表达惯常体意义。由于“常常”不指示确定的时间，该句可以理解为“加班”是过去发生的动作，也可以理解为说话人陈述现在的一种生活状态，表达现在时态意义。从这个意义上说，“常常”重在表现动作行为状态的持续量，因此突显的是体意义，时态意义不是该句重点所在，从这个意义上说，时态被相对地压制。

（22）今天天气挺好。（CCL）

（23）这位领导讲了这件事以后，张老师马上成了一个传奇人物。（同上）

（24）我常常加班到深夜。（同上）

总之，一般来讲，语法形式与准语法形式重在突显体意义，压制时态意义，而具有明显时间指示性的时间词语往往突显时态意义，压制体意义，其中，表示频率的时间副词因本身不具有明显的时间指示性，突显的是体意义，压制的是时态意义。

3. 在距离象似性上的并协性

依据认知语言学的观点，语言是对现实的模仿，语言与现实之间构成一种象似性关系，象似性是对语言结构或形式与其所表达的语义或语义结构之间关系的研究。象似性（Iconicity）的提出反映了国内外学者对语言符号任意性原则的质疑，一些研究甚至认为象似性是语言符号的基本特征。朱永生（2002）对此批评说，在复合词、派生词、句法层面上的确存在着象似性，但这并不能动摇任意性原则的存在。但不可否认的是，象似性研究已经成为当今语言研究中的重要课题，成为认知语言学研究中的一个重要部分。

Haiman（1985）主张将象似性分为距离象似（iconic proximity）、顺序象似（iconic sequencing）及数量象似（iconic quantity）等多个类别。Urgerer & Schmid（2006：302）认为距离象似性不如顺序象似性与数量象似性明显，距离象似性表示越是关系紧密的成分距离越近，以（25）为例，我们一般认为（25a）是成立的，其他两个则不成立，究其原因，这是因为唯有（25a）遵守了距离象似性。pepperoni 是 pizza 的固有成分，因此需要直接放在 pizza 前，表示原产地的 Italian 放在第二位，作为 pizza 特点的 delicious 应放在第三位，famous 则是外界对该食物的评价，因此应距离 pizza 最远。除此之外，Urgerer & Schmid 认为距离象似性原则对许多看似理所当然但无法解释的语言现象都具有解释力，可以用于观察体标记与时态标记之间的关系，他们以英语为例，如（26a）中的后缀-ing 是体标记，与动词主干靠的最近，而时态标记则是前面的助动词，因此与体标记相比距离动词主干要远。在（26b）中，体标记没有出现，因此此时表达时态意义的-ed 直接附着在动词词干上。但（26c）中，表达情态意义的 can 被包括在了 could 里面，could 也就表达了时态意义与情态意义。（26d）表明，无论如何，表达情态意义的成分都不能更加靠近动词词干，更不能直接接在动词后作为后缀使用。体标记与动词主干的近距离性表明，持续性、进行性与动词 work 动作性之间关系紧密，而时态标记与动词的距离性表明，时态表达的时间定位意义与动词 work 的动作相关性较弱，情态标记与动词的远距离表明，情态标记表达的能力性与动词 swim 的动作相关性是最弱的。Bybee

（1985：34－35）将这种表达形式与意义之间的关系称为“图式”（diagrammatic）关系，认为屈折形态语素的意义越接近动词的意义，这种形式就越接近动词词干。首先，他在调查的 18 种语言中发现了 10 种语言不涉及时体排列距离远近的问题，而剩余的 8 种语言中的体标记都比时态标记更靠近动词。通过调查包含了体与情态标记的 23 种语言，发现 10 种语言的体标记比情态标记更加靠近动词。通过调查包含时态与情态标记的 20 种语言，发现 8 种语言的时态标记比情态标记更靠近动词。总而言之，体标记、时态标记与语气标记与动词的距离依次越来越远。综上所述，体标记与动词更靠近，时态标记次之，最远的是情态标记，相应地，体标记所表达的体意义、时态标记表达的时态意义、情态标记表达的情态意义呈现这种距离象似性特点，如图 6－1 所示。

（25）a. the famous delicious Italian pepperoni pizza
b. *the Italian delicious famous pepperoni pizza
c. *the famous pepperoni delicious Italian pizza
*the pepperoni delicious famous Italian pizza

（26）a. She was working at that time.
b. She worked a lot at that time.
c. She could swim when she was three.
d. *She swim-could when she was three.

就汉语来说，虽然在形式上与印欧语言不同，但同样存在距离相似性方面的排列特点。汉语并非屈折形态语言，其动词不具有形态变化，因此关于其时体方面的距离相似性的讨论主要涉及的是“了”“过”“着”等语法化程度较高的形式以及时间名词、时间副词、能愿动词等词汇手段。如（27）中的“那天”指示过去时间，“了”突显完成体意义。从句法位置看，“那天”与动词“分”中间加入了参与者“母亲”，“那天”在句中做状语，单独作经验主位。然而，“了”直接跟在充当谓体的动词“分”后，距离谓体更近。（28）中的“那时”对“了”所在的小句具有时间指示性，是表达时态意义的词汇手段，“那时”

体标记 >> 时态标记 >> 情态标记

↓ ↓ ↓

体意义 >> 时态意义 >> 情态意义

图 6－1 时态、体与情态的距离象似性排列

与谓体之间隔了一个小句，距离较远，相对来说，“了”直接跟在谓体后。从这两个例句可以看出，体标记“了”与充当谓体的动词距离更近，而表达时间意义的词汇手段距离相对较远。

（27）那天母亲分了孩子分了狗。（莫言《生死疲劳》）

（28）那时我已经调到县供销社，担任了政工科科长。（同上）

再如，对于（28）中的“已经”，学界一般不将其视为体标记，而是将其视为体现时态意义的词汇形式。依据杨德峰（2006），这种时间副词可以位于主语之后也可以位于主语之前，类似的还有“不时”“曾经”“从小”“顿时”“回头”“刚刚”“立即”“立刻”“马上”“时而”“随后”“随即”“先”“向来”“眼看”“一度”“一会儿”“一向”“已”“永远”“有时”“早晚”“总（是）”“曾”“顿时”等，而有的时间副词只能位于主语之后，如“即将”“先”“刚”“将”“将要”“老（是）”“时时”“先后”“一直”“早已”等，而有的时间副词只能位于主语之前，如“而后”“随后”“赶紧”等。但是，所有的位于主语后的时间副词也都位于谓体前，与谓体的距离跟“了”“着”“过”等比还是相对较远。因此，我们认为，主要用于表达时态意义的时间名词、时间副词等词汇手段并不需要紧紧依附于充当谓体的动词、性质词组、名词词组等后面，这与对充当谓体成分具有依附性的“了”“着”“过”等体标记形式完全不同。

学界一般将“了”“着”等形式视为助词（如吕叔湘 1980；龚千炎 1995），或者直接视为动词的后缀、动词的词尾、后附成分等（如赵元任 1968/2012；朱德熙 1982；蒋少愚 1994；金立鑫 1998）。关于助词，刘月华等（2001/2014：354）总结了三个特点：首先，绝大多数助词都黏附于实词、短语或句子，不能单独使用；其次，只表示语法意义，没有实在的意义；再次，处于附着地位，一般读轻声。可见，如果将“了”“着”等视为助词，就意味着承认了这些形式的附着性。而直接将它们视为动词的后缀、动词的词尾、后附成分的做法，不仅承认了其附着性，而且意味着将“了”“着”等形式视为动词的一部分，即它们与英语过去时标记-ed 的屈折词缀一样具有高度的黏着性。对于屈折词缀，Hopper & Traught（1993：7）指出，屈折词缀经历的语法化路径是实义词≫语法词≫附着词≫屈折词缀，从这个路径中可以看出语法词和附着词经历了一个形态化过程。吴福祥（2005a：486）补充说，汉语的语法词、附着词最终并不会演化为屈折词缀。我们认为，吴文之所以这样认为，这是考虑到了汉语并不像英语那样具有-ed、-es、-s 等屈折形式的缘故，也就是说，吴福祥（2005b）并不认为“了”“着”等形式是动词后缀或词尾，而是将其视为非典型的语法范畴，既不具有强制性，也不具有像-ed、-es、-s 等形式的高度黏着性，但是由于“了”“着”表达抽象、概括的语法意义而非具体、特指的词汇意义，虽不具备强制性，但可选性非常低，“显然是一个典型的语法语素而非词汇语素”，因此得出结论：“了”“着”是附着词。所谓附着词，就是介于语法词和词缀之间的语素，典型的附着词具有完整的音系形式但不能重读，在句法上和音系上依附于单个词、词组甚至小句上，这些成分就是附着词的“宿主”，且必须出现在特定的句法位置上。可见，这些时体体现形式都依附于一定的“宿主”，这个“宿主”就是充当谓体的成分，在汉语中包括动词、性质词组、名词词组、数量词组以及小句。这些词汇形式本身具有具体的词汇意义，其概念意义呈现出的时间语义特征与时相关系密切，因此在句法上作为所谓“附着词”的“了”“着”“过”等形式对于谓体的中心成分具有较强的依附性，在意义上与过程本身也比较靠近。

总之，时间名词、时间副词等词汇手段的句法位置比“着”“了”等形式更具灵活性，对谓体成分不具依附性，因此与谓体之间的距离象似性较弱。然而，“了”“着”“过”“起来”“下去”等标记形式与谓体成分距离较近，距离象似性程度也就最高。词汇手段是表达时态意义的主要手段，一般突显时态意义，“了”“着”“过”“起来”“下去”等一般突显体意义。通过对这些体现形式的对比可以发现，体与谓体的距离象似性要高于时态与谓体的距离象似性，如图 6-2 所示。从其实质看，这种距离象似性的差异正是时态与体的并协关系的体现。

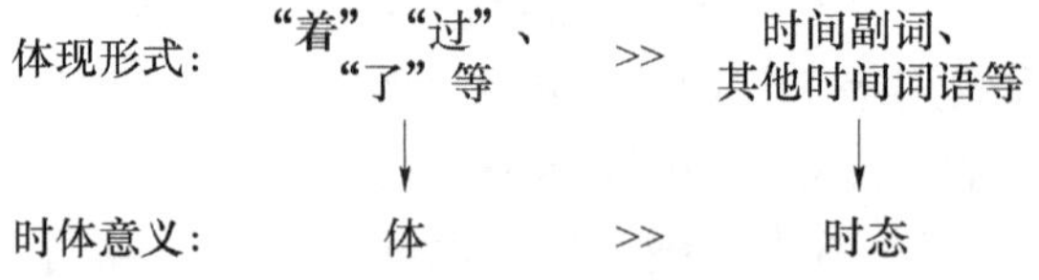

图 6-2　汉语时体的距离象似性排列

6.2.2　时态与体之间的互补关系

1. 在 E-R-S 时间关系方面的互补性

在英语中，时态被一些研究者认为是动词词组的首要意义，而体则是衍生的次要意义，但两者都是动词词组的时间意义，如何伟（2008b）、Comrie（1976：11）等都持类似观点。另有一些时态研究甚至认为，时态与体几乎“难舍难分”，如 Quirk *et al.*（1985）认为英语的体系统是体与时态交叉的结果，其对体的分类都与时态发生联系，如该研究将时态分为：现在完成体（如 he has examined）、过去完成体（如 he had examined）、现在进行体（如 he is examining）、过去进行体（如 he was examing）、现在完成进行体（如 he has been examining）、过去完成进行体（如 he had been examining）等。Dahl（1985）也指出，时态与体在时间指示性上的区别只是典型性的方面，总体来看，时态与体之间不可能界限分明。因此 Bhat（1999）把语言分为时态突显语言、体突显语言与情态突显语言，据此尚新（2004：46）将汉语视为体突显语言，并认为体范畴突显语言的一个重要特征就是利用体标记完成原本由“时制”承担的时间表达功能。在这种体突显理论的影响下，汉语研究中出现了“时体混合论”，持该类观点的研究大多对汉语动词后的助词进行个例描写和语义阐释，如陈立民（2002）认为“了”“着”等形式不仅表时，而且表态，这些形式不单纯属于时范畴，也不单纯属于态范畴，而是应该属于时态范畴（即时态与体两个范畴），也就是说，时态与体应该合为一体，成为一个不可分割的复合范畴。总之，无论是将时态与体分别视为第一层次与第二层次，还是认为突显的时态或体兼表另一方意义，抑或是直接将时体混合在一起，这些观点之所以存在就是因为如 Michaelis（1998：2）所说：时态与体之间是相互联系在一起的。

那么，时态与体作为两个独立的系统又是如何联系在一起的呢？顾阳（2007）指出，时态与体在“时间链”上相互作用，将说话时间、参照时间、情状三者之间在时空中定位，使说话者得以指涉某个事件，而听话者也能在说话者的“时间链”中辨认出这三者之间的关系，从而理解句子的意义。但是由于时间具有延续性，说话者对某个情状定位时必须给听话者一个参照点，依据该参照点，听话者才能确认该时空中的情状。因此我们认为，时态与体都与参照时间 R 相关：时态的时间定位与时间关系建构功能通过事件时间 E、参照时间 R、说话时间 S 三种基本的时间因素实现，而体与这些时间因素也存在内在联系，也就是说，正是通过 E、R、S，时态与体两者才联系起来，并统一于整个时间系统内，两者都成为时间系统内必不可少的、无法替代的两个组成部分。

E、R、S 主要源于 Reichenbach（1947）对英语时态的讨论，时态与 E、R、S 之间的紧密关系已经成为学界在时态研究上的普遍共识。目前的时态研究主要基于参照时间 R，并联系其他两个时间因素来进行，其中一些研究基于参照时间 R 对时态进行分类与定义，如 Comrie（1976）将时态分为绝对时态与相对时态的依据就是参照时间 R。吕叔湘（1942/1956）在对时态划分时主要基于相对基点与绝对基点的区别，所谓基点也就是参照时间 R。龚千炎（1995）将参照时间 R 分为绝对基点与相对基点，将时态分为 15 种，其研究就是对 ERS 理论模型的应用与扩展。李铁根（2002：10）在对相对时态进行讨论时说，事件以某一指定的时间为参照点，参照时间可以是指定的某一具体时间，也可以是某一事件发生的时间，从而依据事件发生在参照时间前、后或与参照时间同时发生，将相对时态分为同时与异时。何伟（2005：54）对时态的定义体现了参照时间对时态的重要作用，她指出“任何一个单一时态都建构一种时间关系，或者是由小句过程发生时间指向话语发出时间或另外一个时间参照点，也或者是由一个时间参照点指向话语发出时间或其他时间参照点”。

其实，不但时态与 E、R、S 相关，体也一样。金立鑫（2008）的研究体现了时态与体两个系统与 E、R、S 三个因素的紧密联系，他指出 Reichenbach（1947）的 ERS 理论模型实际上包含了时与体，其中的参照时间点 R 决定了时的先后，也决定了体的类型，R 相对于说话时间 S 存在三个位置，在 S 前表示过去时（R＜S），与 S 处于同一位置表示现在时（R=S），处于 S 后则表示将来时（S＜R），E 相对于参照时间 R 也存在三个位置，E 在 R 之前（E＜R）表示已行体，E 与 R 处于同一位置（E = R）上表示在行体，E 在 R 之后（R＜E）则表示将行体，也就是说，SR 表达时，RE 表达体，SE 对时体没有贡献。参照时间 R 与事件时间 E 对体的重要作用在一些研究中有所体现，如 Yang（2007：117 – 125）在构建汉语的体系统时，依据 R 与情状的开始时间（initial time of situation）与终结时间（terminating time of situation）的关系来描述体的时间结构，R 代表了观察视点的位置，也是参照时间，在时间轴上与情状的起始时间、终结时间以及持续阶段的任意时间形成时间关系。该研究用这种时间关系描述了体系统的时间结构，如图 6 – 3 至图 6 – 5 所示。在这三个图中，t_i 表示开始时间，t_t 表示终结时间，t_r 表示参照时间，相当于视点在时间轴上的位置，符号“＜”表示“先于”或“等于”，两者无法同现。图 6 – 3 描述的是完整体的时间结构，可表示为 $t_t \leqslant t_r$，是指视点位于情状内部时间结构的外部或者位于情状终结点上。图 6 – 4 描述的是非完整体，时间结构表示为 $t_i \leqslant t_r < t_t$，是指视点位于情状开始点与终结点之间的续段上，此时的参照时间与情状整个过程几乎是重合的，但是不与情状终结点重合。图 6 – 5 是即行体的时间结构，表示为 $t_i \leqslant t_t$ 与 $t_r < t_i$，是指情状发生在参照时间以后。

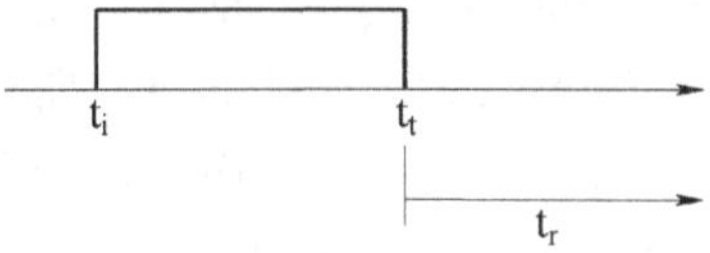

图 6 – 3　完整体的时间结构

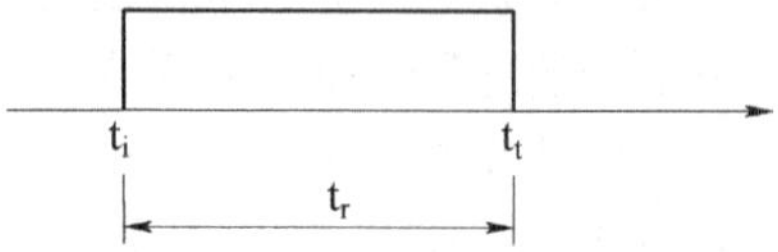

图 6 – 4　非完整体的时间结构

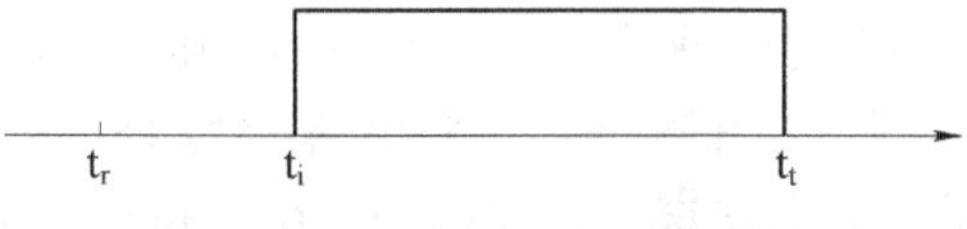

图 6 – 5　“即行体”的时间结构

这说明，无论完整体、非完整体还是即行体，首先与情状内部时间结构发生联系，最相关的时间因素就是情状的开始点、终结点以及两者之间形成的续段之间的任意点。其次三种体都与参照时间发生联系，即参照时间可以位于情状终结点上，或与情状终结点重合，与情状内部的续段重合，与情状的开始点重合。

无独有偶，瞿云华、冯志伟（2006）对“了”“过”“在”“着”“起来”“下去”的语义分析也采取了类似的做法。他们指出，事件本身具有一个时间区间段，具有起始界限点与终结的界限点，参照时间与说话时间与这些界限时间点发生关系后，则产生不同的体：“了”表示完整体，指刚过事件行为的结束界限点，是事件时间区间段在说话时间点和参照时间点之前；“过”表示经历体指事件时间段在说话时间点和参照时间点之前，并相距遥远；“在”表示进行体，是指起始界限点是一个位于现在时间之前的不确定点，结束界限点是一个位于现在时间之后的不确定点，现在时间点和说话时间点为同一时刻；“着”表示持续体，时间点顺序与“在”相同，但时间区间段的组成有所差异。“起来”表示起始体，指从现在时间开始并向未来伸展，起始界限点和现在时间点重叠，结束界限点在时轴上是一个在参照时间点之后的不确定点，现在时间点和说话时间点为同一时刻。“下去”表示继续体，表示起始界限点是时轴上的一个不确定点，位于现在时间之前，结束界限点是一个在现在时间之后的不确定点。如此一来，体就与说话时间、参照时间以及情状本身时间结构的界限点发生了联系，而情状本身又包含开始点与结束点，在时间轴上必然反映在时间 E 上，因此这就将与时态紧密相关的三个时间因素 E、R、S 联系起来。时态与体均涉及 E、R、S 这三个时间因素，这就建立起时态与体之间的一种必然联系。

综上所述，E、R、S 是时态的重要因素，若不确定出参照时间，然后发现参照时间与其他时间的关系，时态的定义与分类就无从谈起。在对体进行语义分类时，说话时间 S、参照时间 R、事件时间 E 都牵涉进来，而此时的事件时间 E 还可拆分成为三个部分，即起始点、终结点与中间区段。如此一来，体不但涉及时态中涉及的三大时间因素即说话时间 S、参照时间 R 与事件时间 E，还涉及情状本身的时间结构，这种分析方法恰恰反映出体的实质：对过程时间结构的不同观察方式。总之，无论时态还是体，在时间轴上都与参照时间 R 发生联系，通过对参照时间的确定，时态可以对过程进行时间定位，体可以观察过程内部时间结构中起始点、终结点以及区间续段上的状况如何，从而共同识解时间经验，这说明两者在时间关系上具有互补性。

2. 在时体意义互动方面的互补性

系统功能语言指出，一个小句可以表达经验、逻辑、人际与语篇意义。根据这一观点，在时间系统内，一个小句也可以同时具有多个方面的时间意义，即时态、体与时相意义，通过这些意义，人们的时间经验得到全部识解。时态与体虽是不同的时间概念，但都是时间系统的一个方面，常有重合交叉，存在对应关系（龚千炎 1995）。这说明两者虽然各为一个系统，有所不同，无法替代，但也是互相联系的，统一于一个时间系统之中，这体现的是两者之间的互补性。

一些研究提出的观点恰恰正是时态与体之间互补性的具体体现，如Johnson（1981）提出了“统一时体时间理论”，认为应该可以对时体做出统一解释。Hengeveld（2011）认为人类语言总体上由体标记向时标记演变，已证实的演变路径有三种，一种是结果－已行－过去，第二种是进行－同时－现在，第三种是预期－将行－将来。虽然Hengeveld主要关注的是时体的历时性演变，但一定程度上说明了时体之间并非纯粹的对立体，而是具有内在联系性，时体之间这种天然固有的联系在共时研究上表现得更加淋漓尽致。也许正是因为时态与体之间的联系是“天然固有”的，所以Bhat（1999：136－143）认为严格区分出时态与体并不现实，由于一些词汇手段包含时体意义，而且与标记形式有联系，因此就出现了一种形式能够表达时与体两种意义的情况，如完整体－过去时、非完整体－现在时等。对于体与时态之间存在的这种关系，许多研究都表示认同，如Comrie（1976：66－86）认为现在时、过去时和将来时都可以表示完整体意义，也可以表示非完整体意义，现在时形式还表示进行体或者惯常体意义。何伟（2008b，2010）指出动词的限定形式和非限定形式不但表达时态意义，还表达语法体意义，时态与语法体之间存在对应关系，其中过去时、现在时、将来时形式分别表示完成体、未完成体。对于完整体、非完整体与时态的对应，Dahl（2000：16）在跨语言视角下指出，总体上看，完整体指示过去时间，非完整体指示现在时间，这是因为状态和正在进行的“过程”大部分被认为是在一个具体的时间点上处于进行之中，在这个时间点上，这些“过程”被观察，而这个时间一般默认为是说话时间，另一方面，完成了的事件往往是指完成以后的时间，因此状态与正在进行中的“过程”就与现在时间联系起来，完成事件就与过去时间联系起来。Malchukov（2009：27）的相关研究更加深入，从标记性程度上对完整体与时态之间的对应进行了对比，按照标记性程度由高到低将完整体与时态进行排列，即完整体&现在时 ≫ 完整体&将来时 ≫ 完整体&过去时，可见现在时与完整体的结合标记性最强，最为少见，将来时与完整体结合的标记性居中，过去时与完整体的结合标记性最低，最为常见，因此三种时态与完整体结合的标记性呈现为梯度排列。于秀金、金立鑫（2015）指出现在时蕴涵非完整体，将来时蕴涵非现实体。具体说来，一种语言如果以完整/非完整为体义对立，其现在时结构表示非完整体，而非现在时结构则可表示完整体或非完整体；一种语言如果以现实/非现实为体义对立，其将来时结构则表示非现实体，而非将来时结构则可表示现实体或非现实体。可见，完整体与过去时的对应性、非完整体与现在时的对应性已经得到学界公认。

跨语言研究对汉语的时体关系研究也具有启示性，汉语研究者也注意到了二者之间的对应性。如龚千炎（1995：41）注意到了时态与体之间的对应性，认为如果把“了”“着”“要”等视为过去、现在与将来时的语法成分固然不对，但如果这些形式只表达“态”意义，根本不表示时，则未免太过绝对，因为在一定情况下表达“时态”意义的“了”和“过”也可表达过去意义，“起来”“下去”“着”也可表达现在时意义，“将要”“快要”等也可表达将来时意义，因此“时制”与“时态”有重合交叉之处，现在、过去、将来三种时态均对应相应的体：现在时对应持续体与进行体，过去时对应完成体与经历体，将来时对应将行体与即行体，如图 6－6 所示。龚千炎（同上：44）将“时态”定义为“事件处于某一阶段的特定状态”，指出事件在时间轴上可以分为 B、C、D 三个不同的点，B 为开始点，D 为终结点，C 是事件内部的任意一点，A 与 E 都是在时间轴上先于开始点的点与后于终结点的点。可以从这 5 个点分别观察事件：从 A 点观察则形成“未然态”，从 B 点观察则形成“起始态”，从 C 点观察则形成“进行态”或“继续态”，从 D 点观察则形成“完成态”，从 E 点观察则形成“经历态”。这些“时态”存在一定的对应关系，如图 6－6 所示（同上：42）。我们认为完整体是从过程（或事件）外部观察，包括终结点，还包括开始点与终结点以外的部分，非完整体则从过程内部观察，不包括终结点。因此，图 6－6 中的持续体与进行体属于非完整体，即行体、将行体、完成体、经历体则属于完整体，也就是说，现在时对应非完整体，将来时和过去时对应完整体。Lin（2003：264）也提出了类似观点，即在没有时间状语与体标记形式的句子中，时间意义主要是该句的体意义，也就是说，完整体蕴涵过去时态意义，非完整体蕴涵现在时态意义。

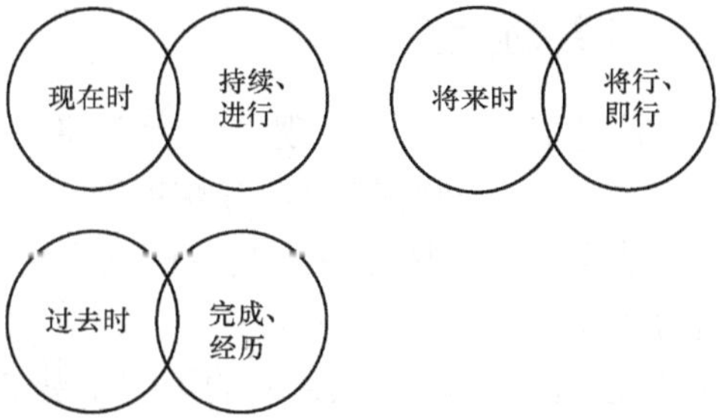

图 6－6　“时制”与“时态”的对应性

张济卿（1998a：19）虽然承认“时制”与体相互之间存在着制约关系，但与龚文的观点稍有差异。他认为非完整体既可与过去时和将来时对应，又可与现在时对应，而完整体只能对应过去时和将来时，不能对应现在时，这是因为现在时表示事件的发生时间与说话时间是共时关系，而所谓讲话时间实际上是指讲话的瞬间，在这一瞬之间，一个完整的动作不是已经发生，就是尚未发生，只有反复性动作、正在进行/持续中的动作或状态才可能跟说话时间并存。

从以上研究看，学界在现在时对应非完整体的问题上已经基本达成共识，只是在将来时与现在时能否与完整体对应的问题上各执己见，即有的认为完整体可以与三种时态都具有对应性，有的则认为完整体不能与现在时态对应。但无论哪一种观点，都至少承认了完整体与时态之间存在一定的对应关系。那么具体是一种什么样的关系呢？首先应从完整体的各个类别与时态的意义出发来看这个问题。完整体包括了完成体、起始体、将行体与经历体，其中完成体与经历体的典型体现形式有“了”和“过”，两者的观察焦点都与终结点有关，具有完成性质，因此必然与过去时态有关。起始体与将行体的典型体现形式有“起来”与“将要/马上/将/要”，前者的观察焦点在开始点上，因为已经开始，所以意味着动作已经发生，那么也就与过去时态发生联系；后者的观察焦点在于开始点之前，说明这个动作还没有发生，那么也就与将来时态发生了联系。因此，完整体对应的时态应该包括过去与将来两种时态，一般不会涉及现在时态。

综上所述，时态、非完整体与完整体之间存在一定的对应关系，其中非完整体与现在时态呈现必然的对应关系，完整体一般与过去和将来两种时态对应，但一般不与现在时态对应。这种对应正是两者之间互补关系的具体体现。

6.3 体与时相之间的关系

6.3.1 体与时相之间的并协关系

体与时相之间的差异甚至对立主要体现在两者之间的并协关系，这表现在三个方面：一是体具有主观性，而时相则具有客观性；二是进行体/持续体与状态或实现情状的相互排斥；三是体对时相具有压制作用。

1. 主观性与客观性的对立

所谓主观性，就是指语言形式反映说话人的不同主观态度（Traugott 1995）。沈家煊（2001a：268）指出，主观性是指“在话语中多多少少总是含有说话人‘自我’的表现成分”。Lyons（1977）将主观性和客观性引入到语气研究中，主要涉及与说话人的相关性。Lyons（1977：797）以（29）为例解释了主观性与客观性语气的不同，他指出，可以从主观性与客观性两个方面来理解 may，从主观性方面看，如果说话人知道 Alfred 属于未婚人士群体，那么他也会知道 Alfred 未婚的可能性。从客观性方面看，如果 Alfred 不知道这个群体的未婚状态，那么他就是主观地承诺 Alfred 未婚可能性。可见，从主观性这一方面看，may 表达的可能性是表达说话人的不确定性，而从客观性这一方面看，may 表达的是在话语描述的情状中逻辑上固有的可能性。如此看来，两者是一组对立性概念。在主观性与客观性的研究方面，国内学者一般以主观性为探讨重点，但也有少数研究将两者视为一个对立性的概念并将两者进行对比研究。如沈家煊（2001b）指出副词、助动词和连词都有“元语”和“非元语”两种用法，（30）中的“能”是客观地陈述一个命题，表示他有这个能力，属于“非元语用法”，（31）则是对命题真假作出的主观推测，属于“元语用法”。徐以中、杨亦鸣（2005）指出“非元语”是与“元语”相对而言的，假定说话者说一段话时客观公正地描述事实，并不涉及自己对这段话的立场、态度和感情，那么这个词语的用法就是它的“非元语用法”，“非元语用法”又可叫“客观用法”或“一般用法”。“元语用法”往往体现了说话人在说出一段话的同时表明自己对这段话的立场、态度和感情，从而在话语中留下自我的印记，即语言主观性的体现。因此他们把“元语”和“非元语”两种用法称为语言的“主观性”和“客观性”用法。综上可见，主观性是指说话人的主观态度在语言中的体现，而客观性则与此相反，它与说话人的主观态度无关，只是对客观事实的陈述，反映的是语言固有的特点。我们认为，语言的主观性与客观性体现在很多方面，这就包括了体与时相，因为正如尚新（2014）所指出的，语义体（即时相）具有内在性和客观性，而语法体涉及言者的观察方式，具有外在性和主观性。体与时相之间这种客观性与主观性的对立正是两者之间并协关系的具体体现。

（29）Alfred may be unmarried.（Lyons 1977：797）
（30）他能帮你一把。（沈家煊 2001b：491）
（31）他能不帮你一把吗？（同上）

首先，从体与时相的发展源头看，体具有主观性，时相具有客观性。体即 aspect，来源于斯拉大语 *vid*，*vid* 在意义上相当于英语中的 view 与 vision，表示“视角“或“视野”。这反映在对情状的不同观察方式上，即同一个情状可以以不同的方式去观察，观察方式可以是完整的也可以是非完整的，因此体一般被分为完整体与非完整体，完整体表达的是一个完成的动作，而非完整体则表达的是一个还没有完成的动作，如（32）与（33）描述同一情状，但是（32）是以完整的方式从外部去观察这个 visit，这个动作是完成的，而（33）则是以非完整的方式从内部去观察 visit，这个动作并未完成，而是正在进行中。

（32）Just the other day I visited Aunt Martha and saw your picture.（Binnick

1991：136）

（33）Just the other day I was visiting Aunt Martha and saw your picture.（同上）

依据 Binnck（1991）的研究，时相与体的相关研究都可以追溯到古希腊时期，但是从有关斯拉夫语的体研究看，时相是在人们对体的研究中被慢慢分离出来的。随着研究的进一步深入，Vendler（1967）将动词分为活动、状态、终结与实现。后来，学界对动词和时相的分类很多都基于这一研究，如陈平（1988）、Smith（1997）、龚千炎（1995）、Xiao & McEnery（2004）等。可见，体在发展之初就源于“视角”意义，反映说话人的主观判断，而时相与此不同，它与“视角”“观察”等没有任何关系。正如 Binnick（1991：148）指出的，如果体是说话人主观的选择，那么动作方式（即时相）都不是主观的。也就是说，体具有主观性，而时相具有客观性。

其次，从说话人的认知角度看，体具有主观性，时相具有客观性。在交际活动中，说话人说话的目的是给予或寻求信息/服务，说话人在发出话语的同时必然在话语中表明自己的视角、态度和情感，留下自我印记，从而体现自我，即说话人的主观性会在语篇中体现出来，因此赵秀凤（2010：1）就说话人在语言中的重要作用指出，“说话人根据交际语境和目的加以选择的结果，都会体现说话人的立场、认识、态度或修辞策略”。目前关于主观性的研究主要涉及说话人的视角、情感与认识（Finegan 1995），其中“视角”是指人们观察客观情状的角度，是人们描述和认识客观事物的出发点，同一情景，由于人们观察的角度不一样，会得出不同的认识（郑银芳 2007：95），而体是说话人对情状内部时间结构的观察，因此体中的完整体与非完整体的形成是基于说话人的视角变化而来的。文旭、吾倩（2007）就此进一步指出，时体都是展现自我的方式之一。Smith（1986）则认为体之所以具有主观性，是由于体以说话人为基础。一个句子的体义反映了说话人以一定方式呈现事物的决定，依据说话人的选择，情状可以以不同的视点呈现，说话人决定了体选择，主观性因素在体中起到重要作用（Smith 1997：6）。说话人甚至影响了体在语篇中的分布与使用，如徐晶凝（2016）指出，说话人对事件在语篇中作用的识解与句法因素都会影响“了”在书面叙事语篇中的分布。正是由于说话人的基础作用，Bache（1997：258）认为 Comrie（1976：4）对完整体与非完整体形成的论述并不明确，因为 Comrie（1976：4）将完整体描述为外部观察情状方式（the perfective looks at the situation from outside），将非完整体描述为内部观察情状方式（whereas the imperfective looks at the situation from inside）。但严格来讲，不是完整体和非完整体从情状外部和内部进行观察，而是说话人为以完整或不完整的方式呈现情状提供了一个焦点，因此 Bache 对“体貌”的定义是：体貌与说话人呈现情状的情状焦点（situational focus）相关，完整体是说话人邀请听话人从外部观察整个情状，非完整体是说话人邀请听话人从内部观察处于进行之中的情状。如（34）中的 B 回答 A 的问题，A 的问题表明他的关注点不限于一定具体的情状，因此 B 以此为参考回答的问题是一个完成的、过去的事情。Bache（同上：261）还指出，（35a）与（35b）描述的是同一个事情，前者使用了完整体形式 stayed，表示通过外部情状焦点来呈现情状为完成的和整体的，后者则使用了非完整体形式 were staying，表示通过内部情状焦点来呈现情状为进行之中。（35a）中的说话人传递给听话人的信息是：情状以完整的方式发生，是在过去时间里已经完成的事情，而（35b）的说话人传递给听话人的信息则是处于进行之中的情状。

（34）A：Have you heard from your friend from South Wales lately?
B：Oh yes，I had a chat with him the other day.
（35）a. We stayed at a small hotel near Penny Lane.
b. We were staying at a small hotel near Penny Lane.

对于汉语而言，亦是如此。首先，汉语的体也同样具有主观性，如表达体意义的“着”“正”“正在”“在”“呢”都具有主观性，且主观性高低程度不同（陈前瑞 2008）。因此本研究在对汉语的体进行分类时也注意到了体的主观性，我们按照说话人的观察焦点将汉语的体分为完整体与非完整体，完整体包括开始、经历、完成与将行，非完整体包括进行、持续、继续与惯常，这些体的不同在于说话人视角或视点的变换，如将视点置于过程外部则形成完整体：当视点聚焦于过程的起始点上时则形成开始体，当聚焦的过程的开始点位于参照时间之前时则形成经历体，当聚焦于过程的终结点时则形成完成体，当视点聚焦于过程终结点后则形成将行体；将视点置于过程内部则形成非完整体：当说话人聚焦于整个持续阶段或进行过程，则形成持续体与进行体，当说话人聚焦于开始点以及开始点以后的过程且该过程在较长时间内终结点不会出现时，则形成继续体。如（36）中的“了”是指说话人主要观察的是“排演”的终结点，（37）中的“着”则是说话人关注“戴”和“糊”的进行阶段，两个例句都体现了说话人的主观性。

（36）春节前夕，我哥他们排演了全部的《红灯记》。（莫言《生死疲劳》）
（37）他头上戴着一顶纸糊的高帽子，背上糊着一张大字报。（同上）

其次，汉语的时相与说话人的主观选择无关，无论说话人基于何种视角选择，时相都不会发生改变，换句话说，说话人即使使用不同视角，他所观察的也是同一个情状。顾阳（2007）指出，时相具有客观的特征，这些特征通过说话者的视角展示出来，如果将情状作为说话者要“摄取”的目标，说话者视点的角度可以变，但目标本身的性质不会改变。这就说明在许多情况下汉语存在句中的“着”与“了”可以互相替换，但意义并不相同，如（38）与（39）在“挂”后分别用“着”与“了”。对此，王葆华（2005）指出，从认知语言学的角度来看，这两组句子的意义并不相等，这是因为语言形式的选择与人们的认知视点表达有关，这反映了人们对客观世界中所发生的事物都有不同认识，具有很强的主观性。但从另一方面看，两句表达的是相同的意义，即某处以何种方式存在某物。也就是说，（38）与（39）的认知视点不同，一个位于情状内部，一个位于情状外部，这体现了主观性；但是两个小句的谓体都由“挂”说明，“挂”的时间结构并不会因为说话人的观察视角发生变化而变化，在两句内“挂”的内部时间结构都一样，都是指一种活动。

（38）墙上挂着一幅画。（CCL）

（39）墙上挂了一幅画。（同上）

总之，体体现了语言的主观性，时相体现了客观性，从这两个方面看，体与时相处于并协关系之中。

2. 进行/持续与状态/实现的对立

体的对立性是普遍的（Olsen 1997）。在时间系统中，体与时相就是一组对立体，而在体内部与时相内部也存在这种对立。可以说，体的对立具有相当程度的普遍性。

就英语进行体而言，进行体形式为 be+V-ing。在古英语中期，人们用 be+on+V 的形式表达进行意义，随着英语的发展演变，介词 on 逐步弱化为 a，后来 a 逐渐弱化直至消失，才形成了现在通用的进行体表达式（王剑、蔡金亭 2006）。Comrie（1976）在对非完整体分类时认为，非完整体可分为惯常体与持续体，持续体进一步分为进行体与非进行体。Smith（1997）认为进行体属于非完整体，而非完整体呈现的是情状的某一部分，不包括情状的终结点，表达的是开放的信息，与状态时相不兼容，因此进行体聚焦的是非状态事件的内部阶段，如（40）与（41）的 sing 与 climb 的时相类型分别为活动与终结，而 know 表示状态，（42）中的句子用了进行体后就不合语法，这说明进行体与状态时相是对立的。

（40）Kelly was singing.（Smith 1997：74）

（41）Ross was climbing a tree.（同上）

（42）*Bill was knowing the answer.（同上）

与英语相比，汉语虽然不具有动词的屈折变化，但也同样存在表达进行体与持续体的形式。一般认为，汉语中的“在”“正在”“正”表达进行体，“着”表达持续体。如吕叔湘（1942/1956）认为“着”表示“方事相”，表示动作正在持续之中，王力（1943/2011）认为“着”是“进行貌”，表示进行和持续。高名凯（1948/1986）认为“着”是进行体或“绵延体”，口语中也可以用“在”“正在”等，都具有持续性特征。龚千炎（1995）认为“在”和“着”都可以表示进行或持续，前者侧重持续意义，而后者偏重于表示进行。戴耀晶（1997）认为“着”具有非完整性、持续性和动态/静态性。如前文所述，汉语中的进行体与持续体都是基于说话人的视点在过程的内部，因此观察方式相同，不同之处在于前者是聚焦于内部的某一个点，后者则强调内部的任意点，说话人对前者的观察比对后者的观察更加具体化，视点范围更加具体。

那么进行体、持续体与状态、实现时相是否也像英语一样存在不兼容的对立现象呢？首先，我们分析汉语的状态情状。汉语动词的时相可分为状态、活动、终结与实现，其中状态的语义特征是［+时长］、［+静态］、［–完成］，因此状态时相具有持续性、静态性与无界性，其中的静态性意味着情状不涉及变化内容，是同质的、稳定的，但是进行体的语义实质是“过程性”，也就是指其暗含了开始与终结，但是又不计始终的展现变化的语义（陈友良 2004），可见静态性与“过程性”展现变化的义素不相容。但是“着”对状态时相的适应性要比“在”强得多，可以适用于各类状态情状（陈前瑞 2008：232）。Yeh（1993）认为“着”一般与阶段性状态情状兼容，如“害怕”“悲伤”“忙”等，但与个体性状态不兼容，如“想”“聪明”“善良”等。也就是说，“着”表达的持续体与状态大部分情况下是兼容的，只是有时与一些特定的状态情状不能兼容。如（43a）中的“相信”属于心理状态动词，完全不能与进行体和持续体兼容，如（43b）、（43c）、（44d）与（44e）却可与进行体与持续体兼容，（44a）与（44b）表明“爱”与进行体以及持续体都可以兼容。陈前瑞（2008）指出这些心理动词能加上“在”是因为接近活动情状，与动作动词类似，静态性变弱。也就是说，之所以出现了心理状态动词与“在”兼容的情况，那是因为“相信”“爱”不但是一种心理状态，还是人的认知活动，因此还具有动作动词的活动性特点。“着”比“在”适应性更强，只要与持续性不冲突，一般都可以与“着”兼容。因此，可以说，典型的状态类情状一般与“在”表示的进行体不能兼容，而“着”表示的持续体要相对灵活得多。所谓典型的状态类情状就是指那些不像“爱”

等心理动词一样含有动态性情状的情况，相当于 He（1998）所说的绝对状态与非绝对状态，绝对状态是最为典型的状态，如“是”“有”“存在”“属于”“姓”等表达的时相，而非绝对状态的典型性次之，一般是指形容词表达的状态，如“雪白”“绿油油”“好”等。这些状态时相都不能与进行体兼容，但“有”“存在”具有持续性，所以可以与“着”连用，如（45）与（46），这更体现了持续体的灵活性。

（43）a. 它们相信人能够靠内在潜力去改变、去行动。（CCL）
b. *它们在/正/正在相信人能够靠内在潜力去改变、去行动。
c. *它们相信着人能够靠内在潜力去改变、去行动。
d. 一些人还在相信，只要诚心“修炼”，终能“返本归真”。（同上）
e. 我坚确地相信着这一点。（同上）

（44）a. 她证实了自己的内心确实爱着他。（同上）
b. 一个男人很容易察觉女人在爱他。（同上）

（45）人类文化的进步有着其内在的循环加速机制。（同上）

（46）他们的生理和心理也存在着差异。（同上）

实现的语义特征为［－时长］、［－静态］、［＋完成］，因此实现时相具有瞬时性、动态性与有界性，进行体与持续体都具有持续性，由于前者重在进行，后者重在持续，因此前者的持续性比后者若弱。虽然进行体与持续体的持续性有强有弱，但因为都具有持续性，这种持续意义与短暂的瞬间性存在对立性，两者与实现时相都不能兼容。对于“在”与“着”，Lin（2005：16－18）指出，虽然它们表达的进行体意义与英语的进行体类似，但它不能与实现情状兼容，“在”只能修饰动态的持续性的事件，“着”也只能与无界（无自然终结点）的情状兼容。如（47）中的“塌”占据时间非常短，具有瞬时性，既不具有持续性，也不具有无界性，因此“在”“着”都不能与其共现。这种不相容的性质不仅仅是语义上的互相对立，而且也是有认知依据的，正如陈良有（2004）指出的，作为对象语言的自然语言所构筑出来的只不过是现实世界在人脑中认知投射的影子，当现实世界的某一动态情状的活动变化极快，始终于片刻，投体瞬间即逝，那反映投体持续过程的影子可能形成。

（47）哥们儿，慢点，我快塌了。（CCL）

对于进行体与状态情状之间的对立或互不兼容，学界诸多研究也持类似观点。如尚新、张滟（2015）以英汉为例进行分析后也得出了类似的结论，认为事态类型制约语法体标记的运算，如［±动态］特征制约着英语进行体结构，也制约汉语持续体标记“着”和进行体标记“在”，而且状态类事态句一般不允准进行体标记，更不允准进行体标记与完整体标记二者在一个小句中共现，瞬成类事态也限制进行体标记的入句，更不允准进行体标记与完整体标记二者共现入句。那么为什么进行体与状态以及实现类时相呈现对立性呢？Smith（1997）、尚新、张滟（2015）都没有解释其原因，王剑、蔡金亭（2006）对这个问题给出了解答。他们指出，活动动词与进行体之间存在极强的结合力，而状态动词基本不可以用于进行体，各类时相与进行体的结合力由强到弱排列为：活动动词＞完结（终结）动词＞达成（实现）动词＞状态动词，之所以出现这样的梯度排列，原因在于“某一时刻正在进行的动作”为进行体的典型意义，学习者更倾向于把进行体的语法语素加到具有相关或相似意义的动词后面，活动、终结、实现类动词可表示活动或变化，因此可用于进行体，其中的活动动词具有动态、持续的特征，完全符合进行体的典型意义，所以被用于进行体的时候最多。与活动动词和终结动词相比，达成动词由于具有瞬时性，因此与进行体的结合相对要弱。状态动词表示一种状态的存在，具有静态、持续、非终结性，因而不能与进行体相结合。我们认为这种解释具有合理性，进行体表示的典型意义应是“某一时刻正在进行的动作”，而动作应具有非静态性与持续性。这正如 Andersen & Shirai（1994）所指出的，非完成性和持续性是进行体的本质特征。状态时相的语义特征被 Smith（1997：20）总结为持续性、非完成性与静态性，“状态动词的静态特征与进行体构式的动态性不相兼容”（许明、董成如 2013：108），显然这种静态性与进行体的典型意义表现出来的语义特征背道而驰，因此进行体与状态类时相产生了排斥性。至于实现类时相，因为这种情状往往重在表示一瞬间的变化，持续时间很短，具有瞬时性，而这种瞬时性与进行体的典型意义表现出来的持续性相比，两者在时间长度上存在很大程度上的差异，因此一般情况下实现类时相与进行体之间也具有相互排斥性。

综上所述，一般情况下，进行体与状态时相都兼容，但是当状态时相具有了活动时相的非静态性质时，进行体可以与其兼容，相对而言，持续体相对灵活，可以与一部分状态时相兼容，但有时也不能兼容。而对于实现时相来说，由于该类时相的瞬时性与进行体、持续体具有的持续性完全对立，因此进行体与持续体两者都不能与该类时相兼容。

3. 体对时相的压制

关于“压制”，学界存在诸多解释，如 Goldberg（1995：238）指出，构式对词项施压使其产生跟系统相关联的意义从而产生构式压制，Swart（1998）认为压制是为消除语义冲突或修补错误匹配而对组构成分进行重新解释的机制，袁野（2011a：48－50）认为压制泛指语言形式和所表达的语义功能之间的一种不匹配现象。王寅（2013）认为压制是指当构式义与词汇义发生误配或冲突，可能是词汇让位于构式（即构式压制），也可能是构式妥协于词汇（即词汇压制），这种压制是构式与词汇的互动作用，如进行体可以压制动词体，使动词从静态变为动态，这主要由构式 V-ing 压制所致，如（48）中的静态动词 believe 在进行体压制作用下被别解为动态概念，这是构式压制。Michaelis（2004）指出由于受到 NP + V-ing 构式的压制，（49）的 like 这种静态的心理动词就带有了动态意义。换句话说，like 与 believe 的静态意义被体压制后，静态意义在句中呈隐性，而动态意义被突显出来，从而避免了两个小句在语法上的不合法。可见，对于体与时相来说，"压制"最终导致了时相的迁移，如（48）与（49）中的 believe 与 like 的静态时相意义都迁移为动态时相意义。换言之，体对时相起到压制作用，压制的结果就是一种时相迁移为另一种时相，从而造成了一种被压制为隐性意义，另一种成为显性的意义，我们认为这体现了体与时相之间的并协关系。据此，我们在时体研究中借用"压制"这个概念，认为"压制"是指一种意义对另外一种意义的作用，其作用结果就是意义的迁移。

（48）Peter is believing in ghosts these days.（BNC）
（49）Susan is liking this play a great deal.（同上）

当受到体的压制时，时相的语义特征会发生变化，从而改变时相类型，这就造成了时相迁移。现代汉语的时相依据［±静态］、［±时长］、［±完成］三组语义特征分出状态、活动、终结、实现四个类别，因此一旦体对时相压制，首先改变的是这三组语义特征，语义特征改变也就意味着时相迁移。也就是说，静态时相可能压制迁移为动态时相，瞬时时相可能压制迁移为持续时相，完成时相可能压制迁移为非完成时相。

首先，当体压制时相的静态特征时，则静态迁移为动态。如进行体就将静态特征压制为动态特征，（50）中的"伤心"是状态时相，具有静态的语义特征，但是（51）中的"正"表达进行体，而进行体是指说话人以过程内部的续段中的任意一点为观察目标，表示动作正在进行过程之中，因此具有动态特征，进行体与"伤心"同现后，"伤心"的静态意义被压制，整个小句表现的是"伤心"的动态性。

（50）老员工没来找我，我很伤心。（CCL）
（51）他正伤心呢，你去看看吧。（同上）

其次，当体压制时相的［－时长］时，瞬间性特征会迁移为持续性特征。

龚千炎（1995：27）指出，汉语中存在很多瞬间动词，如“死”“塌”“爆炸”“灭”“断”“发现”“看见”“打破”等，这些瞬间动词都是非持续的，一般都不能加“正在”“在”或“着”。但是，当进行体压制这种时相的瞬间特征时，“正在”可以与其中一部分瞬间动词共现。如（52）中的“打破”，“正在”表达的进行体压制了“打破”的瞬间性，整个小句的时相呈现出持续性特征。

（52）电影电视制片业正在打破铁饭碗。（CCL）

最后，表达完成体的“了”是说话人观察终结点上的过程，具有完成性，一般不与状态类以及一些活动类动词连用。就此，Yang（2011：384）指出，在诸如英语、法语等印欧语言中，尽管完整体在语义特征上一般对应于有界的情状，非完整体一般对应于无界的情状，但完整体标记几乎与所有的时相兼容，而汉语的情况则不同，属于完整体的完成体一般由“了”体现，在没有其他词汇或语用手段为句子提供了终结点或界限的情况下，该类完整体一般不能与状态与活动兼容。如（53b）中的“爱”属于状态动词，加“了”不能成立，（54b）中的“咳”属于活动动词，加“了”后的小句不完整，需要变为（54a）借助“一下”提供的终结点才能成立。Wu（2005）也持类似观点，指出完成体“了”不能单独用于活动中，状态也不能总是与“了”兼容，其中的阶段性状态与“了”可以连用并增加开始意义，但是个体性状态则不能与“了”兼容。Lin（2005）也指出“属于”“认为”“佩服”都不能与“了”兼容，如（55）～（57），而某些状态类动词可以与“了”兼容，如（58）中的“知道”与“了”连用。Ross（2002）也认为，一些状态类动词后面加上“了”后可向实现类迁移，如“高”“贵”“病”等。也就是说，由于“了”的出现，小句的时相发生了迁移，由状态迁移为实现。这是因为状态类的谓体本身不具有完成性，“了”的出现就给这些谓体设定了终结点或界限，非完成性会迁移为完成性，从而使得时相发生迁移。

（53）a. 唐玄宗爱他的才，也不责怪他。（CCL）
b. *唐玄宗爱了他的才，也不责怪他。
（54）a.他在外间屋里轻声咳了一下。（同上）
b. *他在外间屋里轻声咳了。
（55）义务教育的管理权属于地方。（同上）
（56）他认为教学应为学生发展创造“最近发展区”。（同上）
（57）他也不得不佩服刘招华生死逃亡里的一份坦然。（同上）
（58）财务经理老马知道了这件事。（同上）

体对时相的压制与时相的合成性是一致的。时相具有合成性，也就是说，时相意义会受到句中其他成分的影响，这一点已经成为学界共识，如 Mourelatos（1981）讨论了名词的数量特征是如何影响时相意义的，他举例说，he played Mozart 是无界的，而 he played a Mozart sonata 则是有界的。另外，时间状语对时相也具有一定的影响。Filip（1990：93–96）认为时相很大程度上取决于主要的词汇动词，外部论元与状语对体也有贡献。Olsen（1997）指出词汇体是合成性的，它主要基于动词的句法与语义框架，但是句中其他成分仍然可影响词汇体的特征，以 run 为例，一般情况下都将其视为无界动作，如（59），但是（60）后接一个直接“宾语”，（61）后跟一个表示目的的介词短语，两者都表示的是有界的终结。

（59）Carl Lewis ran.（BNC）

（60）Carl Lewis ran a mile.（同上）

（61）Carl Lewis ran to the store.（同上）

总之，体对时相具有压制作用，通过这种压制，时相的语义特征发生改变，进而时相发生迁移，即静态时相可能被体压制迁移为动态时相，瞬时时相可能被体压制迁移为持续时相，完成时相可能被体压制迁移为非完成时相。

6.3.2 体与时相之间的互补关系

虽然体与时相是两个不同的概念，但两者之间并非绝对对立，而是处于联系之中，两者在时间系统中互相补充，共同完成对部分时间经验的识解，这实质上是两者之间互补性的体现。

首先，时相是体的观察目标，体反映的是说话人对时相的观察方式，两者都是时间系统中必要的组成成分，缺一不可。以往研究往往以体为重心，有的研究甚至忽略了时相在时间系统的地位，在谈及时间概念时，往往关注时态和体。如吕叔湘（1942/1956）在“时间”专题中讨论了三时与“动相”，张秀（1957）讨论的是汉语的“关系时制”与体，李临定（1990）探讨了汉语动词的“时”与体，Yang（2007）仅构建了体系统。但是，Vendler（1967）的研究给研究者带来了启示，人们意识到时相也应该是时间系统的一部分，于是 Smith（1997）将体与时相作为同等地位的成分纳入了系统之中，后来 Olsen（1997）也继承了此观点，将体与时相都纳入了系统，还有研究将体与时相合称为体貌系统（如陈前瑞 2008；鞠志勤 2015）。上述研究表明，体与时相在时间系统内处于联系之中。

其次，时相是时间系统的基础，没有时相就没有体。Olsen（1997）将体与时相视为广义体系统的两个必要组成部分，指出对于特定句子或命题的广义的体意义来说，包含体与时相语素的不同成分，体建立在时相基础之上，即体可视为句子的算子，把时相看成输入，输出的则是完整或非完整的观察方式，即体。有输入才会有输出，无输入就无所谓输出，因此时相对于体来说是至关重要的。更进一步说，无论对时态来说，还是对体来说，时相都是具有基础性地位的范畴。这在孙英杰（2007）建构的层级化时间系统中体现得尤为明显。他指出，任何一个句子在时体信息上都具有四个基本特征，即动词本身的特征、动词构成的述谓特征、说话者观察或陈述这个述谓的角度、述谓在时间上的位置，其中动词本身的特征决定了述谓的种类，说话人观察或陈述这个述谓的角度决定了体的选择，加上述谓发生的时间点，这四个基本特征决定了一个事件的体。这四个特征之间存在一定的顺序，形成的一个具有层次的时 – 体阶层，即［时制［语法体［述谓体［动词词汇体］］］］。可见，在这个层次化时间系统中，动词的时相是基础，处于时体阶层的第一层，与述谓、体、时态关系相当紧密，述谓体为时体阶层的第二层次，第三层为体，以述谓体为输入项，时态是时体阶层的最后一层。时相决定着第二层次的体特征以及跟何种体搭配，由于时态在最外层次，因此时相对于时态来说也具有核心基础地位。

那么为什么时相与体之间存在这种关系呢？这可以从体的认知形成机制方面展开讨论。从我们对体的定义可知，体涉及诸多认知因素。在 Langacker（1991）的认知参照模型下，人类的认知能力可抽象为认知参照点模型，主要涉及认知主体、参照点、目标、辖域、心理路径五个范畴，人类通过激活一个突显的实体来确立通往其他不易定位的实体，这些突显的实体往往被选为参照点，认知主体经由参照点达到对目标的认知，辖域就是由参照点到达所有潜势目标的集合。认知参照点理论在语言中存在普遍性体现，能够解释许多语言现象背后的认知理据（李丛禾 2008：27）。我们认为，体也体现了人类的认知参照点能力：体作为过程内部时间结构的观察方式，涉及说话人、观察对象以及说话人的观察视角，其中说话人在认知参照模型中就是认知主体，观察对象就是认知参照模型中的目标，该目标最终指向过程的内部时间结构，即指向时相。可见，从认知角度看，时相与体之间之所以互补，并且时相在时间系统中具有基础性地位，是因为说话人将时相视为观察目标，一旦观察目标丢失，认知活动就会变得毫无意义，换言之，时相的基础地位是由其本身的客观性所决定的。

需要指出的是，时相具有基础地位，也需要体的存在。一方面，体是时间概念，也离不开空间（阮咏梅、王文斌 2015），这意味着体与空间中的事物有关，包括观察情状的说话人，而且还会因说话人而涉及该空间中的听话人。因此说话人以其主观性视角观察情状后而形成的体信息就会作为交流的内容传达给听话人，在这个交际过程中，听话人必然会受到说话人主观因素的影响。也就是说，体具有空间性质，只有体在时相的所在空间出现，才能将交际中的说话人与听话人引入语篇，从而使得语篇能够顺利传达信息，达到成功交流的目的；另一个方面，体的压制作用会使时相在小句中基于交际需要而发生迁移，小句的时间意义才能更加符合说话人的主观意愿。假如因为时相的基础地位而将体排除在系统外，那么小句的时间意义就会有所缺失，在语法上也会变得不合法，如我们尝试将（62）中的两个“了”去掉，那么结果是：首先在语感上该句会变得不顺畅；“采撷”与“编织”本应具有反复持续性，没有内在的终结点。但从上下文的逻辑关系看，③的过程“套”是基于①中的过程“采撷”与②中的过程“编织”发生之后才出现，那么这就与“采撷”与“编织”固有的反复持续性相冲突，这时就需要体来进行压制，给予两者一个完成的界限，进而使小句合法，将多个小句连接起来形成语篇。

（62）临近村头时，① 蓝脸从路边采撷（了）一些柔韧的草蔓和黄色的野菊，② 编织（了）一个椭圆形的花环，③ 套在我的两耳根部。（莫言《生死疲劳》）

总之，体与时相之间存在互补关系，即两者在时间系统中各司其职，互相补充，都是时间系统的必要组成部分：时相在时间系统中处于基础地位，而体的形成则离不开时相，因为时相就是体的观察目标；时相也离不开体，只有体与时相共同被一个小句承载，这个小句的时间意义才能反映说话人的观察角度，最终顺利完成交际活动，达到交际目的。

6.4 结语

本章主要“自同一层面”环视整个时间系统，分析时间系统内部各个子系统之间的并协互补关系，内容主要包括时态与体之间的关系以及体与时相之间的关系。

首先时态与体之间存在并协关系，主要表现在三个方面。第一，时态与体分别是两个不同的范畴，承担不同的时间功能，其中时态承担的是时间定位与建构时间关系的功能，而体的主要功能在于从说话人的视角描述情状的所处状态和阶段。第二，两者之间在意义上存在突显与压制。语法形式与准语法形式重在突显体意义，压制时态意义，而一般具有明显时间指示性的时间词语与时间副词重在突显时态意义，并压制体意义，表示频率的时间副词因本身不具有明显的时间指示性，突显的是体意义，从而压制了时态意义。第三，两者之间在与谓体距离象似性上存在差异，其中体意义与谓体的距离象似性程度最高，时态次之。

其次，时态与体之间还存在互补关系，主要体现在两个方面。第一，两者在 E、R、S 关系上存在共同之处，两者共同识解时间经验。无论时态还是体，在时间轴上都与参照时间 R 发生关系，经过参照时间的确定，时态可以对过程进行时间定位，体可以观察过程内部时间结构中起始点、终结点以及区间续段上的状况如何，从而共同识解时间经验。第二，时态与体之间在意义上存在对应性互动。时态、非完整体与完整体之间存在一定的对应关系，其中非完整体与现在时态呈现必然的对应关系，完整体一般与过去和将来两种时态对应，但一般不与现在时态对应。

再次，体与时相之间存在并协关系。体与时相是两个不同概念，不能互相替代，有时甚至会出现冲突乃至对立，这就是两者之间的并协关系，具体体现在三个方面。第一，体具有主观性，而时相则具有客观性。第二，进行体/持续体与状态或实现情状相互排斥。一般情况下，进行体与状态时相都兼容，但是当状态时相具有了活动时相的非静态性质时，进行体可以与其兼容，相对而言，持续体相对灵活，可以与一部分状态时相兼容，但有时也不能兼容。而对于实现时相来说，由于该类时相的瞬时性与进行体、持续体具有的持续性完全对立，因此进行体与持续体两者都不能与该类时相兼容。第三，体对时相具有压制作用。体对时相的压制使得时相的语义特征发生改变，进而发生迁移，即静态时相可能压制迁移为动态时相，瞬时时相可能压制迁移为持续时相，完成时相可能压制迁移为非完成时相。

最后，体与时相之间也存在互补关系。虽然体与时相各不相同，不能互相替代，但是两者之间并非完全对立，而是处于联系之中，即时相处于基础地位，而体的形成则离不开时相，这是因为时相与体的观察目标相关；时相也离不开体，只有体的存在，才能保证语篇顺利发展，完成整个交际活动。

第7章

结　　论

本研究基于系统功能语言学的元功能维度、层次维度与系统维度，并采用“自上至下”“自下至上”“自同一层面”的三维研究范式，界定了时间系统中的时态、体与时相这三个主要范畴，在此基础上，从意义、体现形式、系统关系三个方面对现代汉语的时态、体、时相进行阐释与描述，从而为现代汉语构建出一个以功能为中心、具有层次性与系统性、较为完整的时间系统。本章将总结本研究的主要成果与贡献，指出本研究存在的局限性，并对未来研究进行展望。

7.1　研究成果

首先，研究从功能出发对时间系统的三个主要范畴进行了界定。研究认为，时态是指说话人（包括说话人与作者）对过程的时间定位以及基于该时间定位建构的时间关系，是一个具有时间指示性的语义范畴，涉及三个基本时间因素，即说话时间；事件时间与参照时间，其中参照时间与事件时间均可依据具体语境视为时点或时段，体是说话人对情状内部时间结构不同的观察方式，时相则是描述情状内部时间结构的经验范畴。

其次，研究基于元功能维度“自上至下”描述了时态、体与时相的潜势意义。研究认为，现代汉语时间系统具有元功能维度，这为描述时态、体与时相的意义提供了依据。时态的经验意义就是指其对过程的直接时间定位以及对参与者与环境成分的间接定位。逻辑意义体现在时态所建构的时间关系上，涉及主从与并列两种相互依赖关系以及增强、延展和投射三种逻辑语义关系。时态的人际意义涉及通过时态建构的人际关系以及时态衍生的情态意义，其中的人际关系涉及说话人、听话人、时间信息、给予和求取等因素，情态则包括概率、频率和意态。时态的语篇意义主要体现在时态在语篇中形成的时态序列上，分为线性时态序列与同步时态序列，前者还可进一步分为迂回式与前进式两个类型；体表达经验意义，即体是说话人观察情状内部时间结构的不同方式，可按照观察方式的不同对体进行区分：一方面，当说话人将观察焦点置于情状界限内部时，说话人采用的是一种完整的观察方式，从而体现完整性的经验意义，具体包括开始、完成、经历与将行四个类别。另一方面，当说话人将观察焦点置于情状界限外时，说话人采取的是一种非完整的观察方式，从而体现非完整性的经验意义，具体包括进行、持续、继续和惯常四个类别。体的逻辑意义是指通过说话人的视点移动而形成的主从增强关系，这种关系包括开始性增强、终结性增强与延续性增强。体的人际意义主要是指说话人通过体构建人际关系，涉及说话人、听话人、言语角色与交际信息，还衍生出了情态意义。体的语篇意义在于体通过规定情状的界性来组织语篇，即［±完成性］直接决定语篇是否能够继续推进。一般而言，说话人若选择完成意义，则涉及的情状是有界的，必然需要引出另外一个情状，从而增加前景信息，推动语篇发展，否则，所发生的情状就是无界的，新增加的情状都是对这个事件的进一步阐释或说明，则增加背景信息。时相具有的经验性质主要反映在过程、参与者与环境成分上：过程呈现的经验意义主要体现在过程本身具有的不同语义特征上，这些语义特征包括［±静态］、［±时长］与［±完成］，据此可分出不同的次类型，这些次类型主要基于谓体的不同类型而产生，即当动词填充谓体时，过程的经验意义可以分为状态、活动、终结与实现，当其他成分说明谓体时，过程的经验意义可以分为恒定性状态、暂时性状态与实现；参与者在时相的经验意义中起到合成作用，其合成性经验意义主要表现在参与者的单数与复数特征上；环境成分与参与者一样，也在时相的经验意义表达中起到合成作用，其合成性经验意义包括持续性与频率。时相的逻辑意义主要表现在过程上，涉及显性意义与隐性意义，显性的逻辑意义包括主从阐释关系、并列增强与并列延展三种类型。时相具有客观属性，本质上与人际意义的主观性发生冲突，因此谓体词汇本身表达的人际意义得以突显，最终导致时相的人际意义呈现隐性特征，或者也可以说，时相的人际意义是通过谓体词汇本身具有的人际意义而实现的，主要涉及情感上的意愿性与愉悦性、判断上的能力性与可靠性以及鉴赏中的反应性与估值性。时相也具有语篇功能，原因在于时相本身具有的完成与非完成、持续与非持续、静态与动态等语义特征，这些特征决定了情状的界性，有界的情状必然意味着完成，从而引出下一个情状，无界的情状则意味着这种现状还会持续，只能在语篇中增加更多的背景信息，因此时相通过本身具有的语义特征为其表达语篇意义提供了可能。

再次，研究基于层次维度“自下至上”探讨了时态、体与时相的体现形式，包括探讨这些形式的特点、划分这些形式的主要标准以及对这些体现形式进行的举例分析。研究指出，时间系统的体现形式具有连续性，在词汇语法层上处于一个连续统内，分别归属为语法形式、准语法形式与词汇形式。区分这些形式的标准主要涉及语义、词汇语法、音系三个语言层面，即在语义层上的标准是去语义化程度，在词汇语法层上的标准为去范畴化程度，在音系层上的标准则是语音的消蚀程度。具体来讲，要判断一种体现形式具体属于连续统内的哪个类别，就要在语义层上看该类形式是否还保留原范畴的语义，在词汇语法层上看这些形式是否保留了原范畴的一些句法特征，特别是看其是否还具有动词范畴的一些特征，在音系层上则主要看语音是否发生弱化、变异或消失。基于这样的多层次标准，研究进一步指出，时态的主要体现形式属于词汇手段，主要包括时间副词与其他一些时间词语；体的体现形式主要是体标记与准体标记，分别属于语法形式与准语法形式。体标记语法化程度最高，处于连续统内的语法端，“了”“着”“过”“在”等最具典型性，这些形式主要源于动词，但已经不具有动词的主要特征，原来作为动词的动作性语义也发生了弱化或变异。准体标记的语法化程度不及体标记的语法化程度高，但语义已经完全虚化，且褪去了动词范畴的主要特征，只在一定程度上保留了动词词汇意义与源动词的部分特征，语音也仅是经历了一个弱化过程，还未达到变异的程度，因此准体标记兼有词汇形式与语法形式的一些特点，故居于连续统的两端之间，可归属为准语法形式，该类形式中的“起来”“下去”具有典型性；对于时相来说，体现形式主要是词汇形式，包括小句的谓体与补语：一方面，谓体由名词词组、动词、性质词组、数量词组填充或说明，对时相意义起到决定作用；另一方面，小句中的补语主要由名词词组填充，一般来讲，其单复数特征会制约时相意义的合成。

最后，研究基于系统维度“自同一层面”揭示了时间系统内时态、体与时相之间的关系，并将这种关系分为并协关系与互补关系。所谓并协，就是强调两个概念或范畴之间的对立性，即两者之间互不相容，甚至互相矛盾。所谓互补，就是强调两个概念或范畴之间的统一性，即两者之间可互为补充，共同完成经验的识解。从宏观上讲，整个时间系统具有的并协互补性主要表现在时态与体之间以及体与时相之间。首先，时态与体之间的并协关系主要涉及两者主要承担的功能、意义上的突显与压制、与谓体的距离象似性这三个方面，两者之间的互补关系主要涉及时态与体在时间关系方面与意义互动性两个方面。其次，体与时相之间的并协关系主要涉及体与时相在主观与客观属性上的对立、进行体/持续体与状态或实现情状的相互排斥、体对时相的压制这三个方面。体与时相之间还存在互补关系，主要是指体与时相两者都是时间系统中的重要组成部分，两者在时间系统内缺一不可：一方面，时相在小句的时间意义中处于基础地位，没有时相也就形成不了体；另一方面，如果没有体，由于听话人对时相的观察方式无法体现出来，因此与说话人之间的时间信息交流就会被中断。

7.2 研究贡献

本研究的贡献主要体现在以下三个方面：

首先，本研究通过探讨时态、体与时相的理论，一定程度上完善了系统功能语言学有关时间现象的语义及句法理论，这不但会对系统功能语言学的词汇语法层次理论的发展起到一定的推动作用，还会对系统功能语言学作为普通语言学和适用语言学的发展做出一定的贡献。这主要体现在：研究遵循了系统功能语言学理论的核心原则——意义决定形式、形式体现意义，明确地区分了汉语时间系统的意义层和形式层，不但阐述了汉语的时态、体与时相的多种潜势意义，还描述了三个范畴在词汇语法层上的体现形式；研究还强调了系统功能语言学的系统思想，将时态、体与时相视为时间系统的组成部分，明确了它们之间的关系。

其次，本研究通过结合系统功能语言学的理论框架与三维观察视角，对汉语时间系统内时态、体与时相的意义、体现形式、系统关系进行了阐述，为现代汉语构建了一个比较完整的时间系统理论体系，为汉语时间系统的研究提供了一个新的视角和研究范式。

最后，从实践角度看，本研究明确了时态、体与时相三个范畴的内涵、类别以及三者之间的区别与联系，为现代汉语建立了一个较为完整的理论体系，这有利于学生正确理解和区分语言中存在的不同时间意义，可为对外汉语教学有关不同时间意义表达方式的选择提供借鉴。

7.3 研究的局限性

研究虽然取得了一些成果，在理论与实践上对学界做出了一定的贡献，但也存在一定的局限性，主要体现在以下三个方面：

首先，本研究重在基于元功能、层次、系统三个维度对现代汉语时间系统的意义、体现形式与系统关系进行阐述，但没有就例示化与结构两个维度展开深入探讨。依据系统功能语言学，例示化维度、结构维度与其他三个维度一样都是语言建筑中必不可少的维度之一，其中例示化维度要求将系统例示化为具体的语篇，结构维度则利于对不同语言层次级阶成分的分析。本研究更多关注的是元功能、层次与系统维度下的时间系统，但基于例示化与结构两个维度对时间系统的研究也是非常必要的。

其次，由于研究重在从宏观上描述时态、体、时相的体现形式系统，所涉及的体现形式主要为较典型的形式，特别是在探讨词汇形式时，鉴于词汇形式本身的开放性，研究对体现形式的分析数量是有限的。

最后，在论述过程中，本研究遵从系统功能语言学的思想，曾多次强调语境的重要性，但由于研究重在对时间系统进行构建，并未就语境因素（如上下文语境、情景语境、文化语境等）如何影响时体意义而进行更为系统与深入地探讨。

7.4 研究展望

鉴于本研究存在的局限性，我们对今后的研究提出如下建议：

首先，现代汉语时间系统的例示化维度与结构维度是今后研究值得关注的两个方面。在例示化维度下，今后的研究可对语篇进行分类，对特定类型语篇的时间特征进行类型学阐释，也可对不同语篇类型的时间特征进行系统的对比研究；在结构维度下，今后的研究可从音系、词汇语法以及语义层对时间系统进行级阶切分，对不同级阶的体现形式展开分析与讨论。

其次，时间现象在世界语言中普遍存在，因此汉外时间系统的对比研究也是今后的研究方向之一。本研究在第二章对时间系统相关研究进行回顾时提到，目前学界对时间系统的跨语言研究重在总结共性规律，对汉语与其他语言的对比或比较方面还需进一步的探讨，这种研究现状说明时间系统的汉外对比或比较研究具有必要性。

最后，鉴于语境因素的重要性，今后的研究在具体分析中应增加示例语篇数量及语篇类型，这就需要借助语料库语言学的相关研究方法，建立一个有关时间表达形式的汉外双语语料库，并开发相关的语料对比分析软件，这将会对未来的时间研究大有裨益。

参考文献

［1］Andersen, R. & Shirai, Y. (1994). Discourse motivations for some cognitive acquisition principles. *SSLA*, 16(2)：133 – 156.

［2］Bache, C. (1982). Aspect and aktionsart: Towards a semantic distinction. *Journal of Linguistics,* 18(1)：57 – 72.

［3］Bache, C. (1997). *The Study of Tense, Aspect and Action*: *Towards a Theory of the Semantics of Grammatical Categories*(2nd edn.). New York: Peter Lang.

［4］Bache, C. (2008). *English Tense and Aspect in Halliday's Systemic Functional Grammar*: *A Critical Appraisal and an Alternative*. London: Equinox.

［5］Bhat, D. N. S.(1999). *The Prominence of Tense, Aspect and Mood.* Amsterdam: Benjamins.

［6］Binnick, R. I. (1991). *Time and the Verb*: *A Guide to Tense and Aspect*. Oxford: Oxford University Press.

［7］Binnick, R. I. (2012). *Tense and Aspect*. Oxford: Oxford University Press.

［8］Bybee, J. L. (1985). *Morphology*: *A Study of the Relation between Meaning and Form*. Amsterdam: Benjamins.

［9］Bybee, J. L., Perkins, R. & Pagliuca, W. (1994). *The Evolution of Grammar*: *Tense, Aspect, and Modality in the Languages of the World.* Chicago: The University of Chicago Press.

［10］Caffarel, A., Martin, J. R. & Matthiessen, C. M. I. M. (2004). *Language Typology*: *A Functional Perspective*. Amsterdam: Benjamins.

［11］Chvany, C. V. (1990). Verbal aspect, discourse saliency, and the so-called/ perfect of result in modern Russian. In N. B. Thelin(Ed.), *Verbal Aspect in Discourse*. Amsterdam: Benjamins, 213 – 235

［12］Comrie, B. (1976). *Aspect*. Cambridge: Cambridge University Press.

［13］Comrie, B. (1985). *Tense*. Cambridge: Cambridge University Press.

［14］Croft, W. (2012). *Verbs*: *Aspect and Causal Stucture*. Oxford: Oxford University Press.

[15] Dahl, Ö. (1985). *Tense and Aspect Systems*. New York: Basil Blackwell Ltd.

[16] Dahl, Ö. (2000). The tense-aspect systems of European languages in a typological perspective. In Ö. Dahl(Ed.), *Tense and Aspect in the Language of Europe*. Berlin/New York: Mouton de Gruyter, 3–25.

[17] Declerck, R. (1991). *Tense in English: Its Structure and Use in Discourse*. London/ New York: Routledge.

[18] Dik, S. C. (1997). *The Theory of Functional Grammer*. Berlin: Mouton de Gruyter.

[19] Dowty, D. R. (1979). *Word Meaning and Montague Grammar*. Dordrecht: Reidel.

[20] Fawcett, R. P. (2008). *Invitation to Systemic Functional Linguistics through Cardiff Grammar: An Extension and Simplification of Halliday's Systemic Functional Grammar*(3rd edn.). London: Equinox.

[21] Fawcett, R.P. (2010). *How to Analyze Participant Roles and So Processes in English*. Handbook for MA students of linguistics in University of Science and Technology Beijing.

[22] Filip, H. (1999). *Aspect, Eventuality Types and Nominal Reference*. New York: Garland Publishing Inc.

[23] Finegan, E. (1995). Subjectivity and subjectivisation: an introduction. In D. Stein & S. Wright(Eds.), *Subjectivity and Subjectivisation*. Cambridge: Cambridge University Press, 1–15.

[24] Firth, J. R. (1957). *Papers in Linguistics 1934–1951*. Oxford: Oxford University Press.

[25] Goldberg, A. E. (1995). *A Construction Grammar Approach to Argument Structure*. Chicago: The University of Chicago Press.

[26] Haiman, J. (1985). *Iconicity in Syntax*. Amsterdam: Benjamins.

[27] Halliday, M. A. K. (1994). *An Introduction to Functional Grammar*(2nd edn.). London: Arnold.

[28] Halliday, M. A. K. (1951/2007a). Temporal categories in the modern Chinese verb. In J. J. Webster (Ed.), *Studies in Chinese Language* (Collected works of M. A. K. Halliday,Vol.8). Beijing: Peking University Press, 177–208.

[29] Halliday, M. A. K. (1956/2007b). Grammatical categories in modern Chinese. In J. J. Webster(Ed.), *Studies in Chinese Language*(Collected works of M. A. K. Halliday, Vol.8). Beijing: Peking University Press, 209–248.

[30] Halliday, M. A. K. (2008). *Complementarities in Language*. Beijing: The

Commercial Press.

[31] Halliday, M. A. K. & Matthiessen, C. M. I. M. (1999). *Construing Experience through Meaning: A Language-based Approach to Cognition*. London: Cassell.

[32] Halliday, M. A. K. & Matthiessen, C. M. I. M. (2004). *An Introduction to Functional Grammar* (3rd edn.). London: Arnold.

[33] Halliday, M. A. K. & Matthiessen, C. M. I. M. (2014). *Halliday's Introduction to Functional Grammar* (4th edn.). London/New York: Routledge.

[34] Halliday, M. A. K. & McDonald, E. (2004). Metafunctional profile of the grammar of Chinese. In A. Caffarel, J. R. Martin & C. M. I. M. Matthiessen(Eds), *Language Typology: A Functional Perspective*. Amsterdam: Benjamins, 305 – 396.

[35] Halliday, M. A. K. & Hasan, R. (1985). *Language, Context and Text: A Social Semiotic Perspective*. Geelong: Deakin University Press.

[36] He, B. Z. (1998). A synchronic account of laizhe. *Journal of the Chinese Language Teachers Association*, 33(1)：99 – 114.

[37] Heine, B. & Kuteva, T. (2007). *The Genesis of Grammar: A Reconstruction*. Oxford: Oxford University Press.

[38] Hengeveld, K. (2011). The grammaticalization of tense and aspect. In H. Narrog & B. Heine(Eds), *The Oxford Handbook of Grammaticalization*. Oxford: Oxford University Press, 580 – 594.

[39] He, W. & Ma, R. Z. (2013). Comparison of the instantiations of marked Chinese and English tense: a systemic functional approach. *Linguistics and Human Sciences*, 8(2)：257 – 285.

[40] Hopper, P. J. (1982). Aspect between discourse and grammar: an introductory essay for the volume. In P. J. Hopper(Ed.), *Tense-Aspect: Between Semantics & Pragmatics*. Philadelphia: Benjamins, 3 – 18.

[41] Hopper, P. J. & Thompson, S. A. (1980). Transitivity in Grammar and discourse. *Language*, 56(2)：251 – 299.

[42] Hopper, P. J. & Traugott, E. C. (1993). *Grammaticalization*. Cambridge: Cambridge University Press.

[43] Hornby, A. S. (1997). *Oxford Advanced Learner's English Dictionary*(4th edn). Oxford: Oxford University Press.

[44] Hunston, S. & Francis, G. (2000). *Pattern Grammar: A Corpus-driven*

Approach to the Lexical Grammar of English. Amsterdam: Benjamins.

[45] Jesperson, O. (1927). *The Philosophy of Grammar*. London: George Allen & Unwin Ltd.

[46] Johanson, L. (2000). Viewpoint operators in European languages. In Ö. Dahl(Ed.), *Tense and Aspect in the Languages of Europe*. Berlin: Mouton de Gruyter, 27 – 188.

[47] Johnson, M. (1981). A unified temporal theory of tense and aspect. In P. J. Tedischi & A. Zeanen(Eds), *Syntax and Semantics*(Vol.14). New York: Academic Press, 145 – 171.

[48] Kay, P. & Fillmore, C. J. (1999). Grammatical constructions and linguistic generalizations: What's X doing Y? Construction. *Language*, 73(1)：1 – 33.

[49] Klein, W., Li, P. & Hendriks, H. (2000). Aspect and assertion in Mandarin Chinese. *Natural Language & Linguistic Theory*, 18(4)：723 – 770.

[50] Langacker, R. W. (1987). *Foundations of Cognitive Grammar*. Stanford: Stanford University Press.

[51] Langacker, R. W. (1991). *Foundations of Cognitive Grammar: Descriptive Application*(Vol. 2). Stanford: Stanford University Press.

[52] Langacker, R. W. (2001). The English present tense. *English Language and Linguistics*, 5(2)：251 – 271.

[53] Leech, G. (2004/2013). *Meaning and the English Verb*(3rd edn.). New York: Routledge.

[54] Levinson, S. (2001). *Pragmatics*. Cambridge: Cambridge University Press.

[55] Ljungqvist, M. (2007). *Le*, *guo* and *zhe* in Mandarin Chinese: A relevance-theoretic account. *J East Asian Linguist*, 16(3)：193 – 235.

[56] Li, C. N. & Thompson, S. A. (1981). *Mandarin Chinese: A Functional Reference Grammar*. Berkeley: University of California Press.

[57] Li, E. (2007). *A Systemic Functional Grammar of Chinese*. London / New York: Continuum.

[58] Li, W. D. (2012). Temporal and aspectual references in Mandarin Chinese. *Journal of Pragmatics*, 44(14)：2045 – 2066.

[59] Li, W. D. (2014). Perfectivity and grounding in Mandarin Chinese. *Studies in Language*, 38(1)：127 – 168.

[60] Lin, J. W. (2003). Temporal reference in Mandarin Chinese. *Journal of East Asian Linguistics*, 12(3)：259 – 311.

[61] Lin, J. W. (2005). Time in a language without tense: the case of Chinese.

Journal of Semantics, 23(1)： 1 – 53.

［62］Lin, J. W. (2012). Tenselessness. In R. I. Binnick(Eds.), *The Oxford Handbook of Tense and Aspect*. Oxford: Oxford University Press, 669 – 695.

［63］Ling. E. (2013). Ideational and interpersonal metafunctional profiles of the Chinese grammar. *Us-China Foreign Language*, 11(12)： 901 – 929.

［64］Long, R.J. (1981). *Transitivity in Chinese*. MA Thesis. Sydney: University of Sydney.

［65］Lyons, J. (1977). *Semantics(*Vol.2). Cambridge: Cambridge University Press.

［66］Malchukov, A. (2009). Incompatible categories: resolving the "present perfective paradox" . In L. Hogeweg, H. de Hoop & A. Malchukov(Eds.), *Cross-linguistic Semantic of Tense, Aspcet and Modality*. Amsterdam/ Philadelphia: Benjamins, 13 – 32.

［67］Malinowski, B. (1935). *Coral Gardens and Their Magic(*Vol. II). London: Allen and Unwin.

［68］Martin, J. R. (1992). *English Text: System and Structure*. Amsterdam: Benjamins.

［69］Martin, J. R. (2000). Beyond exchange: Appraisal systems in English. In S. Hunston & G. Thompson(Eds.), *Evaluation in Text: Authorial Stance and the Construction of Discourse*. Oxford: Oxford University Press, 240 – 270.

［70］Martin, J. R., Matthiessen, C. M. I. M. & Painter, C. (2010). *Deploying Functional Grammar*. Beijing: The Commercial Press

［71］Martin, J. R. & Rose, D. (2003). *Working with Discourse: Meaning Beyond the Clause*. London: Continuum.

［72］Martin, J. R. & White, P. (2005). *The Language of Evaluation: Appraisal in English*. New York: Palgrave MacMillan.

［73］Meisterernst, B. (2015). *Tense and Aspect in Han Period Chinese: A Linguistic Analysis of the "Shǐjì"*. Berlin: De Gruyter Mouton.

［74］Michaelis, L. A. (2004). Type shifting in Construction Grammar: an integrated approach to aspectual coercion. *Cognitive Linguistics*, 15(1)： 1 – 67.

［75］Miehaelis, L. A. (1998). *Aspectual Grammar and Past-time Reference*. London/New York: Routledge.

［76］Mourelatos, A. P. (1981). Events, processes, and states. In P. J. Tedeschi & A. Zaenen(Eds.), *Syntax and Semantics: Tense and Aspect*(Vol. 14). New York: Academic Press, 191 – 212.

［77］ Olsen, B. (1997). *A Semantic and Pragmatic Model of Lexical and Grammatical Aspect*. New York/London: Garland Publishing Inc.

［78］ Palmer, J. R. (1988). *The English Verb*(2nd edn.). London: Longman.

［79］ Prior, A. N. (1967). *Past, Present and Future*. Oxford: Oxford University Press.

［80］ Quirk, R., Greenbaum, S., Leech, G., & Svartvik, J. (1985). *A Comprehensive Grammar of the English Language*. London: Longman.

［81］ Reichenbach, H. (1947). *Elements of Symbolic Logic*. London: Collier-Macmillan.

［82］ Ross, C. (2002). Aspectual Category Shift. *Journal of Chinese Linguistics*, 30(2)：343–369

［83］ Saussure, F. De. (1959). *Course in General Linguistics*. New York: Fontana/Collins.

［84］ Smith, C. S. (1986). A speaker-based approach to aspect. *Linguistics and Philosophy*, 9(1)：97–115.

［85］ Smith, C. S. (1994). Aspectual viewpoint and situation type in Mandarin Chinese. *Journal of East Asian Linguistics*, 3(2)：107–146.

［86］ Smith, C. S. (1997). *The Parameter of Aspect*. Dordrecht: Kluwer Academic Publishers.

［87］ Smith, C. S. (2003). *Modes of Discourse*: *The Local Structure of Texts*. Oxford: Oxford University Press.

［88］ Sun, C. F. (1998). Aspectual categories that overlap: a historical and dialectal perspective of the Chinese zhe. *Journal of East Asian Linguistics*, 7(2)：153–174.

［89］ Swart, H. D. (1998). Aspect shift and coercion. *Natural Language & Linguistic Theory*, 16(2)：347–385.

［90］ Taylor, J. R. (2002). *Cognitive Grammar*. Oxford: Oxford University Press.

［91］ Thelin, N. B. (1990). *Verbal Aspect in Discourse*. Amsterdam: Benjamins.

［92］ Thompson, G. (1996). *Introducing Functional Grammar*. London: Arnold.

［93］ Traugott, E. C.(1995). Subjectification in grammaticalisation. In D. Stein & S. Wright(Eds.), *Subjectivity and Subjectivisation*: *Linguistic Perspectives*. Cambridge: Cambridge University Press, 31–54.

［94］ Urgerer, F. & Schmid, H. J. (2006). *An Introduction to Cognitive Linguistics*(2nd edn). Harlow: Pearson Education Limited.

［95］ Vendler, Z. (1967). *Linguistics in Philosophy*. Ithaca /London: Cornell

University Press.

[96] Verkuyl, H. J. (1993). *A Theory of Aspectuality: The Interaction between Temporal and a Temporal Structure*. Cambridge: Cambridge University Press.

[97] Wallace, S. (1982). Figure and ground. In P. J. Hopper(Ed.), *Tense-Aspect: Between Semantics & Pragmatics*. Philadelphia: Benjamins, 201－223.

[98] Wu, J. S. (2005). The semantics of the perfective *le* and its context-dependency: An SDRT approach. *Journal of East Asian Linguistics*, 14*(*4)：299－336.

[99] Wu, J. S. (2007). Semantic difference between the two imperfective markers in Mandarin and its implications on temporal relation. *Journal of Chinese Linguistics*, 35(2)：372－398

[100] Wu, J. S. (2008). Terminability, wholeness and semantics of experiential guo. *Journal of East Asian Linguistics*, 17(1)：1－32.

[101] Wu, J. S. (2009). Tense as a discourse feature: rethinking temporal location in Mandarin Chinese. *Journal of East Asian Linguistics*, 18(2)：145－165.

[102] Wu, J. S. (2010). Interactions between aspects and temporal relations: A case study of the perfective *le*. *Language and Linguistics*, 11(1)：65－98.

[103] Xiao, Z. H. & McEnery, T. (2004). *Aspect in Mandarin Chinese: A Corpus-based Study*. Amsterdam/Philadelphia: Benjamins.

[104] Yang, G. W. (2007). *The Semantics of Chinese Aspects: Theoretical Descriptions and a Computational Implementation*. Frankfurt: Peter Lang.

[105] Yang, S. Y. (2011). The parameter of temporal endpoint and the basic function of －*le*. *Journal of East Asian Linguistics*, 20(4)：383－415.

[106] Yeh, M. (1993). The stative situation and the imperfective zhe in Mandarin. *Journal of Chinese Teachers Association*, 28(1)：69－98.

[107] Zhang, L. (1995). *A Contrastive Study of Aspectuality in German，English and Chinese*. New York: Peter Lang.

[108] 白解红、石毓智，（2008），将来时标记向认识情态功能的衍生，《外国语言文学》，（2）：73－78。

[109] 汴京、张辉，（2015），英语时制的体貌功能分析 FF——基于二维几何表征的分析框架 FF，《外语研究》，（4）：1－7。

[110] 曹广顺，（1995），《近代汉语助词》。北京：语文出版社。

[111] 柴同文，（2013），系统功能语言学理论中的互补思想，《外国语文》，（2）：99－104。

[112] 陈立民，(2002)，汉语的时态和时态成分，《语言研究》，(3)：14－30。
[113] 陈明舒，(2010)，表示起始义的“开始 V”与“V 起来”研究，《湖南大学学报（社会科学版）》，(5)：98－101。
[114] 陈平，(1988)，现代汉语时间系统的三元结构，《中国语文》，(6)：401－422。
[115] 陈前瑞，(2005a)，当代体貌理论与汉语四层级的体貌系统，《汉语学报》，(3)：20－27。
[116] 陈前瑞，(2005b)，“来着”的发展与主观化，《中国语文》，(4)：308－319。
[117] 陈前瑞，(2008)，《汉语体貌研究的类型学视野》。北京：商务印书馆。
[118] 陈友良，(2004)，英语动词进行体的语义实质及认知图式，《外语与外语教学》，(3)：15－19。
[119] 陈振宇，(2007)，《时间系统的认知模型与运算》。上海：学林出版社。
[120] 程琪龙，(1994)，《系统功能语法导论》。汕头：汕头大学出版社。
[121] 储泽祥、谢晓明，(2002)，汉语语法化研究中应重视的若干问题，《世界汉语教学》，(2)：5－13。
[122] 戴耀晶，(1991)，现代汉语表示持续体的“着”的语义分析，《语言教学与研究》，(2)：92－106。
[123] 戴耀晶，(1997)，《现代汉语时体系统研究》。杭州：浙江教育出版社。
[124] 邓守信，(1985)，汉语动词的时间结构，《语言教学与研究》，(4)：7－17。
[125] 丁声树、吕叔湘、李荣等，(1961/1999)，《现代汉语语法讲话》。北京：商务印书馆。
[126] 方霁，(2000)，从认知的角度看英汉时制系统及其表达差异，《世界汉语教学》，(3)：57－63。
[127] 房玉清，(1992)，动态助词“了”“着”“过”的语义特征及其用法比较，《汉语学习》，(1)：14－20。
[128] 房玉清，(2008)，《实用汉语语法》。北京：北京语言大学出版社。
[129] 费春元，(1992)，说“着”，《语文研究》，(2)：18－28。
[130] 付义琴、赵家栋，(2007)，从明代小说中的“正”“在”看时间副词“正在”的来源，《中国语文》，(3)：237－244。
[131] 干红梅，(2004)，再谈“来着”，《四川师范大学学报（社会科学版）》，(5)：61－65。
[132] 高名凯，(1948/1986)，《汉语语法论》。北京：商务印书馆。
[133] 高顺全，(2001)，体标记“下来”“下去”补议，《汉语学习》，(3)：12－14。
[134] 高涛，(2006)，汉语隐性时态句的选择性限制，《西安外国语学院学报》，(3)：18－21。

[135] 高增霞，（2006），《现代汉语连动式的语法化视角》。北京：中国档案出版社。
[136] 龚千炎，（1995），《汉语的时相时制时态》。北京：商务印书馆。
[137] 郭锐，（1993），汉语动词的过程结构，《中国语文》，（6）：410-419。
[138] 郭锐，（2015），汉语谓词性成分的时间参照及其句法后果，《世界汉语教学》，（4）：435-449。
[139] 顾阳，（2007），时态、时制理论与汉语时间参照，《语言科学》，（4）：22-38。
[140] 韩玉国，（2001），现代汉语形容词的句法功能及再分类，《语言教学与研究》，（2）：47-54。
[141] 贺国伟，（2005），《现代汉语同义词词典》。上海：上海辞书出版社。
[142] 何伟，（2005），再谈英语时态的种类，《外语教学》，（6）：54-56。
[143] 何伟，（2006），时态的小句层次性之系统功能语法探讨，《外语与外语教学》，（7）：55-59。
[144] 何伟，（2008a），时态的情态用法：语法隐喻，《外语与外语教学》，（7）：6-10。
[145] 何伟，（2008b），《英语语篇中的时态研究》。北京：北京大学出版社。
[146] 何伟，（2009a），语法体和词汇体，《外语研究》，（2）：33-40。
[147] 何伟，（2009b），语法体和时态关系研究综览，《外语教学》，（4）：45-49。
[148] 何伟，（2010），语法体和时态在体现形式上的对应，《外语学刊》，（2）：45-50。
[149] 何伟、付丽，（2015），现代汉语体的功能视角研究，《北京科技大学学报（社会科学版）》，（3）：10-19。
[150] 何伟、高建慧，（2015），现代汉语时相之系统功能视角研究，《北京科技大学学报（社会科学版）》，（6）：26-35。
[151] 何伟、高生文、贾培培、张娇、邱靖娜，（2015），《汉语功能句法分析》。北京：外语教学与研究出版社。
[152] 何伟、吕怡，（2015），基于系统功能语法的现代汉语时态研究，《北京科技大学学报（社会科学版）》，（4）：9-18。
[153] 何伟、张存玉，（2016a），系统功能视角下时态的意义系统，《中国外语》，（1）：25-30。
[154] 何伟、张存玉，（2016b），系统功能视角下的现代汉语情状体系统，《外语研究》，（6）：13-17。
[155] 何伟、张瑞杰、淡晓红、张帆、魏榕，（2017a），《汉语功能语义分析》。北京：外语教学与研究出版社。

［156］何伟、张瑞杰、淡晓红、张帆、魏榕，（2017b），《英语功能语义分析》。北京：外语教学与研究出版社

［157］贺阳，（2004），动趋式“V 起来”的语义分化及其句法表现，《语言研究》，（3）：23–31。

［158］胡培安，（2006），《时间词语的内部组构与表达功能研究》。长春：吉林人民出版社。

［159］胡裕树、范晓，（1995），《动词研究》。开封：河南大学出版社。

［160］胡壮麟、朱永生、张德禄，（2008），《系统功能语言学概论》。北京：北京大学出版社。

［161］黄国文，（1998），形式是意义的体现——功能句法的特点之一，《外语与外语教学》，（9）：4–7。

［162］黄国文，（2006），作为适用语言学的系统功能语言学，《英语研究》，（4）：1–6。

［163］黄国文，（2007），作为普通语言学的系统功能语言学，《中国外语》，（5）：14–19。

［164］贾培培、张敬源，（2015），时态的功能研究，《北京科技大学学报（社会科学版）》，（3）：31–37。

［165］蒋绍愚，（2005），《近代汉语研究概要》。北京：北京大学出版社。

［166］姜望琪，（2011），《语篇语言学研究》。北京：北京大学出版社。

［167］金立鑫，（1998），试论“了”的时体特征，《语言教学与研究》，（1）：105–119。

［168］金立鑫，（2008），对 Reichenbach 时体理论的一点补充，《中国语文》，（5）：34–440。

［169］鞠志勤，（2014），语言建筑论框架下的体范畴研究，《当代外语研究》，（10）：25–30。

［170］鞠志勤，（2015），基于系统功能语言学的现代汉语体貌研究，博士学位论文。北京：北京师范大学。

［171］鞠志勤、何伟，（2016），汉语核心情状体的功能——认知研究，《西安外国语大学学报》，（3）：46–49。

［172］雷冬平、胡丽珍，（2010），时间副词“正在”的形成再探，《中国语文》，（1）：67–73。

［173］李丛禾，（2008），认知参照点模型与语言体现，《四川外语学院学报》，（2）：23–27。

［174］李国南，（2004），英语动词过去时的隐喻认知模式，《外语教学与研究》，（1）：37–41。

［175］黎锦熙，（1924/1998），《新著国语文法》。北京：商务印书馆。
［176］李临定，（1986），《现代汉语句型》。北京：商务印书馆。
［177］李临定，（1990），《现代汉语动词》。北京：中国社会科学出版社。
［178］李梅，（2003），从现代汉语角度考察功能语类——时态的设立，《现代外语》，（1）：22－27。
［179］李敏，（2010），现代汉语的义务情态分析，《语言教学与研究》，（1）：52－59。
［180］李明晶，（2013），《现代汉语体貌系统的二元分析：动貌和视点体》。北京：北京大学出版社。
［181］李铁根，（2002），"了""着""过"与汉语时制的表达，《语言研究》，（3）：1－13。
［182］李莹、徐杰，（2010），形式句法框架下的现代汉语体标记研究，《现代外语》，（4）：355－362。
［183］李战子，（2002），现在时在自传话语中的人际意义，《外语与外语教学》，（1）：3－7。
［184］刘虹，（2012），汉语动结式和动趋式之辨，《解放军外国语学院学报》，（5）：18－22。
［185］刘坚，（2005），论汉语的语法化问题，载于吴福祥（主编），《汉语语法化研究》。北京：商务印书馆，35－43。
［186］刘顺，（2001），普通名词的时间性研究，《语言教学与研究》，（4）：25－35。
［187］刘月华、潘文娱、故韡，（2001/2014），《实用现代汉语语法》，（增订本）。北京：商务印书馆。
［188］陆俭明，（1991），现代汉语时间词说略，《语言教学与研究》，（1）：24－36。
［189］陆俭明，（1999），"着"字补议，《中国语文》，（5）：331－336。
［190］陆俭明、马真，（1999），《现代汉语虚词散论》。北京：语文出版社。
［191］卢英顺，（2007），"进"类趋向动词的句法、语义特点探析，《语言教学与研究》，（1）：52－59。
［192］吕叔湘，（1942/1956），《中国文法要略》。上海：商务印书馆。
［193］吕叔湘，（1980），《现代汉语八百词》。北京：商务印书馆。
［194］梅祖麟，（1998），汉语语法史中几个反复出现的演变方式，载于郭锡良（主编），《古汉语语法论集》。北京：语文出版社，15－30。
［195］潘文娱，（1980），谈谈"正""在"和"正在"，《语言教学与研究》，（1）：41－50。
［196］彭宣维，（2012），现代汉语及物性的进一步研究，载于龙日金、彭宣维（著），《现代汉语及物性研究》。北京：北京大学出版社。

[197] 彭宣维，(2015)，《评价文体学》。北京：北京大学出版社。
[198] 钱乃荣，(2000)，体助词“着”不表示进行意义，《汉语学习》，(4)：1-6。
[199] 齐沪扬、曾传禄，(2009)，“V 起来”的语义分化及相关问题，《汉语学习》，(2)：3-11。
[200] 齐沪扬、章天明，(2001)，汉语与日语的时相比较研究，《世界汉语教学》，(2)：54-62。
[201] 秦洪武，(2005)，话语中体的意义和设景功能，《外语教学与研究》，(3)：179-186。
[202] 秦裕祥，(2009)，论当代英语中时态的意义，《外语教学》，(2)：12-16。
[203] 屈承熹，(2006)，《汉语篇章语法》。北京：北京语言大学出版社。
[204] 任绍曾，(1995)，英语时态的语篇功能，《外国语》，(3)：22-29。
[205] 阮咏梅、王文斌，(2015)，汉英进行体标记的语法化差异及其时空特质，《解放军外国语学院学报》，(1)：75-82。
[206] 尚新，(2004)，突显理论与汉英时体范畴的类型学差异，《语言教学与研究》，(6)：10-18。
[207] 尚新，(2014)，从动词类型学到体算子情态论——英美语言学传统中的体态理论演进管窥，《外国语》，(3)：30-40。
[208] 尚新、张滟，(2015)，事态、体态及时态的相互作用及其对句法结构的影响，《西安外国语大学学报》，(1)：59-63。
[209] 沈家煊，(1994)，语法化研究综观，《外语教学与研究》，(4)：17-24。
[210] 沈家煊，(1995)，“有界”与“无界”，《中国语文》，(5)：367-380。
[211] 沈家煊，(2001a)，语言的“主观性”和“主观化”，《外语教学与研究》，(4)：268-275。
[212] 沈家煊，(2001b)，跟副词“还”有关的两个句式，《中国语文》，(6)：483-494。
[213] 石毓智，(2006)，论汉语的进行体范畴，《汉语学习》，(3)：14-24。
[214] 石毓智、白解红，(2007)，将来时的概念结构及其词汇来源，《外语教学与研究》，(1)：33-42。
[215] 寿永明、朱绍秦，(2002)，领属关系主谓谓语句分析，《浙江大学学报（人文社会科学版）》，(2)：112-116。
[216] 帅志嵩，(2016)，从汉语动词的阶段性看“了”的语义功能，《世界汉语教学》，(2)：197-212。
[217] 税昌锡，(2005)，动词界性分类试说，《暨南学报（哲学社会科学版）》，(3)：95-100。
[218] 宋玉柱，(1981)，关于时间副词“的”和“来着”，《中国语文》，(4)：

271－276。
[219] 孙英杰，（2007），《汉语体系统研究》。哈尔滨：黑龙江人民出版社。
[220] 王葆华，（2005），存在构式“着”“了”互换现象的认知解释，《外语研究》，（2）：1－5。
[221] 王剑、蔡金亭，（2006），汉英过渡语中语法体与情状体的关系，《外语学刊》，（4）：82－87。
[222] 王力，（1943/2011），《中国现代语法》。北京：商务印书馆。
[223] 王林哲，（2011），“着”与“下去”的时间指向分析，《宁波大学学报（人文科学版）》，（1）：7－11。
[224] 王寅，（2013），构式压制和词汇压制的互动及其转喻机制——以英语语法体和动词体为例的分析，《外语教学与研究》，（5）：657－798。
[225] 文旭、吾倩，（2007），话语主观性在时体范畴中的体现，《外语学刊》，（2）：59－63。
[226] 吴福祥，（1996），《敦煌变文语法研究》。长沙：岳麓书社。
[227] 吴福祥，（2005a），汉语语法化演变的几个类型学特征，《中国语文》，（6）：483－493。
[228] 吴福祥，（2005b），汉语体标记“了、着”为什么不能强制性使用，《当代语言学》，（3）：237－250。
[229] 吴福祥，（2006），《语法化与汉语历史语法研究》。合肥：安徽教育出版社。
[230] 项开喜，（2001），体词谓语句的功能透视，《汉语学习》，（1）：13－17。
[231] 谢应光，（2003），英语动词时态表示的时间关系新探，《天津外国语学院学报》，（5）：40－44。
[232] 邢福义，（2015），“起去”：双音趋向动词语法系统的一个成员，《汉语学报》，（1）：2－12。
[233] 熊仲儒，（2003），“来着”的词汇特征，《语言科学》，（2）：58－65。
[234] 熊仲儒，（2015），准领属性主谓谓语句的句法分析，《汉语学习》，（3）：12－22。
[235] 徐晶凝，（2008），情态表达与时体表达的互相渗透——兼谈语气助词的范围确定，《汉语学习》，（1）：28－36。
[236] 徐晶凝，（2014），叙事语句中“了”的语篇功能初探，《汉语学习》，（1）：29－38。
[237] 徐晶凝，（2016），主观近距交互式书面叙事语篇中“了”的分布，《汉语学习》，（3）：74－84。
[238] 许明、董成如，（2013），进行体构式对词汇体的压制——认知语法视角，

《外国语文》，（1）：105－109。
［239］徐以中、杨亦鸣，（2005），副词“都”的主观性、客观性及语用歧义，《语言研究》，（3）：24－29。
［240］薛恩奎，（2006），语言中的时间系统与时间定位，《外语学刊》，（1）：38－43。
［241］杨德峰，（2006），时间副词作状语位置的全方位考察，《语言文字应用》，（2）：69－75。
［242］杨国文，（2011），“动词+结果补语”和“动词重叠式”的非时态性质，《当代语言学》，（3）：217－225。
［243］杨雪芹，（2015），韩礼德的层次化思想与系统功能语言学理论的建构，《外语研究》，（1）：24－28。
［244］杨壮春、龚志维，（1999），英汉数量词组对比研究，《外语教学》，（1）：92－96。
［245］伊原大策（柴世森译），（1986），表示进行的“在”，《河北大学学报》，（3）：90－98。
［246］易仲良，（1999），《英语动词语义语法学》。长沙：湖南师范大学出版社。
［247］雍毅，（2008），从时间指示看虚拟条件句中谓语动词的过去时态，《西安外国语学院学报》，（2）：6－12。
［248］袁野，（2011a），汉语中的时体压制，《外国语文》，（2）：48－55。
［249］袁野，（2011b），试论汉语的体压制，《世界外语教学》，（2）：334－345。
［250］于善志、王文斌，（2014），英语时制中的时间关系及其语篇功能，《外语教学与研究》，（3）：323－336。
［251］于秀金，（2013），基于 Rechenbach 的时体统一逻辑模型的构建，《外国语》，（1）：32－44。
［252］于秀金、金立鑫，（2015），俄汉时体的类型学蕴涵共性假设，《外国语》，（2）：25－39。
［253］于秀金、彭芳，（2014），汉语定量视点体的二维几何图解析，《解放军外国语学院学报》，（8）：84－94。
［254］曾蕾、梁红艳，（2012），学术语篇体裁结构与时态组合模式的元功能研究，《外语教学》，（1）：30－33。
［255］瞿云华、冯志伟，（2006），汉语时体的分类和语义解释，《浙江大学学报（人文社会科学版）》，（3）：169－174。
［256］张伯江，（2011），现代汉语形容词做谓语问题，《世界汉语教学》，（1）：3－12。
［257］张爱民、王媛媛，（2004），“着”字虚化问题研究，《徐州师范大学学报》，

（1）：79－83。
[258] 张存玉、何伟，（2015），英语复合体貌的功能研究，《北京科技大学学报（社会科学版）》，（5）：7－15。
[259] 张国宪，（1995），现代汉语的动态形容词，《中国语文》，（3）：221－229。
[260] 张国宪，（1998），现代汉语形容词的体及形态化历程，《中国语文》，（6）：403－413。
[261] 张国宪，（2006a），《现代汉语形容词功能与认知研究》。北京：商务印书馆。
[262] 张国宪，（2006b），性质、状态和变化，《语言教学与研究》，（3）：1－11。
[263] 张劼，（2011），普通话副词“在”源流考辩，《语言教学与研究》，（1）：76－81。
[264] 张济卿，（1996），汉语并非没有时制语法范畴——谈时、体研究中的几个问题，《语文研究》，（4）：26－31。
[265] 张济卿，（1998a），论现代汉语的时制与体结构（上），《语文研究》，（3）：17－25。
[266] 张济卿，（1998b），论现代汉语的时制与体结构（下），《语文研究》，（4）：18－26。
[267] 张立平，（2002），普遍语法中时体表现形式的归属，《西安外国语学院学报》，（3）：53－57。
[268] 张万禾、石毓智，（2008），现代汉语的将来时范畴，《汉语学习》，（5）：27－34。
[269] 张秀，（1957），汉语动词的“体”和“时制”系统，载于史存直等（主编），《语法论集（第一集）》。北京：中华书局，154－174。
[270] 张亚军，（2002），时间副词“正”“正在”“在”及其虚化过程考察，《上海师范大学学报》，（1）：46－55。
[271] 张易、彭宣维，（2006），现在时表达将来时间意义时的情态隐喻特征，《外语与外语教学》，（2）：9－12。
[272] 张谊生，（2000），《现代汉语副词研究》。上海：学林出版社。
[273] 张谊生，（2004），《现代汉语副词探索》。上海：学林出版社。
[274] 赵国栋，（2007），语篇视角下的动词体，《解放军外国语学院学报》，（5）：42－47。
[275] 赵霞，（2014），韩礼德的“并协与互补原理”与中国古代辩证法，《江西社会科学》，（10）：14－17。
[276] 赵秀凤，（2010），语言的主观性研究概览，《外语教学》，（1）：21－26。
[277] 赵永峰，（2013），《时、体与认识情态的认知研究》述介，《外语教学与

研究》，（1）：146－150。
［278］赵元任，（1968/2012），《汉语口语语法》。北京：商务印书馆。
［279］郑银芳，（2007），话语主观性在英语进行体中的体现，《四川外语学院学报》，（6）：93－96。
［280］朱德熙，（1982），《语法讲义》。北京：商务印书馆。
［281］朱永生，（2002），论语言符号的任意性与象似性，《外语教学与研究》，（1）：2－7。
［282］邹海清，（2006），频率副词的范围和类别，《世界汉语教学》，（3）：36－45。
［283］邹海清，（2010），从时间副词的功能看其范围和类别，《华文教学与研究》，（1）：79－84。
［284］左思民，（2007），汉语时体标记系统的古今类型变化，《汉语学报》，（2）：11－23。
［285］左思民，（2009），动词的动相分类，《华东师范大学学报（哲学社会科学版）》，（1）：74－82。
［286］左思民，（2015），论动词动相结构的一种新解释模型链相模型，《华东师范大学学报（哲学社会科学版）》，（3）：125－136。

附　录

以下表格是本研究基于陆俭明、马真（1999，p.98）对 18 类时间副词分类的举例：

1. 已然	已经、已、早已、早就、都	表示某行为动作或情况在说话之前，或在某一特定时间之前，或在另一行为动作或情况之前进行、完成、发生或存在
2. 未然	即将、将要、就要、快、行将	表示某行为动作或情况在说话之后，或在另一行为动作或情况之后不久进行、完成或发生
3. 进行	正、正在、在	表示行为动作在说话时，或在另一行为动作发生、进行或完成时进行着
4. 短时	刚、刚刚、才	表示某行为动作或状况在说话之前不久发生，或紧挨在另一个动作之前发生，强调前后相隔的时间很短
	立刻、立即、即刻、马上、就、便、赶紧、赶快	表示某行为动作在说话之后或另一行为动作之后紧接着进行、发生或完成，强调相隔的时间很短
	赶忙、连忙、急忙	只表示某一行为动作在另一行为动作之后很短的时间里进行、发生或完成
	当即	某行为动作几乎在表示某行为动作发生、进行或完成的同时发生、进行或完成
5. 突发	忽然、骤然、猛然、猛地、蓦地	表示动作或情况发生或出现
6. 兼表短时和突发	顿时、登时、霎时、立时	
	一下（子）	
7. 早晚	就、便	表示在说话者看来某行为动作或情况发生、进行或完成得早
	才	表示在说话者看来某行为动作或情况发生、进行或完成得晚

续表

8. 先后	先	表示某行为动作发生、进行、完成或出现在先
	预先、事先	表示某行为动作在某事情之前进行或完成，并为该事情的发生或进行作了必要准备
	然后、而后、随后、随即	表示某行为动作或情况后于另一行为动作或情况进行、完成或发生
	从此	表示某种情况或现象从说的某件事起出现或发生，并一直这样
	先后、相继	表示两个以上的行为动作或情况在不长的时间里紧接着发生、完成或出现
9. 常偶	常常、常、时常、往往、时时、时刻、不时、每每	表示某行为动作或情况经常不断地发生或进行
	偶尔、间或、有时	表示某行为动作或情况的进行或发生是少见的、偶发的
10. 永暂	永远、永、始终、直	表示某行为动作或状况在一个很长的时间里进行或存在着
	暂、暂且、姑且、权且、且	表示某行为动作或状况只是在一个短时间内进行或存在着
11. 兼表永常	老、总、一直	
12. 表示缓慢	渐渐、逐渐、日渐、逐步、渐次、日见、渐	缓慢地而又不间断地进行或出现
13. 同时	同时、一齐、一同	表示某行为动作或情况在同一时间进行、完成或出现
14. 随时	随时	表示某行为动作或情况不拘什么时候，只要需要或条件成熟就进行、发生
15. 守时	按时、按期	表示按照预先规定的时间行事
16. 延续	还、还是、仍然、仍、仍旧、依然、依旧、照旧、照样、照常	表示已经存在、出现或进行的状态、情况或行为动作持续不变
17. 最终	终究	
18. 其他	现	表示某行为动作当需要时进行
	临	表示某行为动作处于快要发生或进行

术 语 表

A

Accomplishment	实现
Accumulated accomplishment	累积性实现
Achievement	终结
Activity	活动
Adjunct	状语
Adjustor	调节项
Amount	量额
Anteriority	先时
Aspect	体
Aspect markers	体标记

B

Background	背景
Behavioural process	行为过程

C

Cardiff Grammar	加的夫语法
Circumstance	环境成分
Coercion	压制
Complement	补语
Complementarities	并协与互补
Context	语境
Continuous aspect	继续体
Continuous enhancement	延续性增强
Covert	隐性

D

Delicacy	精密度
Demanding	求取
Durative aspect	持续体

E

Elaboration	阐释
Enhancement	增强
Existential process	存在过程
Experiential aspect	经历体
Experiential meaning	经验意义
Exponence	说明
Extension	延展

F

Filling	填充
Foreground	前景
Frequency	频率
Future	将来时

G

Giving	给予
Grammaticalization	语法化

H

Habitual aspect	惯常体
Hypotaxis	主从关系

I

Imperfective	非完整体
Inceptive aspect	开始体
Inceptive enhancement	开始性增强
Inevitability	必然性

Information	信息
Interpersonal meaning	人际意义
Interactive activity	反复性活动

L

Lexico-grammar cline	词汇－语法连续统
Linear tense series	线性时态序列
Listener	听话人
Logical meaning	逻辑意义

M

Metafunction	元功能
Modality	情态
Modulation	意态
Material process	物质过程
Mental process	心理过程
Meaning shift	意义迁移

N

Nominal group	名词词组
Non-accumulated accomplishment	非累积性实现

O

Objectivity	客观性
Overt	显性

P

Parataxis	并列关系
Participant	参与者
Past	过去时
Perfective	完整体
Permanent state	恒定性状态
Phase	时相
Predicator	谓体

Predicator extension	谓体延长成分
Present	现在时
Probability	可能
Process	过程
Process extension	过程延长成分
Progressive aspect	进行体
Prospective aspect	将行体
Posteriority	后时

Q

Quality group	性质词组
Quantity group	数量词组

R

Realization	体现关系
Relational process	关系过程

S

Saliency	突显
Semelfactive activity	一次性活动
Simultaneity	同时
Simultaneous tense series	同步时态序列
Speaker	说话人
State	状态
Stative	静态性
Stratification	层次
Structure	结构
Subjectivity	主观性
Sydney Grammar	悉尼语法
System	系统

T

Telic	完成
Telic enhancement	终结性增强

Temporal period	时长
Temporary state	暂时性状态
Tense	时态
Tense series	时态序列
Terminal aspect	完成体
Textual meaning	语篇意义
Time of event	事件时间
Time of reference	参照时间
Time of speech	说话时间

V

Verbal complex	动词词组复合体
Verbal group	动词词组
Verbal process	话语过程
Virtuality	虚拟性